논리 연구 2-2

Logische Untersuchungen II/2

논리 연구 2-2

에드문트 후설
이종훈 옮김

인식에 대한 현상학적 해명의 기초

민음사

일러두기

1   이 일련의 책은 후설이 1900~1901년에 발표한 *Logische Untersuchungen* Ⅰ, Ⅱ/1, Ⅱ/2(*Tübingen*; *Max Niemeyer*, 1968)를 번역한 것으로, 각각 『논리 연구』 제1권(서론), 제2-1권(제1연구~제5연구), 제2-2권(제6연구)으로 출판한다.

2   후설은 제1권과 제2-1권은 1913년에, 제2-2권은 1921년에 개정판을 출간했는데, 제1권과 제2-2권은 대부분 문구만을 손질한 데 반해 제2-1권은 상당한 내용을 수정했다. 따라서 제2-1권의 경우 초판과 재판의 차이를 명시해 밝히는 것도 후설의 사상이 발전되는 구체적인 모습을 살펴볼 수 있는 등 나름대로 의의가 있지만, 전체의 체제를 구성하는 데 매우 복잡해지고 어려운 점이 많아질 뿐만 아니라 일반 독자들에게는 서지학상의 관심이나 문제에 그칠 것으로 판단해 특별한 경우에만 주석에서 언급했다.

3   본문에서 거명한 학자에 대해서는 각 권에서 처음 등장하는 곳에서만 간략하게 소개했다.

4   원문에서 격자체나 이탤릭체로 강조한 부분은 고딕체로, 겹따옴표(" ")로 강조된 부분은 홑따옴표(' ')로 표기했다. 몇 가지 말로 합성된 용어에도 원문에는 없는 홑따옴표로 묶었다.

5   상당히 긴 문장 가운데 문맥의 흐름을 부각시키거나 부분적 내용을 강조하기 위해 원문에 없는 홑따옴표로 묶었으며, 관계대명사로 길게 이어지는 문장은 짧게 끊거나 그것이 수식하는 말의 앞뒤에 줄표(—)를 넣었다. 물론 너무 긴 문단은 그 내용에 따라 새로운 단락으로 나누었다.

6   원문 중 괄호( )는 앞뒤에 줄표(—)로 넣었고, 문맥의 흐름에 따라 또는 독자의 이해를 돕기 위해 옮긴이가 보충한 말은 꺾쇠괄호〔 〕속에 넣었다.

7   후설의 저술에 대한 약칭은 대부분 한국현상학회가 정한 '후설 저서 약호표'에 따랐다.(이 책 끝의 '후설의 저술' 참조)

차례

4절   양립 가능성과 양립 불가능성

7절   범주적 재현에 관한 연구

8절   본래적 사유와 비본래적 사유의 아프리오리한 법칙

3장 '들어가는 말'에서 제기된 문제의 해명

9절 외견상 의미를 충족시킴인 객관화하지 않는 작용

부록 외적 지각과 내적 지각. 물리적 현상과 심리적 현상

제6연구

머리말

『논리 연구』의 결론 부분에 대한 이 새로운 판은 유감스럽게도 내가 1913년 2판의 1권에 첨부한 '머리말'에서 예고한 것에 상응하지 않는다. 당시 나는 근본적으로 개정한 원고의 대부분을 인쇄하지 못하고 약간의 절(節)만 본질적으로 개선한 예전 원문을 출판할 수밖에 없었다. "책은 자신의 운명이 있다."라는 옛말이 진실임을 다시 한번 확인한 것이다.

우선 과도한 작업 이후 밀려드는 권태감 때문에 개정판의 인쇄가 어쩔 수 없이 중단되었다. 이러는 동안 내가 이론적으로 민감하게 느꼈던 어려움은 새롭게 구상된 저술을 단호하게 개조하는 것이었는데, 여기에는 더욱 신선한 활력이 필요했다. 1차 세계대전이 계속되어 나는 논리적인 것(Logisches)의 현상학에 대해 정열을 쏟을 수 없었다. 그러한 정열 없이 풍성한 연구는 불가능한 것이다. 나는 전쟁 시기와 그 후 이어진 '평화〔강화〕' 시기를 극히 일반적인 철학의 문제를 숙고하고, 현상학적 철학의 이념을 방법적, 실질적으로 형성해 내며, 그 개요를 체계적으로 구상하고, 그러한 작업을 하는 문제의 순서, 이와 관련해 필수적인 구체적 연구에 계속 전념하면서 견뎌 낼 수 있었다.

또한 프라이부르크대학교에서 시작한 새 교육 활동은 중요한 일반적 문제와 체계에 대한 관심을 촉진시켰다. 나는 최근에야 비로소 현상학적 탐구의 기원인 이러한 체계적 연구의 영역에 도달했고, 이는 출판하려고 오랫동안 준비해 왔던 예전 순수논리학에 대한 기본적 연구를 일깨워 주었다. 집중적 교육 활동과 집약적 탐구가 분리된 사이에 내가 이 순수논리학에 대한 기본 연구를 그동안 이룩한 진전에 따라 저술로 새롭게 형성할 수 있게 되었을 때, '제6연구〔『논리 연구』 2-2권〕의 원문을 함께 이용할지, 내용상 그 원문을 훨씬 넘어서는 나의 구상에 완전히 새로운 책의 형태를 부여할지'는 여전히 확실치 않았다.

이러한 사정으로 나는 애독자의 열망에 따르고 그 결론 부분을 적어도 출판될 당시의 옛 형태로 다시 접근할 수 있도록 결정해야 했다.

이 책의 1장은 전체 양식을 손상시키지 않고는 상세한 부분까지 개정할 수 없었기에, 거의 문자 그대로 다시 인쇄할 수밖에 없었다. 이에 반해 나에게 특히 중요한 '감성과 오성'에 관한 2장은 여러 차례 원문을 개정했다. '감성적 직관과 범주적 직관'에 관한 6절은 그 앞 절들에서 준비한 상론과 결합해 논리적 명증성, 따라서 '당연히' 가치론적 영역과 실천 영역에서 평행하는 명증성을 현상학적으로 해명할 길을 열었다고 나는 여전히 확신한다. 이 6절에 주의를 기울였다면 나의 저술『이념들』〔1권〕에 대한 많은 오해는 생기지도 않았을 것이다. 따라서 물론『이념들』〔1권〕에서 논의한 보편적 본질을 봄(Schau)의 직접성은, 그 밖에 범주적 직관의 직접성과 전적으로 마찬가지로, 비직관적 사유, 가령 상징적-공허한 사유의 간접성에 대립한다. 바로 이성의 모든 이론에 근본적인 감성적 직관과 범주적 직관의 차이를 인식하지 못했기 때문에 사람들은 이 본질직관의 직접성에다 보통 의미인 직관의 직접성을 끼워 넣었다. 20년 가까이 많은 혹평을 받아 왔지만 많이 이용되기도 한 한 권의 저술에 바쳤던 매우 중대한 의미를 솔직하게 확정하는 것이 현저한 학술적 영향을 계속 유지할 수 없었던 철학적 학문의 현재 상태를 나타낸다고 나는 생각한다.

'본래적 사유와 비본래적 사유의 아프리오리한 법칙'에 관한 8절(이 절의 원문도 개정되었다.)의 경우도 사정은 다르지 않다. 이 절은 적어도 이성(Vernunft)의 이론에서 심리학주의(Psychologismus)를 근본적으로 극복할 최초의 전형(典型)을 제공해 준다. 이 전형은 오직 형식논리학에만 관심을 쏟는 우리의 연구 테두리 속에 형식적-논리적 이성으로 제한하는 가운데 싹이 나왔다. 〔이 책이〕 얼마나 피상적으로 읽혔는지는 내가 이 책 1권에서 심리학주의를 준엄하게 거부한 다음 2권에서 심리학주의로 되돌아가 전락했다고 종종 듣는 기이하고 우스꽝스러운 비난이 보여 준다. 내가 20년간 계속 연구한 후인 오늘날 (당시 썼던 것보다) 더 많은 것을 쓰지 않는다는 사실, 예를 들어 범주적 재현(Repräsentation)에 대한 학설과 같은 많은 점을 더 이상 승인하지 않는다는 사실을 부언한다 해도 지금 말한 것을 전혀 손상시키지 않는다.

그럼에도 나는 이 책에서 불완전한 점과 심지어 놓쳐 버린 점까지도 정확하게 숙고할 가치가 있다고 믿는다. 왜냐하면 그 책 속 모든 각각의 것은 실제로 사태 그 자체에(an die Sache selbst) 다가서는 탐구, 사태 그 자체가 직관적으로 스스로 주어짐(Selbstgegebenheit)에 따라 방향이 정해지는 탐구에서 끌어낸 것이며, 게다가 이성의 이론에 유일하게 성과를 거둘 수 있는 순수의식을 겨냥한 형상적-현상학적 태도의 탐구에서 끌어낸 것이기 때문이다. 『이념들』[1권]에서와 같이 이 책에서 내가 상술한 것의 의미를 이해하려는 사람은 물론 현저한 노력을 아끼지 말아야 하며, 동등하거나 동등하다고 추정한 주제에 관한 자신의 개념과 확신을 '괄호 속에 넣는' 노력도 아끼지 말아야 한다. 그러나 그 노력은 사태 자체의 본성이 요구한다. 그러한 노력을 아끼지 않는 사람은 나의 주장을 수정할 기회를 넉넉하게 발견하고, 그가 그러한 노력을 기쁘게 감수한다면 이 책이 불완전하다고 비난할 기회도 넉넉하게 발견할 것이다.

하지만 단지 피상적으로 읽은 것에 근거하거나 현상학적 사유의 영역 밖에 있는 사람은 ── 실제로 〔내 이론의 의미를〕 이해하는 모든 사람이 거부하지 않음에도 ── 내 주장이 틀렸다고 수정하거나 내 책이 불완전하다고 비난해서는 안 된다. 얼마나 많은 저자가 안이하게 모욕적 비판을 하는지, 얼마나 성실하게 내 책을 읽는지, 얼마나 터무니없이 나와 현상학을 뻔뻔하게 왜곡하는지는 슐리크[1]의 『일반적 인식론 (*Allgemeine Erkenntnistheorie*)』(1918)이 보여 준다. 그 책(121쪽)은 놀랍게도 다음과 같이 쓰고 있다.

〔내 책 『이념들』 1권은〕 결코 심리적인 실재적 작용일 수 없는 일종의 특별한 직관의 존재를 주장한다. 그런데 누구도 심리학의 영역에 속하지 않는 그와 같은 '체험'을 발견할 수 없다면, 이것은 그가 바로 그 학설을 이해하지 못했고, 올바른 경험과 사유의 태도에 들어서지 못했다는 것을 뜻한다. 즉 그러한 것에 들어서려면 '매우 고난에 찬 그 자신의 연구'가 필요하다.

슐리크가 위에서 고딕체로 강조한 문장에서 나에 대해 썼듯이, 내가 터무니없는 주장들을 각기 표명할 수 있다는 것은 완전히 불가능하며, 이와 마찬가지로 그가 현상학의 의미에 대해 그 밖에 서술한 것이 거짓임은 현상학에 정통한 사람이라면 누구라도 첫눈에 인식할 수 있는 것

---

1 (옮긴이 주) 슐리크(M. Schlick, 1882~1936)는 베를린대학교에서 플랑크(M. Planck)의 지도로 이론광학을 연구했고, 마하(E. Mach)의 실증주의 영향으로 오스트리아 빈대학교의 과학철학교수로 활동하면서 '빈 학파'를 주도했다. 그는 카르납(R. Carnap) 등과 함께 비트겐슈타인(L. Wittgenstein)의 『논리-철학 논고』의 사상을 논리적 실증주의에 입각해 발전시키며 유의미한 명제의 기준을 '검증 원리'에서 찾았다. 저서로 『일반적 인식론』(1918), 『윤리학의 문제』(1930), 『실증주의와 실재론』(1932) 등이 있다.

이다.[2] 물론 나는 언제나 다시 '매우 고난에 찬 연구'를 하지 않을 수 없다. 그러나 가령 수학자가 수학 문제를 함께 논의하는 것이나 수학적 학문의 가치에 관해 비판을 감행할 모든 사람이 고난에 찬 연구를 하는 것과 다르지 않다.

어쨌든 어떤 학설에 대한 연구는 그 학설의 의미를 파악하고 그럼에도 그 학설을 비판하는 것이 필요한데, 그렇지 않는 것은 학문적 양심의 영원한 법칙에 어긋나는 짓이다. 어떠한 자연과학이나 심리학의 학식도, 역사적 철학에서의 어떠한 학식도 현상학으로 파고들기 위한 이러한 고난에 찬 노력을 무용지물로 만들 수 없고, 그 짐을 편안하게 내려놓을 수도 없다. 그렇지만 그러한 노력을 감수하는 모든 사람, 매우 드물지만 편견 없는 태도로 고양된 모든 사람은 학문적 토대가 주어져 있다는 것과 그 토대를 얻는 데 필요한 방법의 고유한 권리를 매우 확실하게 획득한다. 이 확실성은 다른 학문들에서와 유사하게 여기에서 개념적으로 규정된 연구 문제의 공동성(Gemeinsamkeit)뿐 아니라 참과 거짓을 확고하게 결정해 준다. 나는 슐리크의 경우에서 문제는 단순히 사소한 탈선이 아니라, 그의 비판 전체가 기초하고 있는 그 의미가 뒤집어진 왜곡이라는 점을 명백하게 밝혀 둔다.

이와 같이 반발한 다음 나는 3장에서 의문문과 소원문을 현상학적으로 해석하는 문제에 대한 내 입장을 이 책 1판을 출판한 후 얼마 지나지 않아 변경했다는 점, 지금에야 착수할 수 있듯이 여기에서 약간 개정한 것으로 그럭저럭 꾸려 나갈 수밖에 없었다는 점도 밝혀 둔다. 그에 따라 그 원문은 변경되지 않았다. 많은 사람이 이용할 수 있는 부록인 '외적 지각과 내적 지각'에 관해서는 다소 보존할 수밖에 없었다.

---

2 (옮긴이 주) 이 '머리말'을 쓴 연도(1920년)나 그 내용으로 볼 때 '후설의 사상에 1920년경 정적 현상학에서 발생적 현상학으로 전환(Kehre)이 일어났다.'라는 주장은 그 개연성조차 전혀 찾을 수 없는 허구적 왜곡일 뿐이다.

원문의 본질적 내용을 유지할 경우에도 그 원문은 지금 현저하게 개선된 형태로 나타난다.

유감스럽게도 이 책의 색인을 보충하는 일은 이루어질 수 없었다. 이 작업을 맡았던 나의 전도유망한 제자인 루돌프 클레멘스(Rudolf Clemens) 박사가 조국을 위해 전사했기 때문이다.

1920년 10월
브라이스가우 프라이부르크에서
에드문트 후설

들어가는 말

앞의 제5연구는 우선 상관 없는 기술심리학의 문제로 빠져든 것으로 보이지만, 인식을 해명하는 우리의 관심을 제법 중요하게 촉진시켰다. 모든 사유작용, 특히 모든 이론적 사유작용과 인식작용은 그것을 표현하는 논의의 연관에서 등장하는 어떤 '작용' 속에서 수행된다. 사유의 객체나 인식의 객체로서, 또는 이것을 설명하는 근거와 법칙으로서, 그 이론과 학문으로서 사유하는 사람에게 대립해 있는 모든 타당성 통일체의 원천은 이러한 작용에 있다. 따라서 이 통일체에 속한 보편적인 순수한 이념, 즉 순수논리학이 그 이념법칙적 연관을 밝혀내고 인식비판이 해명하는 그 이념의 원천도 이러한 작용에 있다. 그런데 그 작용 그 자체, 즉 이렇게 많은 논쟁이 일어나고 많이 오해된 체험의 현상학적 특성을 확인함으로써 이미 인식을 해명하는 연구에 많은 것이 명백하게 획득되었다.

논리적 체험을 이러한 부류로 편입시킴으로써 논리적 영역과 인식의 근본 개념을 분석적으로 이해하는 것에 한정하는 중요한 첫걸음을 내디뎠다. 그러나 우리의 연구를 계속하는 것은 그 내용에 대한 서로 다른 개념도 구별하도록 이끈다. 그 내용은 작용과 이에 속하는 이념적 통일체가 문제되는 경우 어디에서나 혼동되어 서로 흘러 들어가 혼란되고는 한다. 이미 제1연구에서 의미와 의미를 부여하는 작용의 비교적 좁은 범위에서 우리가 주목한 차이는 이제 더 넓은 분야로, 또 지극히 일반적인 형식으로 다시 돌아온다. 제5연구에서 새롭게 획득된 '지향적 본질의 내용'이라는 특히 주목할 만한 내용의 개념도 논리적 분야와 이러한 관계가 없지는 않다. 왜냐하면 그 이전에 의미의 통일체를 예시하는 데 이바지했던 일련의 동일성은, 적절하게 일반화되어, 임의의 작용에 관계할 수 있는 어떤 동일성을 '지향적 본질'의 동일성으로 산출했기 때문이다. 논리적 분야의 현상학적 성격과 이념적 통일체를 작용 분야 일반을 지배하는 아주 일반적인 성격과 통일체에 이렇게 연결시키거나 종속시킴으로써 현상학적 성격과 이념적 통일체는 현저하게 현상학적이고 비판적인 이해를 얻게 되었다.

통일적인 지향적 본질 안에서 작용의 질과 작용의 질료를 구별하는 것과 연결되어 수행된 마지막 절(節)들의 연구는 또다시 논리적 관심의 영역 속으로 깊게 파고들었다. 이러한 지향적 질료와 모든 작용에 본질적인 표상 기반의 관계에서 끈질기게 달라붙는 문제는 더욱 중요하고도 항상 혼동되는 표상 개념을 구별하도록 강제했으며, 동시에 '판단론'의 기초적 부분은 규명되었다. 물론 이 경우 표상의 독특한 논리적 개념과 판단 개념은 궁극적으로 해명되지 않았다. 이러한 점에서 또 일반적으로 우리 앞길에 거대한 부분이 여전히 남아 있다. 우리는 언제나 출발선에 있을 뿐이다.

심지어 '의미'라는 이념의 기원을 해명하는, 당연시되는 목표에조차 우리는 여전히 도달할 수 없었다. '표현의 의미는 관련된 작용의 지향적 본질 속에 틀림없이 놓여 있다.'는 것은 귀중한 통찰이다. 그러나 '어떤 종류의 작용이 과연 의미의 기능을 할 수 있는지', '오히려 이러한 점에서 모든 종류의 작용은 동등한 자격으로 주어지지 않는 것인지' 하는 문제는 전혀 검토되지 않았다. 하지만 이 문제에 착수하려(이것은 바로 항(項)들에서 당장 밝혀진다.) 하자마자 우리는 의미지향과 의미충족의 관계에, 물론 애매하지만 전통적인 표현 방식으로는 '개념'이나(여기에서는 곧 직관적으로 충족되지 않은 사념으로 이해된) '사유'와 '이에 상응하는 직관'의 관계에 직면하게 된다.

이미 제1연구에서 지적한 이러한 차이를 매우 상세하게 규명하는 것은 각별히 중요하다. 이에 속한 분석과 우선 극히 단일한 명사적 지향에 연결된 분석을 하는 가운데, 우리는 곧 그 고찰 전체가 자연적으로 확대되고 한정될 필요가 있다는 점에 주목하게 된다. 우리가 지향과 충족[시킴] 또는 지향에 실망함의 차이를 발견하게 될 가장 넓은 부류의 작용은 논리적 분야를 훨씬 넘어선다. 논리적 분야 자체는 충족시킴의 특수한 관계를 통해 한정된다. 즉 어떤 부류의 작용(객관화하는 작용)은 그 객관화하는 작용의 영역에 속하는 충족시킴의 종합이 인식, 동일화함, '일치하는 것'을 '하나로 정립함'이라는 성격을 가지며, 이에 따라 실망함의 종합은 '모순되는 것'이 '분리됨'이라는 상관적 성격을 갖는다는 사실을 통해 다른 모든 작용과 명확하게 구별된다. 객관화하는 작용의 이러한 가장 넓은 영역 안에서 이제 우리는 인식의 통일과 관련된 모든 관계를 연구할 것이다. 게다가 의미지향으로서 표현에 부착된 그 특수한 지향을 충족시키는 것만을 중요시하며 연구하지는 않을 것이다. 이와 유사한 지향은 문법적 연결과 독립적으로도 등장한다. 나아가 직관은 심지어 대개 지향의 성격을 가지며, 이 지향은 여전히 더 충족될 것을 요구하고 그와 같은 충족됨을 자주 겪는다.

우리는 표의(Signifikation)와 직관의 아주 일반적 개념을 현상학적으로, 게다가 충족시킴의 형상으로 소급해 성격 짓고, 인식을 해명하는 데 근본적인 분석, 즉 서로 다른 종류의 직관 — 우선 감성적 직관 — 의 분석을 규명한다. 그런 다음 인식 단계의 현상학으로 들어가서 이와 관련된 일련의 인식의 근본 개념에 명석함과 확고한 규정성을 부여한다. 그 결

들어가는 말

과 앞에서 수행한 분석에서 단지 부수적으로만 언급된 새로운 내용의 개념, 즉 직관적 내용의 개념과 재현하는(파악된) 내용의 개념이 뚜렷하게 나타난다. 이제까지 지향적 본질의 개념에 인식에 적합한 본질이 배치되고, 이 후자 안에서 우리는 지향적 질, 파악의 의미(Auffassungssinn)로서 지향적 질료, 파악의 형식과 파악된(통각된 또는 재현하는) 내용을 구별하게 된다. 이 경우 파악함이나 재현함의 개념은 질료와 재현하는 내용이 파악의 형식을 통한 통일체로서 규정된다.

그런데 지향과 충족시킴의 일련의 단계에 관해, 우리는 단적인 충족시킴을 배제하고 오히려 단계적 순서로 충족시킴을 요구하는 지향 그 자체에서 다소 크거나 작은 차이의 간접성을 알게 되며, 이것에 의해 간접적 표상에 대한 논의의 가장 중요하지만 이제까지 해명되지 않은 의미를 이해하게 된다. 그런 다음 인식에서 지향을 충족시키는 지향과 융합되는 직관의 체험에 지향이 다소 적합한지, 그 차이를 추적해 보고, 객관적으로 완벽한 적합함의 경우를 규정한다. 이와 연관해 가능성과 불가능성(일치함, 양립 가능성 — 모순됨, 양립 불가능성)의 개념과 이와 관련된 이념적 공리를 궁극적으로 현상학적으로 해명하려 애쓸 것이다. 그리고 이제까지 고찰되지 않은 작용의 질을 함께 고려하면서 정립하는 작용과 관련된 잠정적 충족시킴과 궁극적 충족시킴의 차이를 고찰한다. 궁극적 충족시킴은 완전함의 이상을 재현한다. 궁극적 충족시킴은 항상 그에 상응하는 '지각' 속에 놓여 있다.(물론 이 경우 지각 개념은 감성의 한계를 넘어서서 필연적으로 확장하는 것으로 전제되어 있다.)

이 경우 충족시킴의 종합은 적확한 단어 의미로는 명증성이나 인식이다. 여기에서 진리의 의미에서 존재가, 즉 올바로 이해된 '일치함(Übereinstimmung)', '사물과 지성의 일치(adaequatio rei ac intellectus)'[1]라

---

1 (옮긴이 주) 흔히 '사물과 지성의 일치(ada. rei et intellectus)'로 알려졌는데, 'ac'와 'et'

는 의미에서 존재가 실현되며, 여기에서 진리나 일치함 그 자체가 직접 간취되고 포착될 수 있게 주어진다. 하나의 동일한 현상학적 상태에 근거해 구성될 수 있는 서로 다른 진리의 개념은 완전히 해명된다. 이와 유사한 것이 이에 상관적인 불완전함의 이상이며, 따라서 불합리함의 경우는 게다가 '모순된 것'과 이 속에서 체험된 비존재의 관점에서 비진리의 경우에 적용된다.

근원적으로 의미지향에만 관심을 쏟는 우리 연구의 자연스러운 진행은 이 모든 고찰이 우선 가장 단일한 의미를 출발점으로 취하고, 그래서 의미의 형식상 차이를 도외시한다는 점을 수반한다. 이 형식상 차이를 고려하는 2장의 보충 연구는 즉시 질료에 대한 완전히 새로운 개념으로, 즉 감성적 소재와 범주적 형식의 기본 대립으로 이끌거나, 객관적 태도를 현상학적 태도로 대체하기 위해 감성적 작용과 범주적 작용의 기본적 대립으로 이끈다. 이러한 대립과 밀접하게 연관된 것은 감성적(실재적) 대상·규정성·결합과 범주적 대상·규정성·결합의 중요한 차이다. 이 경우 범주적인 것의 특징으로서 입증되는 점은 범주적 대상·규정성·결합이 '지각'의 방식으로 단지 작용 '속에' 주어질 수 있고, 이것은 다른 작용들 속에, 즉 궁극적으로는 감성의 작용 속에 기초 지어진다는 것이다.

일반적으로 범주적 작용의 직관적 충족시킴, 따라서 상상적 충족시킴도 감성적 작용 속에 기초 지어진다. 그러나 단순한 감성은 범주적 지향에, 더 정확하게 말하면, 범주적 형식을 포함하는 지향을 충족시킬 수 없다. 오히려 충족시킴은 항상 범주적 작용을 통해 형식화된 감성 속에 있다. 이것은 직관과 지각이라는 근원적인 감성적 개념을 반드시 불가피하게 확장하는 것과 연관되며, 그래서 범주적 직관에 대해, 특히 보편

는 '그리고' '또한' '따라서' 등을 뜻하는 유사한 접속사이기 때문에 의미상 별다른 차이가 없다.

적 직관에 대해 이야기할 수 있게 된다. 그런 다음 감성적 추상과 순수한 범주적 추상의 구별은 보편적 개념에서 감성적 개념과 범주를 구별하게 한다. 감성(Sinnlichkeit)과 오성(Verstand) 사이의 오래된 인식론적 대립은 단적인, 또는 감성적 직관과 기초 지어진 또는 범주적 직관이 구별됨으로써 새롭게 명석하게 된다.

철학적 언어 사용에서 표의와 충족시키는 직관의 관계를 감성적 작용과 범주적 작용의 관계로 혼동하는 사유작용과 직관작용의 대립도 마찬가지다. 논리적 형식에 관한 모든 논의는 관련된 의미와 의미를 충족시키는 순수한 범주적인 것(Kategoriales)에 관계한다. 그렇지만 논리적 '질료', '용어'의 총체는 범주적 지향들이 단계를 이루는 방식으로 서로 겹쳐짐으로써 심지어 소재(Stoff)와 형식(Form)도 구별할 수 있게 되며, 그 결과 소재와 형식의 논리적 대립이 우리가 절대적으로 구별한 것을 쉽게 이해하도록 어떤 상대화하는 것을 시사한다.

이러한 연구의 본론은 어떤 소재를 현실에서 범주적으로 형식화하는 자유를 제한하는 한계를 검토한다. 우리는 소재의 모든 특수성과는 무관하게 순수한 범주에 근거한 본래적 사유작용의 분석적 법칙에 주목하게 된다. 이와 평행하는 한계는 비본래적 사유작용, 즉 단순한 표의(表意)가 표현하는 소재와 무관한 '아프리오리하게' 본래적인 의미로 표현될 수 있는 한에서 단순한 표의를 제한한다. 본래적 사유법칙의 기능은 단순한 표의의 규범으로서 이러한 요구에서 생긴다.

연구를 시작하며 제기된 문제, 즉 의미를 부여하는 작용과 의미를 충족시키는 작용을 자연스럽게 제한하는 문제는 이 작용들을 객관화하는 작용의 부류로 정돈함으로써, 또한 객관화하는 작용을 표의적 작용과 직관적 작용으로 구분함으로써 해결된다. 그 연구 전체 속에 수행된 충족을 시작하게 하는 현상학적 관계를 해명함으로써 비로소 우리는 소원문, 명령문 등을 술어화로 간주하는 아리스토텔레스의 견해에 지지하거나 반박하는 논증을 비판적으로 평가할 수 있는 입장에 서게 된다. 이러한 논쟁 문제를 완전히 해명하는 일은 이 책의 연구에서 결론에 해당하는 3장에서 전념한다.

방금 전 서술한 우리가 노력하는 목표는 인식 일반에 대한 현상학적 해명의 궁극적인 최상 목표다. 우리의 매우 포괄적인 분석은 간접적 사유작용과 인식작용의 성과가 대단히 풍부한 분야를 거의 검토하지 않은 채 놓아둔다. 그래서 간접적 명증성과 그 이념적 상관자의 본질은 충분히 해명되지 않았다. 적어도 우리는 사소하지 않은 것을 얻으려 애썼다고 믿으며, 인식비판의 가장 아래, 또 그 본성상 최초의 기반을 드러내 밝혔다고 자부한다. 인식비판에서 이것은 모든 엄밀한 학문적 탐구의 본질 속에 놓여 있는 자기절제를 실행시킨다. 인식비판의 목표가 사태의 실제적이고 궁극적인 해결로 향한다면, 그것은 거대한 인식의 문제를 전승된 철학의 단순한 비판과 개연적인 논증을 통해 해결할 수 있다고 더 이상 가장하지 않는다.

그러한 인식비판의 목표가 결국 사태는 그 입장에 밀착해 연구되고 형성되어야 한다는 사실을 자각하는 데에 있다면, 인식의 문제는 최초에는 우리가 그 문제에 가장 관심을 쏟는 높은 단계나 최고 단계가 아니라 상대적으로 가장 단순한 형식 속, 즉 그 문제에 접근해 형성하는 것에 가장 낮은 단계에서 다룬다는 것을 감수해야 한다. 이러한 방식으로 수여된 인식론적 연구가 대단히 많은 어려움을 극복해야만 한다는 점, 실로 거의 모든 것의 작업을 수행해야만 한다는 점은 지금 시작하는 다음의 분석이 입증할 것이다.

1장

객관화하는 지향과 충족시킴.
충족시킴의 종합인 인식과 그 단계

1절 의미지향과 의미충족

1 의미를 지닌 것으로 기능할 수 있는 것은 모든 종류의 작용인가, 단지 어떤 종류의 작용인가

'들어가는 말'에서 제기한 문제에 '의미작용은 어떤 제한된 유의 작용 속에서만 수행되는지' 하는 문제를 연결시키자. 우선 '그러한 종류의 한정은 존립하지 않으며 모든 종류의 작용은 의미를 부여하는 작용으로 기능할 수 있다.'는 것이 아주 자명하다 생각할 수도 있을 것이다. 어쨌든 우리는 (표상·판단·추측·의문·소원 등) 모든 종류의 작용을 표현으로 이끌 수 있으며, 이러한 가운데 그 작용들은 명사(名辭)·진술·의문문·소원문 등과 관련된 논의 형식의 의미를 우리에게 제공한다.

그러나 반대의 견해, 특히 '모든 의미는 좁게 제한된 부류의 작용에 제한된다.'라는 견해에 대해서도 그 자명성을 주장할 수 있다. 그런데 사람들은 '확실히 모든 작용은 표현될 수 있다.'라고 말한다. 그렇지만 (충분히 발달된 언어의 경우) 모든 작용은 자신의 그때그때 표현을 그것 자체에 적합한 논의 형식 속에서 발견한다. 우리는 예를 들어 문장의 경우 서술문·의문문·명령문 등을 구별한 다음, 첫 번째 거명한 것[서술문]에서 다시 정언명제·가언명제·선언명제 등을 구별한다. 어쨌든 작용은 이러저러한 논의 형식으로 표현되는 가운데 의문은 의문으로서, 소원은 소원으로서, 판단은 판단으로서 반드시 그 종의 규정성으로 인식된다. 이것은, 표현이 작용들에 맞춰지는 한, 그것을 구축하는 부분적 작용들에도 적용된다. 작용은 그 형식과 내용에 관해 통각되거나 '인식되지 않고는 그 작용에 적합한 형식을 발견할 수 없다. 그러므로 논의의 표현작용은 단순히 단어 속에 놓여 있는 것이 아니라 표현하는 작용 속에 놓여 있다. 이 표현작용은 그것을 통해 표현할 수 있는 상관적 작용을 새로운 소재 속에 뚜렷하게 새기고, 이것으로부터 어떤 생각의 표현을 만들어 내는데, 이 표현의 보편적 본질은 관련된 논의의 의미를 형성한다.

이러한 견해가 적절함을 입증하는 것은 표현이 순수하게 상징적으로 기능할 가능성 속에 있는 것으로 보인다. 표현할 수 있는 작용의 그 정신적 대응물인 정신적 표현은 언어적 표현에 부착되어 있으며, 언어적 표현을 이해하는 사람에 의해 그 작용 자체가 수행되지 않더라도 언어적 표현에 의해 소생할 수 있다. 우리는 스스로 지각하지 않아도 어떤 지각의 표현을 이해하며, 스스로 의문을 품지 않아도 어떤 의문의 표현 등을 이해한다. 우리는 단어뿐만 아니라 생각의 형식이나 표현도 갖는다. 반면 지향된 작용이 실제로 현재에 있는 경우 표현은 표현될 수 있는 것과 합치되고, 단어에 부착된 의미는 그 의미가 뜻하는 것에 순응하며, 그 의미가 생각한 지향은 이 의미 속에 의미를 충족시키는 직관을 발견한다.

'의문문·소원문·명령문 등의 특유한 형식이 진술로 간주될 수 있는지, 그래서 판단으로 간주될 수 있는지' 하는 오래된 논쟁은 이렇게 대립된 [두 가지] 견해와 명백히 밀접하게 연관되어 있다. 아리스토텔레스의 학설에 따르면, 자립적으로 완결된 모든 명제의 의미는 서로 다른 종류의 심리적 체험 속에, 판단작용·소원함·명령함 등의 체험 속에 놓여 있다. 이에 반해 현대에 더욱더 확산되는 다른 학설에 따르면, 의미작용은 오직 판단 속에, 또는 판단이 표상에 적합하게 변양된 것 속에서 수행된다. 의문문에서는 어떤 의미에서 의문이 표현되지만, 단지 '의문이 의문으로 파악되고, 이러한 생각으로 포착해 의문을 말하는 사람의 체험이라 언급하며, 그래서 그의 체험으로 판단된다.'는 점을 통해서만 의문이 표현된다.

이것은 의문문 이외에 어느 경우든 마찬가지다. 모든 의미는 이러한 학설의 의미에서 명사적 의미나 명제적 의미이거나, 더 적절하게 말할 수 있듯이, 모든 의미는 진술명제 전체의 의미이거나 그와 같은 의미의 가능한 부분이다. 이 경우 진술명제는 술어적 명제다. 왜냐하면 일반적으로 이러한 측면에서 판단은 술어화하는 작용으로 이해되며, 우리가 여전히 듣게 되듯이, 그 논쟁이 물론 자신의 의미를 유지하는 동안 판단은 정립하는 작용 일반으로 이해되기 때문이다.

제기된 문제에 대한 올바른 입장을 발견하기 위해 위에서 가장 가까운 논쟁을 미리 취하기보다 더 정확한 검토가 필요할 것이다. 이러저러한 측면에서 자명한 것이라 언급되는 것을 더 자세하게 고찰해 보면 명석하지 않은 것으로, 심지어 잘못된 것으로 명백히 밝혀질 것이다.

2 모든 작용이 표현될 수 있는지는 결정하지 않았음. 작용의 표현에 대한 논의의 두 가지 의미

사람들이 이전에 우리에게 말했듯이 모든 작용은 표현될 수 있다. 물론 이것은 의심할 여지가 없지만, 이것이 은밀하게 끼어들 수 있다는 것, 그래서 모든 작용도 의미를 지닌 것의 기능으로 있을 수 있다는 사실을 내포하지 않는다. 이전에[1] 논했듯이, 표현에 대한 논의는 다의적이며, 이것을 표현될 수 있는 작용과 관계 지을 경우에도 그러하다. 우리는 의미를 부여하는 작용, 즉 좁은 의미에서 '통지된' 작용을 표현된 작용이라고 한다. 하지만 다른 작용도 당연히 다른 의미에서 표현된 작용이라 할 수 있다. 이는 우리가 곧바로 체험하는 작용을 명명하는 매우 통상적인 경우를 뜻하며, 나는 이렇게 명명함으로써 우리가 그 작용을 체험한다는 사실을 진술한다. 이러한 의미에서 나는 '나는 ~을 원한다'라는 형식으로 어떤 소원에, '나는 ~인지 의심한다'라는 형식으로 어떤 의문에, '나는 ~라고 판단한다'라는 형식으로 어떤 판단에 표현을 부여한다.

우리는 당연히 외적 사물에 관해서와 똑같이 자신의 내적 체험에 관해서도 판단할 수 있으며, 그 경우 관련된 명제의 의미는 이 체험에 관한 판단에 있지, 소원·의문 등 체험 자체에 있지 않다. 실로 외적 사물에 관한 진술의 의미도 이 사물(말·집 등)에 있지 않으며, 그것은 우리가 그 사물에 관해 내적으로 내리는 판단이나 이러한 판단을 구축하도록 도와주는 표상에 있다. 판단된 객체가 어떤 경우에는 의식을 초월하고 (또는 그러한 것으로 간주하려 하고) 어떤 경우에는 의식에 내재한다는 것은 여기에서 어떠한 본질적 차이도 일으키지 않는다. 물론 나를 충족시키는 소원은 내가 그 소원을 표명하면서 판단의 작용과 구체적으로 일체가 된다.

그러나 그 소원은 판단에 본래 기여하지 않는다. 그 소원은 반성적 지각의 작용 속에서 파악되고, '소원'이라는 개념에 포섭되며, 이러한 개념에 의해 또 소원의 내용을 한정하는 표상에 의해 명명된다. 그래서 소원에 대한 개념적 표상은 소원에 관한 판단이 성립하는 데 기여하며, 이에

---

1 제1연구(『논리 연구』 2-1권, 1절), 12항(계속. 표현된 대상성) 참조.

상응하는 소원이라는 명사는 그 소원을 진술하는 데 기여한다. 이것은 인간에 대한 표상이 인간에 관한 판단이 성립하는 데 (또는 '인간'이라는 명사가 인간에 관해 진술하는 데) 기여하는 것과 아주 똑같다. '나는 ~을 원한다'라는 문장에서 주어의 단어 '나' 대신 관련된 고유명사를 대체해 생각해 보면, 확실히 그 문장의 의미는 변양된 부분에 의해 영향을 받지 않는다. 그렇지만 소원의 진술이, 그 자신이 그 소원을 전혀 공유하지 않는 어떤 듣는 사람에게 동일한 의미로 이해되고 판단되며 추후 체험될 수 있다는 점은 명백하다. 그래서 우리는 소원은 때로는 이 소원을 향한 판단작용과 일체가 되는 경우에도 실제로 판단의 의미에 속하지 않는다는 점을 알게 된다. 표현의 생생한 의미가 변함없이 유지되어야 한다면, 참으로 의미를 부여하는 체험은 결코 폐지될 수 없다.

따라서 모든 작용이 표현될 수 있음은, 즉 이렇게 표현될 수 있다는 것으로 그 작용에 관해 어떤 진술을 할 가능성이 더 이상 이해되지 않는다면 '모든 작용이 의미를 부여하는 방식으로 기능할 수 있는지' 하는 문제와는 분명히 상관없다. 곧바로 이 경우 그 작용은 결코 의미를 지닌 것으로 기능하지 않는다.

3 작용의 표현에 대한 세 번째 의미. 우리의 주제를 공식화함

방금 전에는 표현된 작용에 대한 논의의 이중 개념을 구별했다. 그것은 의미(Sinn), 즉 관련된 표현의 의미(Bedeutung)가 구성되는 작용을 뜻하거나, 말하는 사람이 그가 방금 전 체험한 작용으로서 술어로 말하려 하는 작용을 뜻한다. 우리는 이 후자의 개념을 적절하게 확장시켜 생각할 수 있다. 물론 그 개념으로 파악된 상태는, 표현된 작용이 체험하는 자아가 아니라 다른 객체에 술어적으로 관련될 경우, 여기에서 본질적으로 고려할 문제에 관해서는 동일하다. 가령 그 작용을 술어화의 주어 항이나 목적어 항으로 고정시키는 바로 그러한 방식으로 수행하지 않고 이 작용을 체험된 작용으로 내실적으로 명명하는, 받아들일 수 있는 모든 표현의 형식에도 그 상태는 동일하다. 요점은 작용이 명명되거나 그 밖에 다른 방식으로 '표현되는' 가운데 논의나 논의의 기초가 되는 객관화하는 정립의 현실적인 현재에 대한 대상으로 나타난다는 것이다. 이에 반해 의미를 부여하는 작용의 경우는 그렇지 않다.

표현된 작용에 대한 논의의 세 번째 의미에서 중요한 문제는, 두 번째 의미에서와 같이, 관련된 작용에 속한 판단작용이나 그 밖에 객관화하는 작용이다. 그러나 중요한 것은 이 작용에 관한 판단작용 — 따라서 그 작용에 관련된 표상과 명명함 가운데 그 작용을 객관화하는 — 이아니라, 그 작용을 객관화할 필요가 없는 이 작용에 근거한 판단작용이다. 예를 들어 내가 '내 지각을 표현한다.'는 것은 내가 나의 지각에 관해 그 지각은 이러저러한 내용을 갖는다고 진술하는 것을 의미한다. 그런데 이것은 내가 나의 판단을 지각에서 끌어낸다는 것, 내가 관련된 사실을 주장할 뿐만 아니라 지각하며, 내가 그 사실을 지각하는 것과 같이 그 사실을 주장한다는 것도 뜻할 수 있다. 이 경우 판단을 내리는 것은 지각이 아니라 지각된 것이다. 요컨대 지각의 판단에 대해 이야기할 경우 보통 생각되는 것은 바로 이렇게 특징지어진 부류의 판단이다.

이와 유사한 방식으로 다른 직관적 작용, 즉 구상·기억·예상에 표현을 부여할 수 있다.

구상에 근거한 진술의 경우, 물론 '이 속에 실제적 판단은 과연 있는지' 의심할 수 있으며, 오히려 이때 실제적 판단은 없는 것이 확실할 수 있다. 우리는 여기에서 일련의 상상에 사로잡혀 이때 우리에게 나타나는 것을 마치 그것이 지각된 것처럼 통상의 진술로 그렇게 명명하는 경우라든가, 동화작가나 소설가 등이 실제로 일어난 일이 아니라 그의 예

술적 상상의 형성물에 '표현을 부여해' 이야기하는 투의 형식도 염두에
둔다. 앞의 제5연구의 상론[2]에 따라, 이 경우 중요한 문제는 '직관적 구
상이 지각에 상응하고, 어쩌면 기억이나 예상에도 상응하는 것과 유사
한 방식으로 동일한 단어로 표현될 수 있는 실제적 판단에 대한 대응물
로서 상응하는 같은 형식의 변양된 작용이다. 그런데 우선은 그 차이를
고려하지 않으려 한다.

위에서 지적한 부류의 경우와 이것을 통해 한정된 '표현된 작용'에
대한 논의에 새로운 의미를 연결시켜 의미와 표현된 직관의 관계를 명
석하게 밝혀 보자. 우리는 '이러한 직관은 그 자체로 그 의미를 구성하
는 작용인지', 만약 아니라면 '이 둘의 관계는 그 밖에 어떻게 이해될
수 있고 유에 적합하게 분류될 수 있는지' 검토하려 한다. 이와 관련해
우리는 특히 다음과 같은 더 일반적인 문제를 추구해 간다. 즉 '일반적
으로 표현을 부여하는 작용과 일반적으로 표현될 수 있는 작용은 본질적
으로 서로 다름에도 불구하고 확고하게 규정된 종류의 작용들의 영역
에서 수행되는지', '그럼에도 — 의미 자체의 기능이든 '의미를 충족시
키는' 기능이든 — 더 넓은 의미에서 의미의 기능을 할 수 있는 작용들의
총체를 포섭하거나 다른 유(類)의 모든 작용이 그와 같은 작용에서 '당
연히', 또는 법칙적으로 배제될 정도로 분리되는 포괄하는 유의 통일체
가 결정적으로 있는지' 하는 문제다.

이것으로써 당면한 우리의 목표가 밝혀졌다. 계속 숙고해 가는 가운
데 고찰하는 범위가 자명하게 확장되는 것은 인식 일반을 이해하는 데
제기된 문제의 의미를 명증적으로 만들 것이며, 이때 더 높은 새로운
목표가 즉시 우리의 시야에 들어올 것이다.

---

2 제5연구(『논리 연구』 2-1권) 5절 40항('계속. 질적 변양과 상상적 변양'), 1판은 454쪽,
2판은 491쪽 이하.

4 지각의 표현.('지각의 판단') 지각의 표현에서 의미는 지각 속에 있을 수 없고, 반드시 고유한 표현하는 작용 속에 있어야 한다

하나의 예를 고찰해 보자. 나는 방금 전 정원을 내다보고, '한 마리 지빠귀가 날아간다.'라는 말로 내 지각을 표현했다. 이 경우 의미가 놓여 있는 작용은 어떤 것인가? 〔『논리 연구』 2-1권〕 제1연구의 상론과 일치해 우리는 '그것은 지각이 아니며, 적어도 지각 혼자만은 아니다.'라고 말할 수 있다고 믿는다. 우리가 지금 제시된 상태를 ── 마치 그 말의 음성을 제외하면 그 말의 음성이 결합된 지각 이외에 표현의 유의미성을 결정하는 그 무엇도 더 주어지지 않는 것처럼 ── 그렇게 기술할 수는 없는 것처럼 보일 것이다. 이러한 동일한 지각에 근거하면 실로 진술은 완전히 다른 것일 수 있고, 더욱이 완전히 다른 의미를 전개할 수 있다. 예를 들어 나는 '이것은 검은색이고, 검은 새다!', '이 검은 동물은 날아가고, 힘차게 날아오른다!' 등으로 말할 수 있다. 반면 지각이 여러 가지로 변화되는 동안 그 말의 음성과 의미가 동일한 것으로 남아 있을 수도 있다. 지각하는 사람의 상대적 위치가 우연히 변경되는 모든 것은 그 지각 자체를 변경시키며, 동일한 것을 동시에 지각하는 서로 다른 사람은 결코 정확하게 동일한 지각을 갖지 못한다. 방금 전 예시한 종류의 차이는 지각의 진술 의미와는 상관없다. 물론 때에 따라 그와 같은 차이에 주목할 수 있지만 이때 진술도 완전히 다른 것임에 틀림없다.

물론 이에 대한 반론은 단순히 '의미는 개개의 지각의 그러한 종류의 차이에 영향 받지 않으며, 하나의 대상에 속한 다양한 지각 작용을 총체적으로 자체 속에 지닌 바로 하나의 공통적인 것 속에 놓여 있다.'는 증명이라 말할 수도 있을 것이다.

그러나 이러한 반론에 대해, 지각은 변화할 뿐만 아니라 그 표현이 유의미하게 남아 있기를 중단하지 않아도 지각이 완전히 없어질 수 있다는 점을 부언해 둔다. 듣는 사람은 정원을 내다보지 않고도 내 말과 문장 전체를 이해하며, 나의 진실함을 신뢰하면서 지각하지 않아도 〔나와〕 동일한 판단을 내린다. 아마 그에게는 상상을 통해 어떤 '상으로 만드는 것(Verbildlichung)'이 도움을 주며, 아마 이것 역시 없으면 — 미흡하거나 충전적이지 않으면 — '상으로 만드는 것'은 진술 속에 '표현된' 특징에 따라 지각이 나타남의 대응물로 결코 간주될 수 없다.

그런데 지각이 없어져 버린 경우, 진술에 대해 어떤 의미가 여전히 남아 있고, 심지어 없어져 버리기 이전과 동일한 의미가 남아 있다면, 우리는[3] '지각은 지각의 진술 의미가 그 진술을 표현하는 사념작용을 수행하는 작용'이라는 점을 받아들일 수 없게 된다. 말의 음성과 일체가 되는 작용은 이 말의 음성이 순수하게 상징적으로 유의미한지, 직관적으로 유의미한지, 단순히 상상에 근거해 유의미한지를 실현하는 지각에 근거하여 유의미한지에 따라 현상학적으로 매우 다르며, 그 결과 우리는 '의미작용이 때에 따라 이러저러한 작용으로 일어난다.'는 점을 믿을 수 없을 것이다. 그래서 우리는 그 의미작용의 이러한 기능이 어디에서나 동일한 종류의 작용에 속한다는 견해를 우선시해야만 할 것이다. 그 작용은 우리가 아주 자주 거부했던 지각과 심지어 상상을 제한하는 것에서 자유로우며, 그 표현이 본래적 의미에서 '표현되는' 경우 표현된 작용과만 통합된다.

아무튼 그럼에도 '지각의 판단'에서 지각이 진술의 의미와 내적 관계에 있다는 점은 반론의 여지가 없다. 실로 이유 없이 '그 진술은 '지각을 표현한다.' 또는 '그것은 '지각 속에 주어진 것'을 표현한다.'를 뜻하는 것은 아니다. 동일한 지각이 서로 다른 진술의 기초가 될 수 있지만, 이 진술의 의미가 아무리 변하더라도, 그 의미는 어쨌든 지각이 나

---

3 우리가 이 1장에서 고의로 무시하는 범주적 형식도 도외시한다.

1절 의미지향과 의미충족

타나는 내용을 '향해 있다.' 판단에 특별한 기초를 제공하는 것은 때에 따라 이러저러한 부분적 지각 — 아마 비록 통일적인 완전한 지각의 비자립적 부분이지만 — 이며, 따라서 그 지각은 본래의 의미를 지니지 않을 것이다. 이것은 바로 모든 지각이 없어져 버릴 가능성을 시사한다.

그래서 우리는 '어떤 지각 또는 객관적으로 돌려 말하면, 어떤 지각된 것 그 자체를 이렇게 '표현하는 것'은 말의 음성의 과업이 아니라 어떤 표현하는 작용의 과업이다.'라고 말해야 할 것이다. '표현'은 이러한 연관에서 그 전체 의미에 의해 생생하게 된 표현을 뜻하며, 여기에서는 어떤 관계 속에서 지각으로 정립되고, 이 지각은 자신의 측면에서 바로 이러한 관계를 위해 '표현되었다.'고 한다. 동시에 여기에는 지각과 말의 음성 사이에 여전히 하나의 작용 — 또는 하나의 작용의 형성물 — 이 삽입되어 있다는 점을 함축한다. 나는 '하나의 작용'이라 말한다. 왜냐하면 표현의 체험은, 지각에 의해 수반되든 수반되지 않든, 대상적인 것과의 지향적 관계를 갖기 때문이다. 이렇게 〔지각과 말의 음성을〕 매개하는 작용은 본래 의미를 부여하는 작용으로 이바지하고, 유의미하게 기능하는 표현에 본질적 존립요소로서 속하며, 확증하는 지각이 그 표현에 수반되든 수반되지 않든 그 의미가 동일하게 같은 것이라는 점을 틀림없이 제약한다.

이러한 견해를 철저하게 관철할 가능성은 다음 연구를 통해 언제든 확증된다.

5 계속. 지각은 의미를 규정하지만 의미를 포함하는 작용은 아니다

당연히 예상되는 의문을 먼저 검토해야 한다. 우리의 서술은 어떤 제한이 필요하고, 여기에는 우리가 완전히 정당화할 수 있는 것 그 이상이 포함된 것으로 보인다. 지각이 지각에 근거해 수행된 진술의 완전한 의미를 결코 형성하지 못한다면, 어쨌든 지각은 방금 전 논의한 부류의 경우에는 의미에 대해 약간이라도 기여한다. 이러한 사실은 그 예를 변양시켜 전혀 규정되지 않은 '한 마리 지빠귀' 대신 '이 지빠귀'라고 말하는 경우 더 분명하게 드러난다. '이것(Dies)'은 단지 표명하는 상황과 이 경우에 수행된 지각을 고려함으로써만 완전히 유의미하게 되는 본질적으로 우발적인 표현이다. 지각된 객체는, 이것이 지각 속에 주어진 것과 똑같이, '이것'에 의해 사념된다. 그 밖에 동사의 문법적 형식에서 현재 시제도 현실적 현재와의 관계를, 따라서 다시 지각을 표현한다. 그런데 명백하게 동일한 것이 변양되지 않은 예에도 해당된다. 왜냐하면 '한 마리 지빠귀가 날아간다.'라고 말하는 사람은 어떤 지빠귀 일반이 아니라 한 마리 지빠귀가 지금 여기에서 날아간다는 것을 말하기 때문이다.

물론 ('한 마리 지빠귀가 날아간다.'라고) 지향된 의미는 말의 음성에 부착되어 있지 않으며, 그 말의 음성을 통해 일반적으로 또 확고하게 결합된 의미에 속하지도 않는다. 그러나 통일적 진술의 의미는 — 그 의미가 단어의 일반적 의미에 의해 그 단어 속에 완전히 표명되든 표명되지 않든 — 경우에 따라 진술에 기초가 되는 사념하는 작용 전체 속에 놓여 있다는 점을 벗어날 수 없기 때문에, 진술이 판단에 적합하게 표현하는 사태를 지각이 직관하도록 이끌 경우, 지각은 이러한 판단의 의미 내용에 어떤 기여를 한다는 사실을 충분히 인정해야 할 것이다. 물론 그 기여는 어쩌면 다른 작용을 통해서도 본질적으로 일치하는 방식으로 수행될 수 있다. 듣는 사람은 정원을 지각하지 않지만 아마 그 정원을 알고 직관적으로 표상할 것이며, 표상된 지빠귀와 진술된 경과를 정원 속으로 상정해 보고는, 말하는 사람의 지향을 따라가면서 단순한 상상의 상의 성격(Bildlichkeit)에 의해 같은 의미를 이해한다.

그렇지만 그 상태는 여전히 두 번째 해석을 허용한다. 어떤 의미에서, 즉 의미가 사념된 대상성과의 특정한 관계에서 직관의 도움이 없어도 전개될 수 있다는 의미에서, 직관은 실로 지각의 진술 의미에 어떤 기여를 한다고 말해야 한다. 다른 한편 이것으로써 직관 자체의 작용이 의미를 지닌 것이라거나 본래적 의미에서 의미에 기여 — 이때 이것은 완성된 의미 속에 존립요소로서 발견될 수 있을 것이다 — 한다는 것을 말하는 것이 아니다. 본질적으로 우발적인 표현은 경우마다 변화하는 의미를 갖지만, 모든 변화에서도 공통적으로 그와 같은 다의성을 우연적인 애매함의 다의성과 구별한다.[4] 그런데 직관에 부가하는 것은 이러한 공통적인 것이 그 추상성에서도 의미가 규정되지 않은 것을 규정하도록 작동한다. 즉 직관은 그 공통적인 것에 대상적 방향의 규정성을 부여함으로써 그 궁극적인 차이를 부여한다. 이러한 작업수행은 의미 그 자체의 한 부분이 직관 속에 놓여 있어야만 할 것을 요구하지 않는다.

나는 '이것'을 말하는데, 이는 방금 전 내 앞에 놓여 있는 종이를 뜻한다. 그 단어가 이 대상에 대해 관계하는 것은 지각 덕분이다. 그러나 의미는 이 지각 자체에 있지 않다. 내가 '이것'을 말할 때 나는 단순히 지각하는 것이 아니라, 그 지각에 근거해 그 지각을 향하며 그 차이에서도 그 지각에 독립적인 새로운 작용, 즉 '이것을 사념하는(Dies-Meinen)' 작용이 세워진다. 의미는 이렇게 지시하는 사념작용 속에 있고 전적으로 오직 이 작용 속에만 있다. 지각 — 또는 이에 상응해 기능하는 작용 — 이 없다면 지시하는 작용은 공허하며, 일정하게 세분화되지 않으면 '구체적으로는' 아무것도 가능하지 않다. 왜냐하면 '말하는 사람은 어떤 것을 지시

4 제1연구(『논리 연구』 2-1권, 3절), 26항(본질적인 우발적 표현과 객관적 표현), 전반부 참조.

한다.'라는 규정되지 않은 생각 — 듣는 사람이 우리가 '이것'으로 어떤 객체를 지적하려는지 여전히 인식하지 못한 반면, 듣는 사람에게 나타날지 모를 생각 — 은 당연히 우리 자신이 '마치 우리의 경우에만 지적된 것을 규정하는 표상이 여전히 부가되듯이' 현실적으로 지시하는 가운데 수행하는 생각이 전혀 아니다. 현실적으로 지시하는 작용 그 자체의 일반적 성격과 어떤 것을 지시하는 것의 규정되지 않은 표상을 혼동하면 안 된다.

그러므로 지각은 '이것을 사념하는 작용'이, 예를 들어 내 눈앞에 있는 이 종이라는 대상과의 일정한 관계로 전개될 가능성을 실현한다. 그러나 우리에게 나타날 바와 같이, 지각 그 자체는 의미를 구성하지 않으며 그 부분에 관해서도 구성하지 않는다.

지시하는 작용의 성격이 직관을 향함으로써, 지향적 본질로서 특징지을 수 있는 **보편적 존립요소**에 따라 직관 속에 충족되는 지향의 규정성을 받아들인다. 왜냐하면 지시하는 사념작용은 다양하게 함께 속한 지각들에서 어떤 지각이 기초가 되더라도 언제나 동일한 대상, 인식할 수 있는 동일한 대상이 나타나는 동일한 것이기 때문이다. 인식할 수 있는 동일한 방식으로 동일한 대상을 상(像) 속에 표상하는 다양한 상상적 표상에서 어떤 작용이 지각에 대해 일어날 경우, '이것'의 의미는 또다시 동일하다. 그러나 직관이 다른 지각이나 상의 성격의 범위에서 상정될 경우, '이것'의 의미는 변화된다. 이때 우리는 '이것'을 다시 말하지만, 여기에 존재하는 사념작용의 공통적 성격, 즉 — 어떠한 부가어로도 매개되지 않은 — 직접 대상을 겨냥하는 공통적 성격은 서로 다르게 세분화되고, 이제 다른 대상에 대한 지향이 그 공통적 성격에 부착된다. 이것은 물리적 지시작용이 공간적 방향이 변경됨으로써 바로 공간적으로 세분화되는 것과 유사하다.

'지각은 의미를 규정하는 작용으로 간주되지만 의미를 포함하는 작용으로 간주될 수 없다.'는 견해의 정당성은, '이것'과 같은 종류의 본질적으로 우발적인 표현도 적합한 직관의 기반 없이 각양각색으로 사용되고 이해되는 상황을 제공해 준다. 일단 적절한 직관에 근거해 계획된 대상에 대한 지향은 어떤 적합한 지각이나 상상이 매개되지 않더라도 반복되거나 일치해 재생될 수 있다.

그에 따라 본질적으로 우발적인 표현은, 고유명사가 자기 본래의 의미에서 기능하는 한, 고유명사와 밀접하게 유사할 것이다. 왜냐하면 고유명사도 대상을 '직접' 명명하기 때문이다. 고유명사는 이러저러한 징표를 지닌 것으로서 부가어의 방식으로 그 대상을 사념하는 것이 아니라, 그와 같은 '개념적' 매개 없이 지각이 대상을 눈앞에 제시하는 대상 '그 자체'가 존재하는 것을 사념한다. 따라서 고유명사의 의미는 '직접이 대상을 사념하는 작용' 속에 놓여 있으며, 이것은 다만 지각을 통해, 또 '잠정적인'(예시하는) 방식으로 상상을 통해 **충족되지만** 그렇다고 이 직관의 작용과 동일한 것은 아닌 사념작용이다. 이 고유명사의 경우와 똑같이 지각은 '이것' ― '이것'이 가능한 지각의 대상을 향해 있을 경우 ― 에 대상을 부여한다. '이것을 사념하는 작용'은 지각 속에 충족되지만 지각 그 자체는 아니다. 물론 직접 명명하는 이러한 표현의 의미는 고유명사에서 '이것'의 경우와 같이 근원적으로 직관에서 생기는데, 이 직관에 따라 명사의 지향은 개별적 대상을 향한 직관의 방향을 근원적으로 정한다. 다른 점에서 차이는 '이것'에 지시하는 생각이 부착되는 데 있다. 이러한 생각은 이전에 논의한 방식으로 어떤 간접성과 혼란을, 따라서 고유명사의 경우에는 없는 일정한 형식을 집어넣는다.

다른 한편 고유명사는 확고한 명칭으로서 그 대상에 속한다. 이렇게 항상 속해 있음에는 그 대상과 관계하는 방식으로 어떤 것과 상응한다. 이것은 내가 '한스'를 '한스'로, '베를린'을 '베를린'으로 인식하듯이, 그렇게 부르는 인물이나 사항에 이름을 불러 인식하는 작용의 사실을 통해 확증된다. 그런데 명백히 이러한 상론은 파생된 의미기능 속에 있는 고유명사를 도외시한다. 일단 어떤 고유명사가 주어진 대상에 직접 연결되어 — 따라서 〔대상을〕 부여하는 직관에 근거해 — 형성되면, '고유하게 명명하는 것'을 반성하는 가운데 형성된 '부르는 것(Heißen)'이라는 개념은 우리에게 주어지거나 직접 알려진 것이 아니라 단지 일정한 징표를 지닌 것으로서 간접적으로 특징지어진 대상에 고유명사를 붙이거나 그 대상의 고유명사를 알리는 데 이바지할 수 있다. 예를 들어 '스페인의 수도는 마드리드라고 부른다.'('마드리드'라는 고유명사를 갖는다.) '마드리드'라는 도시 '자체를' 모르는 사람도 이것에서 그 도시의 이름을 알게 되고, 그 이름을 적합하게 사용하는데, 이때 '마드리드'라는 말의 고유한 의미를 아는 것은 아니다. 그에게 이바지하는 것은 단지 이도시에 대한 직관을 불러일으킬 수 있는 직접적 사념작용 대신 그와 같은 사념작용의 간접적 지시, 즉 특징적 징표의 표상을 통해, 또 '그렇게 부르는 것'의 개념을 통해 매개된 지시다.

이러한 고찰을 신뢰해도 좋다면, 일반적으로 〔한편으로〕 지각과 〔다른 한편으로〕 지각의 진술 의미가 구별될 뿐만 아니라 이러한 의미의 어떠한 부분도 지각 자체 속에 있지 않다. 〔한편으로〕 대상을 부여하는 지각과 〔다른 한편으로〕 판단을 매개로, 또는 판단의 통일체에 짜여 엮인 '사유작용'을 매개로 대상을 사유하고 표현하는 진술은 — 앞에 주어진 지각의 판단의 경우 지각과 진술이 지극히 밀접하게 서로 잇달아 관련되고, 합치(Deckung)의 관계, 충족시킴의 통일성의 관계에 있더라도 — 완전히 구별될 수 있다.

다른 모든 직관의 판단에도, 따라서 지각의 판단과 유사한 의미에서 상상·기억·예상 등의 직관적 내용을 '표현하는' 진술에 대해서도 동일한 결과가 적용된다는 것은 상론할 필요가 없다.

주해

제1연구 26항의 서술[5]에서는 듣는 사람의 이해에서 출발해 본질적으로 우발적인 표현, 특히 '이것'의 '지시하는' 의미와 '지시된' 의미를 구별했다. 명시될 수 있는 것이 듣는 사람에게, 듣는 사람의 순간적 시야에 아마 전혀 들어오지 않고, 즉 우선 어떤 것이 지적되었다는 단지 규정되지 않은 일반적 생각만 일깨워지고, 이것을 보완하는 표상 —— 바로 직관적으로 명시될 수 있는 것이 중요한 경우인 직관적 표상 —— 에 의해 비로소 그 생각에 지시하는 규정성이 구성되며, 그래서 지시대명사의 완전한 본래 의미가 구성된다. 말하는 사람에게는 이 잇달아 일어남이 없으며, 듣는 사람에게 '지시'로 기능했던, 규정되지 않고 지시하는 표상이 필요 없다. 말하는 사람에게는 지시하는 표상이 아니라 지시함 그 자체가 주어지며, 이것은 '당연히' 사태에 입각해(sachlich) 규정되는 방향으로 지시하는 것이다. 말하는 사람은 처음부터 '지시된' 의미를 가지며, 직관을 향한 직접적 표상의 지향 속에서 그 의미를 갖는다.

만약 사태가 수학적 증명을 하는 가운데 어떤 정리(定理)를 소급해 지시하는 경우와 같이 직관적으로 발견할 수 있는 것이 전혀 없다면, 관련된 개념적 생각은 직관의 기능을 대행한다. 즉 지시하는 지향은 이미 경과된 생각을 현실적으로 재생시키는 데 근거해 그 지향을 충족시킬 것이다. 지시하는 지향에서 우리는 모든 경우 일종의 이중성을 확인하게 된다. 즉 지시하는 성격은 첫 번째 경우 직접 대상적 지향과 결합되지만, 그로 인해 여기에 지금 직관된 특정한 대상을 지시하게 된다. 다른 경우도 마찬가지다. 이전의 개념적 생각이 마침 현실적으로 수행되지 않았다면, 어쨌든 이 생각에 상응하는 지향이 기억 속에 남겨지

---

5 앞의 책, 26항 중간 참조.

고, 이 지향은 지시하는 작용의 성격과 결합되며, 그 작용의 성격에 방향의 규정성을 부여한다.

그래서 지시하는 의미와 지시된 의미에 대해 이야기하는 경우 다음 두 가지가 생각될 수 있다.

1) 듣는 사람의 연속적 이해를 특징짓는 서로 교체되는 두 생각은. 즉 우선 '이것'이라는 말로 사념된 어떤 것의 규정되지 않은 표상과, 그런 다음 그것을 보충하는 표상을 통해 형성되는 변양, 특정한 방향을 향해 지시하는 작용이다. 지시된 의미는 후자의 작용 속에, 지시하는 의미는 전자의 작용 속에 있을 것이다.

2) 말하는 사람 속에 처음부터 주어진 특정한 방향으로 완성된 지시함을 따른다면, 이 지시함 자체 속에 다시 이중적인 것이 구별될 수 있다. 즉 하나는 지시함의 일반적 성격이고, 다른 하나는 지시함을 규정하는 것, 그 지시함을 '여기의 이것(Dieses da)'을 지시하는 것으로 한정하는 것이다. 또한 지시함의 일반적 성격은, 그것이 듣는 사람이 그것을 표현할 수 있는 일반성에 의해 직접 파악하는 것과 듣는 사람에게 이제 사념된 것을 지시하는 데 이바지할 수 있는 것인 한 다시 지시하는 의미로서, 더 적절하게 말하면 분리될 수 없는 통일적 의미에서 지시하는 것으로서 표시될 수 있다. 내가 '이것'을 말하면, 듣는 사람은 적어도 어떤 것이 지시되었다는 점을 안다. 다른 본질적으로 우발적인 표현의 경우도 마찬가지다. 내가 '여기'라고 말하면, 더 가깝거나 더 먼 나의 공간적 주변 가운데 '어떤 곳'이 문제된다. 다른 한편 논의의 본래 목표는 이러한 일반적인 것이 아니라 관련된 대상으로의 직접적 지향에 있다. 겨냥하는 것은 그 대상과 대상의 충만한 내용이며, 그 공허한 일반성은 대상의 충만한 내용을 규정하는 데 전혀 또는 거의 기여하지 못한다. 이러한 의미에서 직접적 지향은 일차적으로는 지시된 의미다.

이전에 서술한[6] 정의는 이 두 번째 구별에 기초를 놓았다. 여기에서 구별한 것과 더 자세한 상론은 어려운 상태를 계속 해명하는 데 기여할 것이다.

6 표현하는 생각과 표현된 직관의 정적 통일. 인식작용

이제 한편으로 직관적 작용과 다른 한편으로 표현하는 작용 사이에 존재하는 관계를 더 깊고 자세하게 규명해 보자. 우선 이 1장 전체에서 가능한 한 단일한 경우로, 따라서 자연스럽게 명사 분야에서 이끌어 낸 표현 또는 의미지향에 한정하자. 그런데 우리가 이것으로써 명사 분야 전체를 포괄할 것을 요구하는 것은 아니다. 중요한 문제는 가능한 한 투명한 방식으로 '그에 상응하는' 지각과 그 밖에 직관에 관계하는 명사적 표현을 규명하는 것이다.

이러한 범위에서 우리가 우선 주목하는 것은 의미를 부여하는 생각이 직관에 근거하고, 이것을 통해 직관의 대상에 관계하는 정지해 있는 통일의 관계다. 예를 들어, 나는 '내 잉크병'에 대해 이야기하고, 동시에 잉크병 그 자체는 내 앞에 있으며, 나는 그것을 본다. 이 경우 그 명사는 지각의 대상을 지명하고, 그 특성과 형태상 명사의 형식으로 표명된 유의미한 작용에 의해 그 대상을 지명한다. 명사와 지명된 것 사이의 관계는 이러한 통일의 상태에서 우리가 이미 주목했던 어떤 기술적 성격을 드러낸다. '내 잉크병'이라는 명사는 마치 지각된 대상 위에 '올려지고', 느낄 수 있게 그 대상에 속한다. 그러나 이렇게 속하는 것은 독특한 종류다. 실로 단어는 객관적 연관, 이 경우에는 그 단어가 표현하는 물리

---

6 위의 책, 26항 중간과 주석 참조.

적-사물적 연관에 속하지 않으며, 이 연관 속에 어떠한 자리도 갖지 않고, 단어가 지명하는 사물 속이나 사물에서 어떤 것으로 사념되지도 않는다.

다시 체험으로 되돌아가면, 이미 기술했듯이,[7] 우리는 한편으로 단어가 나타나는 작용을, 다른 한편으로 사태가 유사하게 나타나는 작용을 발견한다. 후자의 관점에서 잉크병은 지각 속에서 우리와 대립해 있다. 지각의 기술적 본질을 우리가 반복해서 주장할수록 이것은 현상학적으로 다음과 같은 것을 뜻할 뿐이다. 즉 우리는 감각의 부류에서 체험의 어떤 총계를 가지며, 이 속에서 이러저러하게 규정된 순서로 감성적으로 통일하며, 이것들에 객관적 의미를 부여하는 '파악'의 어떤 작용에 대한 성격으로 정신화(精神化)한다. 이 작용의 성격은 우리에게 어떤 대상 ── 바로 이 잉크병 ── 이 지각의 방식으로 나타나게 만든다. 물론 나타나는 단어는 지각이나 상상의 표상작용 속에서 이와 유사한 방식으로 구성된다.

따라서 관계 속에 들어오는 것은 단어와 잉크병이 아니라 앞에서 기술한 작용의 체험이다. 단어와 잉크병은 이 작용의 체험 '속에' 전혀 없는 반면, 이 작용의 체험 속에 나타난다. 그러나 이것이 어떻게 일어나는가? 무엇이 작용들을 통일시키는가? 그 답변은 명백해 보인다. 이러한 관계는 의미작용뿐 아니라 인식작용, 게다가 이 경우 분류하는 작용을 통해 명명하는 관계로 매개된다. 그래서 지각된 대상은 잉크병으로 인식되며, 의미하는 작용이 분류하는 작용과 특히 밀접한 방식으로 일체가 되고, 이 분류하는 작용은 다시 지각된 대상에 대한 인식작용으로서 지각의 작용과 일체가 되는 한, 그 표현은 마치 사물 위에 올려진 것으로, 또 그 사물의 옷과 같은 것으로 나타난다.

---

7 위의 책, 9항과 10항 참조.

우리는 통상 지각의 대상에 대한 인식과 분류를 마치 그 작용이 대상에서 작동하듯이 이야기한다. 그러나 체험 자체에는 어떠한 대상도 없고, 이러저러하게 규정된 심리 상태인 지각이 있을 뿐이다. 따라서 인식의 작용은 체험 속에서 지각의 작용에 근거한다. 물론 우리가 그 사태를 지각의 대상 대신 지각이 분류된다고 주장했다고 오해해 반론을 제기해서는 안 된다. 우리는 결코 그렇게 주장하지 않는다. 지각의 대상 대신 지각이 분류된다는 것은 완전히 다른 더 복잡한 구조의 작용을 전제해야 한다. 이 작용은 '잉크병에 대한 지각'이라는 이에 상응하는 복합에 대한 표현 속에서 표명될 것이다. 따라서 '내 잉크병'으로서 이 사물에 대한 인식작용인 그 체험은 한편으로는 표현의 체험을, 다른 한편으로는 관련된 지각과 일정하게 단적인 방식으로 융합된 인식작용을 구성한다.

지각 대신 상(像)의 표상이 이바지하는 경우도 사정은 마찬가지다. 상으로 나타나는 객체, 예를 들어 상상이나 기억 속에 동일한 잉크병은 명사적 표현을 느낄 수 있게 지닌 것이다. 현상학적으로 말하면, 이것은 표현의 체험과 통합된 인식하는 작용이 ― 우리가 상으로 표상된 것에 대한 인식작용이라고, 예를 들어 우리의 잉크병이라고 객관적으로 부르는 방식으로 ― 상으로 만드는(Verbildlichung) 작용에 관계됨을 뜻한다. 또한 상의 객체는 표상 속에 결코 존재하지 않으며, 오히려 체험은 환영(상상의 감각)의 어떤 통합체, 즉 어떤 파악하는 작용의 성격에 의해 정신화된 통합체다. 이러한 작용을 체험하는 것과 그 대상에 대한 상상의 표상을 갖는 것은 동일한 한가지다. 이때 '나는 하나의 상상의 상을, 게다가 어떤 잉크병의 상상의 상을 갖는다.'라고 표현하면, 우리는 명백히 그 표현과 더불어 동시에 새로운 작용을 수행하는데, 특히 상으로 만드는 작용과 밀접하게 통일된, 인식하는 작용도 수행한다.

7 작용의 성격으로서의 인식작용과 '말의 보편성'

　직관적으로 주어진 것을 명명하는 모든 경우에, 우리가 말의 음성 또는 전체적으로 의미가 생생하게 된 말의 나타남과 사태를 직관하는 것 사이에서 이 둘을 매개하는 작용의 성격으로서 인식작용을 상정한 것이 실제로 정당화되는 것은 다음과 같은 정확한 고찰을 완전히 확증한다. 우리는 말의 의미의 보편성에 대해 이야기하는 것을 종종 들으며, 이 다의적인 논의에서 우선 말이 개개의 직관에 구속된 것이 아니라 무한하게 가능하고 다양한 직관에 속한다는 사실을 생각한다.

　그런데 이렇게 속하는 것(Zugehörigkeit)에 무엇이 놓여 있는가?

　가능한 한 단순한 예, 가령 '빨강'이라는 명사를 고찰해 보자. 이 명사가 나타나는 객체를 빨간 것이라고 명명하는 동안, 그 명사는 그 객체에서 나타나는 빨간색의 계기에 의해 이 객체에 속한다. 그리고 동일한 종류의 계기를 지닌 모든 객체는 동일하게 명명될 자격이 있고, 그 각각에는 이 동일한 명사가 속하며, 이 명사는 동일한 의미에 의해 그 객체에 속한다.

　그런데 동일한 의미에 의해 이렇게 명명함에는 다시 무엇이 놓여 있는가?

　우선 말은 단지 은폐된 심리적 기계장치에 근거해 〔그 말과〕 동일한 종류의 직관 개개의 특징에 외면적으로 의존하지 않는다는 점을 언급해 둔다. 무엇보다 우리는 그와 같은 개개의 특징이 언제나 직관에 등장하더라도 단순한 음성 형태로서 말도 그 특징에 부가된다는 단순한 사실에 만족하지 못한다. 〔말과 그 직관적 특징〕이 두 나타남이 단순히 함께 있음(Zusammen), 단순히 외면적으로 서로 함께(Miteinander) 또는 서로 인접해 있음(Aneinander)은 이 둘 사이에 어떠한 내적 관계도, 어떤 확실한 지향적 관계도 수립하지 않는다. 어쨌든 그와 같은 관계는

　　　　　　　　　　　　　1절 의미지향과 의미충족

명백히 현상학적으로 완전히 독특한 종류의 관계로서 제시되어 있다. 〔'빨강'이라는〕 단어는 빨간 것을 빨갛다고 명명한다. 그 명사로 사념된 것, 게다가 빨갛다고 사념된 것으로 나타나는 빨간색이다. 명명하는 사념작용의 이러한 방식으로 명사는 명명된 것에 속하는 것으로서, 명명된 것과 일체가 된 것으로 나타난다.

다른 한편, 말은 이러한 직관과 결부되는 것 이외에 실로 '그에 상응하는' 직관과 전적으로 결부되지 않아도 자신의 의미를 갖는다. 그 의미가 어디에서나 동일하기 때문에, 우리가 명명하는 관계에 단순한 말의 음성 대신 본래 완전한 말, 즉 어디에서나 동일한 종류를 의미하는 성격을 갖춘 말을 기초에 놓아야만 한다. 그러나 이때 유의미한 말과 이에 상응하는 직관의 통일체가 단순히 함께 있음으로 기술하는 것에 만족하면 안 된다. 가령 실제로 명명하는 모든 것 이외에 단순히 상징적으로 이해된 것으로 의식되는 것과 같이, 말과 이에 덧붙여 그 말에 상응하는 직관을 생각해 보자. 여기에서 이 두 가지 나타남이 발생하는 이유에서 즉시 명명함의 현상학적 통일체로 통합되는 것은 가능하지만, 그 자체로 함께 있음이 이러한 통일체는 아니며, 그 통일체는 명백히 새로운 것으로서 비로소 생긴다. 그런데 그 통일체가 생기지 않는다고 '아프리오리하게' 생각해 볼 수 있을 것이다. 이때 공존하는 나타남들은 현상학적으로 서로 관계가 없다. 따라서 나타나는 것은 유의미한 말로 사념된 것, 여기에서 명명된 것으로 있지 않으며, 그 말은 명명하는 방식으로 명사에 속하는 것, 즉 이것을 명명하는 것으로도 있지 않을 것이다.

그런데 우리가 단순한 총합 대신 지극히 밀접한 통일체, 더욱이 지향적 통일체를 현상학적으로 발견하기 때문에, '한편으로 우리에게 완전한 말을 구성하고, 다른 한편으로 사태를 구성하는 두 가지 작용은 작용의 통일체로서 지향적으로 통합된다.'라고 정당하게 말해도 충분할 것이다. 물론 우리는 앞에 놓여 있는 것을 '빨갛다는 명사는 빨간 객체를 빨갛다고 명명한다.'라는 말과 '빨간 객체는 빨간 것으로 인식되고 이러한 인식작용에 의해 빨갛다고 명명된다.'라는 말로 똑같이 기술한다. '빨갛다고 명명하는 것' ── 명명된 것의 기초가 되는 직관을 전제하는 명명함의 현실적 의미에서 ── 과 '빨간 것으로 인식하는 것'은 근본적으로 의미가-동일한 표현이다. 단지 후자가 더 판명하게 표명된다는 점, 여기에는 단순한 이원성(Zweiheit)이 아니라 작용의 성격을 통해 수립된 통일체가 주어진다는 점이 다를 뿐이다. 물론 우리가 인정해야 하듯이, 서로 밀접하게 융합된 경우 이 통일체의 함축된 계기 ── 말에 생기를 불어넣는 의미의 계기를 지닌 물리적 말의 나타남, 인식함의 계기와 명명된 것의 직관 ── 는 서로 판명하게 부각되어 등장하지 않는다. 그러나 앞에서 상론한 것에 따라, 우리는 이 모든 계기를 충분히 받아들여야 한다. 그 밖에 보충하는 숙고는 이러한 점을 살필 것이다.[8]

말이 직관의 대상적인 것과 적합하게 관계 맺는 의미에 힘입고 있는 그 인식하는 작용의 성격은 명백히 말의 음성에 본질적으로 속하는 것이 아니다. 그것은 오히려 그 유의미한(의미에 적합한) 본질에 따라 말에 속한다. 지극히 서로 다른 말의 음성의 경우, 사람들이 서로 다른 언어에서 '동일한' 말을 생각한다면 그 인식의 관계는 전적으로 동일할 수 있다. 그 객체는 비록 서로 다른 말의 음성의 도움을 받더라도 본질적으로 동일한 것으로 인식된다. 물론 어떤 것을 빨갛다고 완전히 인식하는 작용은 ── 현실적인 명사와 같은 값을 지닌 것과 같이 ── 말의 음성을 함께 포함한다. 서로 다른 언어 공동체에 속하는 구성원은 서로 다른 말의 음성이 〔서로 의미에 적합하게〕 속해 있음을 체험하며, 이 후자를 인식작용의 통일성 속에 함께 포함한다. 그럼에도 말의 음성에 속

---

8 이 책 9항 참조.

1절 의미지향과 의미충족

하는 의미, 그리고 의미가 의미된 것과 현실적으로 통합되는 인식의 작용은 어디서나 변하지 않고 유지되므로 그 〔말의 음성의〕 차이는 당연히 비본질적으로 간주해야 한다.

그에 따라 말의 보편성은 '하나의 동일한 말은 자신의 통일적 의미를 통해 관념적으로 확고하게 한정된, 다양하게 가능한 직관을 포괄해 — 이것이 이치에 어긋날 경우, 포괄한다고 '가장해' — 이러한 직관 각각이 동일한 의미의 명사적 인식 작용에 대한 기반으로서 기능할 수 있다.'는 점을 뜻한다. 예를 들어 '빨갛다'라는 말에는 가능한 직관 속에 주어질 수 있는 모든 빨간 객체가 바로 빨간 것으로 인식되고 명명될 수 있는 가능성을 포함한다. 그러나 이러한 가능성에는 그와 같이 〔명명해〕 인식함을 동일화하는 종합을 통해 '이 A는 빨갛다.'와 '저 A는 동일한 것, 즉 역시 빨갛다.'가 의미에 적합하게 동일한 것임을, 직관의 두 가지 개별적인 것은 동일한 '개념'에 속한다는 점을 의식하게 되는 '아프리오리하게' 보증된 가능성이 계속 연결되어 있다.

여기에서 의문이 하나 자꾸 떠오른다. 위에서 말했듯이, 말은 어떤 것을 현실적으로 명명하지 않고는 이해될 수 없다. 그러나 적어도 말에 대해 현실적으로 명명하는 기능을 할 가능성, 따라서 말에 상응하는 직관에 현실적으로 인식의 관계를 획득할 가능성을 인정해야 하지 않을까? 이러한 가능성이 없다면 어떠한 말도 결코 존재하지 않을 것이라고 말해야 하지 않을까? 물론 그 답변은 '이러한 가능성은 관련된 인식의 가능성에 의존한다.'이다. 그러나 지향된 모든 인식이 가능하지 않고, 모든 명사적 의미가 실현될 수도 없다. '상상의' 명사도 곧 명사이지만, 이 명사는 결코 현실적으로 명명할 수 없고, 엄밀히 말하면, 〔적용될〕 어떠한 외연도 없으며, 가능성이나 진리의 의미에서 어떠한 보편성도 없다. 그 보편성은 공허한 가장(假裝)이다. 그러나 이러한 논의를 그것의 측면에서 어떻게 해명할 수 있는지, 그 논의 배후에 현상학적으로 무엇이 놓여 있는지는 연구가 계속 진행되면서 밝혀질 것이다.

우리가 설명한 것은, 가령 단순히 보편적 의미를 보편적 개념의 방식으로 갖는 표현의 경우에만 타당한 것이 아니라 어디에서나 타당하다. 또한 고유명사와 같이 개체적 의미를 갖는 표현의 경우에도 타당하다. 통상 '말의 의미의 보편성'이라 부르는 사실은 사람들이 개체적 개념에 대립된 유적 개념을 인정한 보편성을 뜻하는 것이 결코 아니며, 반대로 이 두 가지 보편성을 동등한 방식으로 포괄한다.

따라서 유의미하게 기능하는 표현이 이에 상응하는 직관과 관련해 우리가 이야기하는 '인식작용'도 곧바로 현실적인 분류작용으로 파악될 수 없다. 이 분류작용은 직관적이거나 이미 생각에 의해 표상된 대상을 어떤 부류로 — 따라서 필연적으로 보편적 개념에 근거해, 또 언어적으로 보편명사에 의해 — 정돈하는 데 수행된다. 고유명사가 현실적으로 명명하는 기능을 할 경우, '당연히' 분류에 대한 논의가 전혀 없더라도 고유명사 역시 자신의 '보편성'을 갖는다. 고유명사도, 그 밖에 모든 명사와 마찬가지로, 명명하면서 인식하지 않고는 아무것도 명명할 수 없다. 사실상 고유명사와 이에 상응하는 직관의 관계는 다른 표현의 경우 못지않게 간접적인 관계이며, 우리가 앞에서 실행한 것과 아주 유사한 고찰을 명시해 준다. 명백히 그때그때의 명사는 일정한 지각에 속하지도 않고, 일정한 구상이나 그 밖에 상으로 만드는 것에도 속하지 않는다. 무수하게 가능한 직관이 동일한 인물에게 나타나며, 이 모든 나타남은 직관적 통일체뿐만 아니라 인식에 적합한 통일체도 갖는다.

그와 같은 직관적 다양체에서 생긴 각각의 개별적 나타남은 정당하게 고유명사를 통해 같은 뜻으로 명명함의 기초가 될 수 있다. 어떤 것이 주어지든, 명명하는 사람은 하나의 동일한 인물이나 사태를 뜻한다. 그리고 그는 그에게 개인적으로 생소한 객체를 고찰하는 경우처럼 단순히 직관적으로 주의를 향하는 방식으로 그것을 사념하는 것이 아니라 일정한 인물이나 사태로서 그것을 인식하며, 명명하는 작용 속에 '한스'를 '한스'로 '베를린'을 '베를린'으로 인식한다. 이러한 인물이나 도시로서 인식하는 작용은 다시 그때그때 말이 나타나는 일정한 감성적 내용에 구속되지 않는다. 그 인식작용은 서로 다른 — 그리고 그 가능성에 따라 무한히 많은 — 말의 음성의 경우, 완전히 동일한 작용이다. 예를 들어 많은 사람이 동일한 개별적 사물에 대해 서로 다른 고유명사를 사용할 경우에도 그러하다.

그런데 물론 고유명사와 이에 상응하는 고유한 의미의 이러한 보편성은 부류의 명사(Klassenname)가 갖는 보편성과 그 성격이 완전히 다르다.

고유명사의 보편성은 하나의 개별적 객체에 가능한 직관의 종합이 속하는 경우에 성립하고, 그 하나[직관]는 하나의 공통적인 지향적 성격을 통해, 즉 개별적 직관들 사이에서 그 밖에 현상적 차이와 상관없이, 그 각각[의 직관]에 동일한 대상과의 관계를 부여하는 성격을 통해 통일된다. 이때 이 통일적인 것은 '말의 의미의 보편성'에, 그것이 관념적으로 가능하게 실현할 수 있는 범위에 속하는 인식의 통일에 기초가 된다. 그래서 명명하는 말은 무한하게 다양한 직관과 인식의 관계를 가지며, 이 직관이 갖는 하나의 동일한 대상을 인식하고, 이것을 통해 명명한다.

부류의 명사의 경우는 사정이 완전히 다르다. 그 보편성은 대상들의 외연[범위]을 포괄하는데, 그 각각의 대상에는, 그 자체만으로 고찰해 보면 지각의 가능한 종합, 가능한 고유 의미, 가능한 고유명사가 속한다. 일반명사는 이 외연의 각 항(項)을 일반적으로 명명할 수 있는 가능성의 방식으로 이 외연을 '포괄한다.' 즉 그것은 고유한 인식작용을 통한 고유명사의 방식이 아니라 분류를 통해 보통명사(Gemeinname)의 방식으로 명명한다. 직접 직관된 것이나 이미 그 고유한 성질에서, 또는 징표를 통해 이미 인식된 것은 이제 '하나의 A'로서 인식되고 명명된다.

8 표현과 표현된 직관의 동적 통일. 충족시킴의 의식과 동일성 의식

의미와 직관 사이에서 마치 정지된 듯한 정적(statisch) 합치(Deckung)
대신 이제 동적(dynamisch) 합치를 살펴보자. 이 경우 처음에 단순히 상
징적으로 기능하는 표현에는 나중에 (다소간) 그에 상응하는 직관이 부
가된다. 이러한 일이 일어나면 우리는 기술적(記述的)으로 특유한 충족
시킴의 의식을 체험한다.[9] 순수하게 의미하는 작용은 어떤 것을 겨냥하
는 지향의 방식으로 직관화하는 작용 속에 자신의 충족시킴을 발견한
다. 〔의미지향이 의미충족으로〕 이렇게 이행하는 체험 속에서 동시에 의
미지향과 이 의미지향 간에 다소 완전하게 상응하는 직관의 두 작용이
함께 속해 있음이 그 현상학적 정초에 따라 명백하게 드러난다. 우리는
상징적 작용 속에서 '단순히 생각되었던' 동일한 대상적인 것이 ─ 직
관(Anschauung) 속에 직관적으로(intuitiv) 현전화해 있듯이 ─ 그 대상
적인 것을 체험하며, 그것이 처음에 단순히 생각되었던(단순히 의미되었
던) 것으로서 이러저러하게 규정된, 곧바로 직관적이 되는 것을 체험한
다. 우리가 '직관작용의 지향적 본질은 (다소간 완전하게) 표현하는 작용의
의미에 적합한 본질에 적합하다.'라고 말하는 것은 이에 대한 단지 다른
표현일 뿐이다.

　맨 처음 고찰한 의미작용과 직관작용 사이의 정적 관계에서 우리는
인식작용에 대해 이야기했다. 우리는 이 인식작용이 명사가 명명된 것
으로서 직관 속에 주어진 것과 의미에 적합한 관계를 수립한다고 말했
다. 그러나 여기에서 의미작용은 그 자체로 인식작용은 아니다. 순수하
게 상징적으로 말을 이해하는 경우 의미작용이 수행되지만 ─ 말은 우

9　내 논문 「기초논리학에 대한 심리학적 연구(Psych. Studien z. elem. Logik)」 2장 '직관
과 재현에 관해'《철학월보》 1894), 176쪽 참조. 나는 여기에서 채택한 직관의 개념을, 이
책에서 명백하게 볼 수 있듯이, 포기했다.

리에게 어떤 것을 의미한다 ── 아무것도 인식되지 않는다.

7항에서 규명한 것에 따라 그 차이는 명명된 것의 직관이 단순히 함께 주어져 있음이 아니라 현상학적으로 독특한 통일 형식을 수립한다는 데 있으며, 이러한 인식이 통일되는 특징을 동적 관계가 분명하게 밝혀 준다. 이 경우 우선 의미지향이, 게다가 그 자체만으로 주어지고, 그런 다음 비로소 그에 상응하는 직관이 부가된다. 동시에 지금 **충족시킴**의 의식으로 드러난 현상학적 통일체가 수립된다. 따라서 대상의 인식에 대한 논의와 의미지향의 충족시킴에 대한 논의는 단순히 서로 다른 관점일 뿐 동일한 상태를 표현한다. 대상의 인식에 대한 논의는 사념된 대상의 관점에서 수립되는 반면, 의미지향의 충족시킴에 대한 논의는 단지 두 가지 측면의 작용을 관계의 점(点)으로 받아들인다.

현상학적으로 어쨌든 그 작용은 존재하지만, 대상은 항상 존재하지는 않는다. 그래서 충족시킴에 대한 논의는 인식관계의 현상학적 본질에 더 적절하게 성격 짓는 표현을 제공해 준다. 표의(Signifikation)[10]의 작용과 직관(Intuition)의 작용이 이러한 독특한 관계 속에 등장할 수 있다는 점이 원초적인 현상학적 사실이다. 그리고 이 두 가지 작용이 그렇게 등장할 경우, 때에 따라 의미지향의 작용이 직관 속에 충족될 경우 '직관의 대상이 그 개념을 통해 인식된다.' 또는 '관련된 명사가 나타나는 대상에 적용된다.'라고도 말한다.

정적 충족시킴이나 인식함과 동적 충족시킴이나 인식함 사이에 의

---

10 나는 '표의'라는 표현을 단순히 의미(Bedeutung)의 번역어이기 때문에 특별히 용어상 예고하지 않고 사용한다. 마찬가지로 의미지향의 작용, 의미작용 등을 대신해 '표의적 작용' 또는 간략하게 '표의작용'으로 종종 이야기하게 된다. 사람들은 **의미하는 작용**을, 통상 표현을 의미작용의 주체(주어)로서 부르기 때문에 적당하게 말할 수 없다. '표의적(signitiv)'은 '직관적(intuitiv)'에 대립되는 용어로서 적절하다. 이미 칸트가 그 오용을 비난했듯이, 근대에 '상징(Symbol)'이라는 말이 그 근원적인 의미에 또한 지금도 불가결한 의미에 반해서 '기호(Zeichen)'에 대한 동의어로 사용하는 오용이 널리 확산되는 한 '표의적'의 동의어는 '상징적(symbolisch)'이다.

심할 여지없는 현상학적 차이를 정당하게 구별하기는 쉽다. 동적 관계에서 관계의 항들과 이 항들을 관계 짓는 인식작용은 시간적으로 서로 분산되어 있으며, 시간의 형태로 전개된다.[11] 이러한 시간적 경과의 지속적 결과로서 성립하는 정적 관계에서 관계의 항들과 그 인식작용은 시간적으로, 또 사태에 입각해 합치되어 있다.

동적 관계에서 우리는 첫 번째 단계로 '단순한 생각' —— 단순한 '개념', 단순한 표의 —— 을 전혀 만족되지 않은 의미지향으로서 가지며, 두 번째 단계에서 이 의미지향은 다소 적절하게 충족된다. 생각은 마치 생각된 것의 직관에 만족해 정지하며, 생각된 것은 이러한 통일성 의식에 의해 이러한 생각이 생각된 것, 그 생각 속에 사념된 것, 다소 완전하게 달성한 생각의 목표로서 통지된다.

다른 한편 정적 관계에서 우리는 이 통일성 의식만을 갖는데, 경우에 따라서는 충족되지 않은 지향이 현저하게 한정된 단계가 선행되지 않을 수도 있다. 이 경우 지향을 충족시킴은 충족되는 과정이 아니라 정지해 충족된 상태(Erfülltsein)이며, 합치되는 것이 아니라 합치된 상태(in Deckung Sein)다.

대상적 관점에서 여기에서는 동일성 통일에 대해 이야기한다. 충족시킴의 통일에 두 가지 구성요소를 일반적으로 비교해 보면, 이 구성요소를 동적으로 이행하는 가운데 서로 뒤섞어 고찰하든 정적 통일을 분석하면서 이 구성요소가 즉시 서로 뒤섞여 넘치는 것을 보기 위해 서로 분리한 채 고찰하든 상관없이 우리는 대상의 동일성을 확인하게 된다. 우리는 '직관의 대상은 직관 속에 충족되는 생각의 대상과 동일한 것이며, 정확하게 적합한 경우 심지어 그 대상은 그것이 생각된 —— 또는 이

11　(옮긴이 주) 이러한 점에서도 후설현상학에서 발생적(동적) 분석은 감각자료가 시간적으로 구성되는 과정과 이러한 구성의 기초인 내적 시간의식의 지향성을 밝힌 1904~1905년 강의 『내적 시간의식』에서 본격적으로 출발한다.

　　　　　　　　　　　　　　　1절 의미지향과 의미충족

경우 언제나 동일한 것을 뜻하는 '의미된' — 것과 정확하게 동일한 것으로 직관된다.'라고 말했으며, 명증적으로 이렇게 말해도 좋다. 그 동일성은 생각을 매개로 비교하는 반성을 통해 비로소 들여오는 것이 아니라, '처음부터 거기에 있는 체험, 개념적으로 파악될 수 없고 표현될 수 없는 체험이다.' 달리 말하면, 우리가 작용과 관련해 현상학적으로 충족시킴으로 특징지은 것은 한편으로 직관된 객체, 다른 한편으로 생각된 대상이라는 두 가지 측면의 객체와 관련해 동일성의 체험, 동일성 의식, 동일화의 작용으로 표현할 수 있다. 즉 다소 완전한 동일성은 충족시킴의 작용에 상응하는 객체적인 것, 또는 이 작용 속에 '나타나는' 것이다. 우리가 표의와 직관뿐만 아니라 일치, 즉 충족시킴의 통일을 하나의 작용으로 부르는 이유는 바로 충족시킴의 통일이 이것에 고유한 지향적 상관자인 — 충족시킴의 통일이 '향해' 있는 — 대상적인 것을 갖기 때문이다.

위에서 말한 것에 따라 동일한 상태를 방향을 바꾸어 인식작용에 대한 논의에서 다시 표현해 보자. 의미지향이 충족시킴의 방식으로 직관과 통합되는 상황은, 그 객체에 일차적으로 주의를 기울이는 경우 직관 속에 나타나는 객체에 인식된 것의 성격을 부여한다. '어떤 것으로' 인식되어 있음을 더 정확하게 나타내는 것에는 객관적 반성이 의미하는 작용 대신 의미 그 자체(동일한 '개념')를 지적한다. 그래서 인식작용에 대한 논의는 직관의 객체 — 또는 충족시키는 작용의 객체 — 의 관점에서, 또 표의적 작용의 의미내용과 맺는 관계에서 동일한 통일의 상태를 파악함을 표현한다. 거꾸로 비록 대개 더 좁은 영역에서 생각이 사태를 '개념적으로 파악하고', 생각이 사태의 '개념'이라 하더라도 기껏해야 우리는 그렇게 말할 뿐이다. 물론 이렇게 서술한 것에 따라 충족시킴과 같이 인식작용 — 이것은 사실상 충족시킴의 다른 말일 뿐이다 — 도 동일화하는 작용으로 부를 수 있다.

주해

그런데 나는 그 밖에 여기에서 등장하는 동일성 통일과 인식의 통일을 동일화나 인식작용의 하나로 명백하게 파악하는 데 대립되는 어떠한 의혹도 억제하면 안 된다. 나는 연구가 계속 진전되고 우리의 해명이 향상되는 가운데 그 의혹을 중대한 것으로 입증하고, 성과가 풍부한 고찰로 이끌도록 이 의혹을 더 억제하면 안 된다. 즉 좀 더 정확하게 분석해 보면 어쨌든 어떤 명사가 현실적으로 명명하는 가운데 직관의 객체와 관련되어 제시되는 경우, 우리가 사념하는 것은 직관되고 이와 하나가 되어 명명된 대상이지, 결코 동시에 직관되고 명명된 것으로서 이 대상의 동일성이 아니라는 점에 주목한다.

그렇다면 여기에서 결정하는 것은 주목함의 우선권이라 말해야 하는가? 아니면 아마 동일화하는 작용이 본래 아주 완전하게 구성되지 않았다고 부인해야 하는가? 이 동일화하는 작용의 주요 부분, 즉 의미 지향과 이에 상응하는 직관을 결합하는 통합의 계기는 내실적으로 현존하지만, 이 통일의 계기는 객관화하는 '파악'을 '재현하는 것'으로서 기능하지 않는다. 체험된 합치의 통일은 관계 짓는 동일화하는 작용을, 무엇보다 사념된 통일체로서 동일성이 우리에게 대상적이 되는 동일성의 지향적 의식을 결코 정초하지 않는다. 충족시킴의 통일에 관해 반성하는 가운데 우리는 당연히 ─ 실로 필연적으로 서로 함께 결합된 작용들을 분절하고 대비시킴으로써 그 통일의 형식을 '아프리오리하게' 허용하는 ─ 그 관계 짓는 파악도 수행한다. 우리는 이 문제를 가장 일반적으로, 범주적 작용의 성격 일반에 관련된 형태로 전념할 것이다.[12]

일시적으로 계속 앞에서 지적한 통일의 성격을 하나의 완전한 작용

---

12 이 책 6절의 48항과 7절 전체 참조.

1절 의미지향과 의미충족

으로 다루거나 그 통일의 성격과 완전한 작용을 명확하게 구별하지 말자. 통일에 대한 체험에서 관계 짓는 동일화의 이행은 그 아프리오리한 가능성이 보증되기 때문에 항상 개방되어 있는 한 이것에 의해 우리가 고찰한 본질적인 것과는 관련되지 않는다. 그래서 우리는 정당하게 '동일화하는 합치는, 동일성을 의식하는 지향이, 관계 짓는 동일화작용이 일어나지 않더라도, 체험된다.'라고 말해도 좋다.

9 충족시킴의 통일에서 안과 밖의 서로 다른 지향의 성격

분절된 과정의 형식으로 일어나는 동적 충족시킴을 정적 인식작용을 해석하는 목적에 적용하는 것은 의미지향과 완전한 인식작용의 관계를 명석하게 파악하는 것을 혼란시킬 위험도 제거한다. 실제로 우리는 '인식의 통일체에서 언어적 표현, 의미하는 작용, 직관하는 작용과 결국 이것들을 포괄하는 인식작용이나 충족시킴의 통일이 갖는 성격, 이 네 가지가 구별된다고 주장해도 되는가?' 이에 대해 '그 분석이 실제로 발견하는 것은 한편으로는 언어적 표현, 특히 명사이고 다른 한편으로는 직관인데, 이 둘은 인식하는 명명작용의 성격을 통해 통합되었다.'라고 반론을 제기할 수 있을 것이다. 그러나 '언어적 표현에는 인식의 성격과 충족시키는 직관을 구별할 수 있는 것, 그리고 언어적 표현의 인식 기능 이외에 동일한 표현을 이해하는 성격을 동일화하는 의미작용이 여전히 결합되어 있다.'는 사실을 부정하면 안 될 것이다. 그것은 적어도 필요 없는 가정일 것이다.

그러므로 이러한 의문은 인식의 통일을 분석하기 이전에 4항에서 지극히 알기 쉽게 제시되었던 주도하는 해석과는 대립해 있다. 우리가 검토해 현전화해야 할 것은 다음과 같다.

첫째, 인식의 기능이나 그러한 기능 밖에 있는 표현을 비교하는 것은 두 가지 측면에서 의미가 실제로 동일하다는 점을 밝혀 준다. 내가 '나무'라는 말을 단순히 상징적으로 이해하든, 어떤 나무에 대한 직관에 근거해 사용하든, 두 경우 나는 그 말로 어떤 것을 명백하게 뜻하며, 두 경우 동일한 것이다.

둘째, 표현의 의미지향을 충족시키는 과정에서 그 의미지향은 '충족되고', 동시에 직관과 '합치되며', 그래서 이렇게 합치되는 과정의 산물로서 인식이 이러한 합치의 통일 그 자체임은 명증적이다. 그러나 이미 합치의 통일이라는 개념에서 중요한 것은 서로 분리되는 이원성이 아니라 ─ 시간 속에 끌어들임으로써 비로소 분절되는 ─ 구분되지 않는 통일체라는 점이 포함되어 있다. 따라서 우리는 '공허한 상징적 표상작용을 형성하는 의미지향의 동등한 작용도 복합적 인식의 작용 속에 내재해 있다.'고 말해야 한다. 그러나 이전에 '자유로운' 의미지향이었던 그 의미지향은 합치의 단계 속에 '구속되고' '무차별한 것(Indifferenz)'이 되었다. 그 의미지향은 이러한 복합체에 독특하게 짜여 엮이거나 융합되어 그 의미에 적합한 본질은 그것에 영향 받지 않지만 어쨌든 그 성격은 어떤 방식으로 변양된다.

우리가 어디에서든 그 내용을 어느 때는 그 자체만으로, 다른 때는 다른 내용과 결합되어 전체 가운데 짜여 엮인 부분으로 고찰하더라도, 이와 유사한 것은 일반적으로 타당하다. 결합은 결합된 내용이 결합을 통해 아무것도 겪지 않는다면 아무것도 결합하지 않는 것이다. 결합에는 필연적으로 어떤 변화가 생기며, 물론 그것은 결합의 규정성으로서 상대적인 대상적 성질의 현상학적 상관자를 형성하는 변화다. 우리는 가령 공허한 흰 배경이 있는 어떤 선분을 생각하고, 그런 다음 그 선분을 어떤 도형의 구성요소로 생각해 본다. 후자의 경우 그 선분은 다른 선분과 충돌하고, 다른 선분에 의해 접촉되며, 잘린다 등등. 이것은 만약

1절 의미지향과 의미충족

우리가 수학적 이상(理想)을 도외시하고 경험적 직관의 선분에 의거한 다면 그 선분이 나타나는 인상을 함께 규정하는 현상학적 성격이다. 동일한 — 즉 그 내적 내용에서 동일한 — 선분은 그것이 이러저러한 현상적 연관 속에 등장하는 여하에 따라 언제나 다르게 나타난다. 그리고 우리는 그 선분을 이것과 질적으로 동일한 선이나 면에 삽입하고, 그 선분은 심지어 이러한 배경 속으로 '무차별하게' 관계하며, 현상적인 구별과 독자적 타당성을 상실한다.

10 더 포괄적인 충족시킴의 체험 부류. 충족시킴이 필요한 지향으로서의 직관

충족시킴의 의식에서 이 경우 중요한 그 이상의 특성은 그 밖에 우리 영혼 삶에서도 중대한 역할을 하는 체험의 성격을 가질 것임이 지적될 것이다. 우리는 소원의 지향과 소원을 충족시킴, 의지의 지향과 의지를 충족시킴의 대립을, 또는 희망이나 걱정을 충족시킴, 의문을 해소함, 추측을 확인함 등을 단순히 생각할 필요가 있다. 그러면 서로 다른 부류의 지향적 체험 안에서 본질상 동일한 대립 — 여기에서는 특히 의미지향과 의미충족의 대립으로 인해 일어나는 대립 — 이 분명히 드러난다. 우리는 이러한 점을 이미 앞에서[13] 언급했고, '지향'이라는 더 적확한 표제로 충족시킴의 관계를 기초 지을 수 있는 그 고유한 성격을 통해 일정한 부류의 지향적 체험을 한정했다. 이러한 부류에는 논리적인 것의 더 좁거나 더 넓은 영역에 속하는 모든 작용이 정리되며, 이중에는 인식에서 다른 지향을 충족시키는 소임을 받은 작용, 즉 직관도

---

13 『논리 연구』 2-1권, 제5연구 2절 13항 후반부 참조.

포함된다.

예를 들어 잘 알려진 멜로디의 첫 부분이 울려 퍼질 때, 그 멜로디가 단계적으로 연주되는 가운데 그 충족시킴을 발견하는 일정한 지향을 불러일으킨다. 그 멜로디가 생소한 경우에도 이때 유사한 것이 일어난다. 멜로디를 지배하는 법칙성이 지향을 발생시키는데, 이 지향은 완전한 대상적 규정성을 결여하지만 어쨌든 충족시킴을 발견하거나 발견할 수 있다. 물론 이 지향 자체는 구체적 체험으로서 완전히 규정되고, 그것이 지향하는 것에 관해 '규정되지 않음(Unbestimmtheit)'은 명백히 지향의 성격에 속하는 기술적 특징이다. 그래서 우리는 ─ 유사한 사례에서 이미 이전에 실행한 것과 똑같이 ─ 역설적이지만 어쨌든 정당하게 '규정되지 않음' ─ 즉 완전히 규정되어 보완을 요구하지 않고 단지 법칙적으로 한정되는 영역에서 그와 같은 보완을 요구하는 특성 ─ 은 이러한 지향의 규정됨이라 말할 수 있다.[14] 그리고 이때 그 지향에는 일정하게 가능한 충족시킴뿐만 아니라 충족시킴의 성격상 이러한 범위에서 생긴 모든 현실적 충족시킴에도 공통적으로 상응한다. 작용이 일정한 지향에 의해 충족되는지, 정해지지 않은 지향에 의해 충족되는지, 후자의 관점에서 다시 규정되지 않은 충족시킴의 특정한 방향을 시사하는 지향이 충족되는지는 현상학적으로 다른 사안이다.

앞에서 제시된 예에서 우리는 예상과 이 예상을 충족시킴의 관계를

---

14 (옮긴이 주) 후설의 지향적 분석에 따르면, 모든 경험은 스스로 거기에 주어진 핵심을 넘어서서 처음에는 주시하지 않았던 국면을 점차 드러내 밝혀 줄 가능성(Möglichkeit)을 미리 지시하는 생생한 지평을 갖는다. 이것은 자아의 능력(Vermöglichkeit)이다. 즉 공허한 지평은 아직 명확하게 규정되지 않았지만 지속적 관심으로 구성된 친숙한 유형을 통해 앞으로 지각할 수 있고 규정할 수 있는 가능성의 활동 공간이다. 이렇게 아직 규정되어 알려져 있지 않지만 앞으로 상세하게 규정할 수 있고, 그래서 그 존재에 성큼 다가가 그 사태를 직관할 수 있는 영역이 곧 그가 말하는 아프리오리(Apriori)를 뜻한다.

동시에 문제 삼을 수 있다. 그러나 이제 거꾸로 지향과 이 지향을 충족시킴의 관계를 예상 관계로 해석하는 것은 명백하게 옳지 않을 것이다. 지향은 예상이 아니다. 미래에 등장할 것에 향해 있는 것은 지향에 본질적이 아니다. 내가 불완전한 무늬를, 예를 들어 가구의 일부가 부분적으로 가린 이 양탄자의 무늬를 본다면, 보인 부분은 마치 보완될 부분을 시사하는 지향으로 부착되어 있다.(우리는 이른바 선과 색깔의 형태가 보인 것의 '의미'에서 계속된다고 느낀다.) 그러나 우리는 아무것도 예상하지 않는다. 만약 움직임이 우리에게 계속된 봄(Sehen)을 예고할 경우, 우리는 예상할 수도 있을 것이다. 그러나 가능한 예상이나 예상할 수 있는 기회 그 자체가 실로 예상은 아니다.

일반적으로 외적 지각은 여기에 속한 무한한 예를 제공해 준다. 그때그때 지각된 규정성〔규정되어 있음〕은 새롭게 가능한 지각 속에 그 자체로 나타나는 보완적 규정성〔규정되어 있음〕을 시사하는데, 이 규정성은 그 대상에 대한 우리의 '경험지식'의 정도에 따라, 때로는 규정된 방식으로, 때로는 단계적으로 규정되지 않은 방식으로 시사한다. 더 정확하게 분석해 보면, 모든 지각과 지각의 연관은 지향과 ― 실제적이거나 가능한 ― 충족시킴의 두 가지 관점에서 이해될 수 있는 구성요소에서 구축되었다는 점이 밝혀진다. 이러한 상태는 〔지각과〕 평행하는 상상, 상의 성격 일반의 작용에도 즉시 옮겨진다. 통상 이 경우 지향은 어디에서나, 정지한 지각이나 상의 성격에 관한 어떤 사례에서도 예상의 성격을 갖지 않는다. 지각이 흘러가고 하나의 동일한 대상에 속하는 다양한 지각이 일련의 연속적 지각 속에서 확장될 경우, 지각은 비로소 예상의 성격을 갖는다. 객관적으로 말하면, 대상은 서로 다른 측면에서 제시된다. 어떤 측면에서 단지 상(像)의 암시만 보였던 것은 다른 측면에서 확증되고 완전히 충분한 지각이 된다. 또는 그 측면에서 인접한 경계를 통해 단지 간접적으로 함께 사념되고, 단지 미리 해석되었던 것은 이 측면에서 적어도 상으로 시사(示唆)하게 되며, 새로운 측면에서 비로소 '완전히 그것이 존재하는 그대로' 나타나기 위해 원근법적으로 단축되어 음영 지어져 나타난다.

우리의 견해에 따르면, 모든 지각과 상상은 전체적 지향의 통일체로 융합된 부분적 지향들의 조직체다. 이 전체적 지향의 상관자가 사물인 반면, 그 부분적 지향들의 상관자는 사물의 부분들과 계기들이다. 의식이 어떻게 참으로 체험된 것을 넘어 도달할 수 있는지는 오직 이렇게만 이해될 수 있다. 의식은 이른바 〔참으로 체험된 것을〕 넘어서 사념할 수 있고, 그 사념은 충족될 수 있다.

11 실망함과 대립함. 구별함의 종합

일반적으로 지향과 충족시킴의 구별을 허용하는 작용의 더 넓은 영역에서, 충족시킴에 유일한 대립으로서 실망함(Enttäuschung)이 충족시킴에 병존한다. 이 경우 사용되는 대부분의 부정적 표현, 예를 들어 충족시키지 않음(Nichterfüllung)과 같은 표현은 충족시킴의 단순한 결여를 뜻하는 것이 아니라, 충족시킴과 같은 독특한 종합의 형식인 새로운 기술적 사실을 뜻한다. 이것은 어디에서나 타당하며, 그래서 직관적 지향과의 관계에서 의미지향의 비교적 더 좁은 영역에서도 타당하다. 인식의 종합은 어떤 '일치함(Übereinstimmung)'의 의식이었다. 그러나 일치함에는 상관적 가능성으로서 '일치하지 않음', 즉 '모순'이 상응한다. 직관은 의미지향과 '일치하지' 않으며, 의미지향에 '대립된다.' 모순은 〔직관과 의미지향을〕 '분리하지만', 모순에 대한 체험은 관계와 통일 속에서 정립한다. 이것은 종합의 한 형식이다.

이전 종합이 일종의 동일화였다면, 이 종합은 일종의 **구별함** ── 이 경우 우리는 유감스럽게 다른 적극적 명칭이 없다 — 이다. 이 '구별함 (Unterscheidung)'을 비교함(Vergleichung)에 대립된 의미의 구별함과 혼동하면 안 된다. '동일화함과 구별함' 그리고 '비교함과 구별함'의 대립은 동일한 한가지가 아니다. 그 밖에 이와 밀접한 현상학적 유사성이 동일한 표현의 사용을 설명한다는 점은 명백하다. 여기에서 문제 삼는 '구별함'은 '동일하지 않은 것'으로서, 지향하는 작용의 대상과 '다른 것'으로서 실망하는 작용의 대상이 나타난다. 어쨌든 이러한 표현은 우리가 이제까지 우선적으로 다룬 것보다 더 일반적인 사례의 영역을 시사한다. 표의적 지향뿐만 아니라 직관적 지향도 동일화의 방식으로 충족되며, 모순의 방식으로 실망하게 된다. '동일한'과 '다른' — 우리는 '있다'와 '없다'도 동일하게 말할 수 있다 — 이 속하는 부류의 전체 작용을 자연스럽게 한정하는 문제를 우리는 즉시[15] 더 상세하게 검토할 것이다.

물론 이 〔인식과 모순의 체험〕 두 가지 종합은 완전히 동등하게 정렬되지 않는다. 모든 모순은 일반적으로 지향에 모순되는 작용의 대상을 향한 방향을 부여하는 것을 전제하며, 이 방향은 그 지향에 궁극적으로 단지 충족시킴의 종합만 부여할 뿐이다. 대립은 마치 일치함의 어떤 토대를 전제한다. 내가 'A는 빨갛다.'라고 말하면, 그것이 '참으로' '녹색'으로 밝혀지는 동안 — 이렇게 밝혀지는 가운데 — 즉 직관에 맞추어지는 가운데 빨간색의 지향은 녹색의 직관과 대립한다. 그러나 그와 같은 일은 오직 표의작용 A와 직관작용 A를 동일시하는 근거에서만 명백히 가능하다. 일반적으로 지향은 단지 이러한 직관에만 다가갈 수 있다. 전체적 지향은 빨간색으로 있는 A를 향하며, 직관은 녹색으로 있는 A를 나타낸다. 동일한 A를 향한 방향의 관점에서 의미와 직관이 합

치됨으로써, 무엇보다 양측에서 통일적으로 함께 주어진 지향적 계기가 모순 속에 등장하고, 추측된 빨간색 — 이것은 A의 빨간색으로 추측된 — 은 직관된 녹색과 일치하지 않는다. 동일성의 관계를 통해 합치되지 않는 계기들이 비로소 상응하게 되는데, 충족시킴을 통해 '결합하는' 대신 이 둘은 오히려 모순을 통해 '분리되며', 그 지향은 모순에 속하는 직관의 계기를 지시하게 되고, 이 계기에 의해 어쨌든 거절된다.

우리가 여기에서 특히 의미지향과 의미지향에서 마주치는 실망함에 관련해 상론한 것은, 이전에 예시한 부류의 객관화하는 지향 전체에 대해서도 명백하게 타당하다. 따라서 다음과 같이 말해도 좋을 것이다. 즉 어떤 지향은 단지 그것이 더 포괄적인 지향의 한 부분이며, 이 더 포괄적인 지향의 보충적 부분이 충족된다는 사실을 통해서만 모순의 방식으로 실망하게 된다. 따라서 단일한 개개의 작용의 경우 모순에 대한 어떠한 논의도 가능하지 않다.

12 술어적 표현형식과 한정적 표현형식에 공통적인 현상학적 기반으로서 전체적 동일화함과 구별함 그리고 부분적 동일화함과 구별함

이제까지 고찰한 지향(특히 의미지향)과 충족시킴의 관계는 총체적으로 일치함의 관계였다. 여기에는 하나의 제한이 포함되어 있는데, 이것은 논의를 가능한 한 단순하게 이끌기 위해 우리가 모든 형식, 특히 '있다(ist)'라는 한마디 속에 통지되는 형식을 도외시하고, 내적 직관 또는 외적 직관과 표현의 관계에서 옷이 잘 들어맞듯이 직관된 것에 잘 들어맞는 그 표현 부분만을 고려한 결과 자연히 생긴 제한이다. 총체적으로 일치함의 경우에는 대립된 모순 — 그에 따라 완전히 오해받을 염려가 없는 것은 아니지만 이 모순을 총체적 모순이라 부를 수 있었다 — 의

가능성을 끌어들임으로써 우리는 동시에 새로운 가능성, 즉 지향과 지향을 충족시키는 작용 또는 실망시키는 작용 사이에 부분적으로 일치하거나 일치하지 않는 중요 사례에 주목하게 된다.

그 사례의 더 자세한 고찰을 처음부터 일반적으로 유지해, 앞에서 지적한 더 넓은 부류의 지향 — 따라서 단순히 의미지향만은 자연히 아닌 지향 — 에 대한 모든 본질적 확인의 타당성이 밝혀진다.

모든 모순은 미리 주어진 실망하게 된 지향이 그 지향을 포괄하는 지향의 한 부분, 즉 일부는 보충하는 부분에 따라 충족되고 동시에 미리 주어진 부분에 따라 생소하게 된 지향의 한 부분이었다는 사실로 소급될 것이다. 따라서 모든 모순의 경우 일부 일치함과 일부 모순도 어떤 방식으로 앞에 놓여 있다. 그 밖에도 대상적 관계를 고려해 우리는 당연히 일부 일치함과 일부 모순의 가능성으로 이끌어야만 할 것이다. 왜냐하면 합치에 관해 논의하는 경우, 상관적 가능성으로서 배제함·포함함·교차함의 가능성이 자연히 생기기 때문이다.

우선 모순의 경우에 머물러 다음과 같이 보충하여 숙고해 보자.

만약 지향 ϑ가 충족된 다른 지향 η, ι……와 엮여 짜였다는 사실을 통해 지향 ϑ가 notϑ 속에 실망하게 되면, 이 다른 지향 η, ι……과 ϑ는 전체의 지향 $\Theta(\vartheta ; \eta, \iota$……)가 그 자체만으로 수립된 하나의 전체 작용 — '우리가 그 속에 살아가는', 우리가 그 통일적 대상에 '주목하는' 하나의 작용 — 을 부각시킬 정도로 통합될 필요는 없다. 우리 의식의 지향적 체험들의 엮여 짜임 속에는 작용과 작용의 복합을 강조해 선별할 많은 가능성이 존재하지만 그 가능성은 일반적으로 실현되지 않고 남는다. 그리고 우리가 개개의 작용과 그 종합에 대해 이야기할 경우 강조된 통일체만 고찰된다. 총체적이고 순수한 실망함의 경우는 Θ가 아닌 단순한 ϑ가 그 자체만으로 나타나거나 적어도 일차적으로 나타나는 것에서만, 강조된 모순의 의식이 오직 ϑ와 not$\bar{\vartheta}$ 사이에서 통일을 수립하는 것에서만 성립한다. 달리 말하면, 관심은 특히 ϑ와 notϑ에 상응하는 객체들의 관계로 향해 있다. 그래서 녹색의 지향이 직관된 빨간색 속에 실망하게 되면, 녹색과 빨간색에 주의를 기울이는 것은 오직 이 경우뿐이다. 〔녹색의 지향에〕 모순되는 빨간색의 직관이 어떤 방식으로 표현되면, 즉 그 직관 속에 충족되는 〔빨간색이라는〕 말의 지향을 통해 표현되고 마찬가지로 실망함 그 자체도 표현되면, 우리는 가령 '이것〔이 빨간 것〕은 녹색이 아니다.'라는 표현을 갖게 될 것이다. 그러나 물론 이 명제는 우리가 방금 염두에 두었던 명제 '녹색이라는 말의 지향은 빨간색의 직관 속에 실망하게 된다.'라는 명제와 동일한 것을 뜻하지 않는다. 왜냐하면 새로운 표현은 실로 우리가 여기에서 관심을 갖는 작용들의 관계를 대상적으로 만들고, 이 관계를 총체적으로 충족시키는 가운데 그 표현의 새로운 의미지향에 밀착시키기 때문이다.

그렇지만 다른 한편 $\Theta(\vartheta ; \eta, \iota \cdots\cdots)$가 전체로서 종합 속에 등장하고, 그래서 이 전체가 이에 상관적인 $\Theta(\mathrm{not}\vartheta ; \eta, \iota \cdots\cdots)$와 관계되거나 이것에서 생긴 각기 흩어진 단순한 부분 notϑ와 특히 관계될 수도 있다. 전자의 경우 엮여 짜인 요소에 따라 부분적으로 ($\eta, \iota \cdots\cdots$에 관해) 합치와 부분적으로 총체적 모순(ϑ — notϑ)이 성립한다. 이 경우 전체적 종합은 총체적 모순의 성격을 갖지만, 그것은 순수한 모순이 아니라 혼합된 모순이다. 후자의 경우 때에 따라 혼합된 모순 속에 $\Theta(\mathrm{not}\vartheta ; \eta, \iota \cdots\cdots)$의 통일이 해체됨으로써 단순한 Θ는 상관적 작용으로서 부각된다. 특수한 모순의 종합은 가령 '이것(전체적 객체, 빨간 기와지붕)은 녹색이 아니다.'라는 적절한 표현의 경우, $\Theta(\vartheta ; \eta, \iota \cdots\cdots)$와 not$\vartheta$는 이제 항(項)으로서 결합한다. 이 중요한 관계를 배제함의 관계라 한다. ϑ와 notϑ가 그 자체로 복합적일 경우, 이 관계의 주된 성격은 명백히 존속해 남는다. 그래서 우리는 단순한 배제함과 혼합된 배제함을 세분화할 수 있을 것이다. 후자는 '이것(빨간 기와지붕)은 결코 녹색 기와지붕이 아니다.'라는 예를 통해 대략적으로 예시될 수 있다.

이제 포함함(Inklusion)의 경우를 고찰해 보자. 지향은 그 지향을 충족시킬 필요가 있는 것보다 더 많은 것을 포함하는 작용 속에서 충족될 수 있다. 즉 그 작용이 표상하는 대상은 보통의 의미에서 부분으로든 명시적이거나 함축적으로 함께 사념된 그것에 속한 계기로든, 그 지향의 대상을 함께 포함하는 한에서 충족될 수 있다. 물론 우리는 더 포괄적인 대상성이 대상적 배경의 방식으로 구성되는 작용 — 통일적으로 한정되지 않고 주목함을 지닌 것으로 우선시되지도 않는 작용 — 도 도외시한다. 다른 경우 우리는 또다시 총체적 합치의 종합으로 되돌아가게 될 것이다. 따라서 예를 들어 빨간 기와지붕이 주어졌다면, 이 표상 속에 '빨간'이라는 말의 의미지향은 충족된다. 이 경우 〔'빨간'이라는〕말의 의미는 직관된 빨간색과 합치하는 방식으로 충족되지만, 그로 인해 어쨌든 빨간 기와지붕의 전체적 직관은 — 이 직관에서 주목함의 기능을 통해 배경으로부터 명확하게 부각된 통일체인 '(이것은) 빨갛다.'는 빨간색의 의미지향과 더불어 — 독특한 종류의 종합적 통일 속에 나타난다. 우리는 여기에서 위에서 언급한 배제함 속에 그 대립물을 소유한 '포섭함(Einordnung)'의 관계에 대해 이야기한다. 명백히 그 포섭함은 단지 순수한 포섭함일 수 있다.

포섭하는 종합의 작용은 — 지향하는 작용과 충족시키는 작용을 하나로 정립하는 전제적 작용으로서 — 그 대상적 상관자를 그것에 상응하는 대상들의 부분적 동일성 관계 속에서 갖는다. 포섭함에 대한 논의도 그 관계를 '부분은 전체에 포섭된다.'는 활동의 상(像)으로 파악하는 작용을 표현한다. 명백히 그 동일한 객관적 관계는 그것을 파악하는 각 관점에 따라 — 물론 이 관점은 표현의 형식 속에 함께 드러난, 고려되지 않은 현상학적 차이를 시사한다 — 'Θg는 ϑg를 갖는다.' 또는 'ϑg는 Θg에 속한다.'와 같은 표현을 통해서도 표시된다. 이 경우 지수 g는 '그

것이 이러한 관계 속에 등장하는, 앞에서 지적한 작용의 지향적 대상이라는 점에서 주목하게 할 수 있다. 우리는 여기에서 지향적 대상, 즉 이러한 작용 속에 사념된 그 대상이라는 것을 강조한다.

방금 전 상론한 것은 당연히 배제함의 경우로, 또한 '갖지 않는다(hat nicht)', '속하지 않는다(kommt nicht zu)'라는 표현으로 옮겨 간다.

단순한 '있다(ist)'에는 어디에서나 객관적 동일성 일반이 속하고, '없다(ist nicht)'에는 비동일성(모순)이 속한다. 특히 포섭함이나 배제함의 관계가 중요한 문제가 되는 것은 예를 들어 소유된 것, 즉 그것에 속하는 것 그 자체를 명시하는 형용사적 형식과 다른 표현 수단이 필요하다. 이것은 명사적 형식이 그 상관자인 소유하는 것 그 자체를, 즉 동일화의 '주어'를 형성하는 기능 속에서 표명하는 것과 마찬가지다. 부가어적 표현형식, 또는 일반적으로 ─ 완전한 동일성을 한정할 수 있는 ─ 한정적 표현형식에서 존재(Sein)가 관계문장 속에 명확하고 분명하게 표현되지 않거나 그 반대로 완전히 억제되어 ─ '이 철학자 소크라테스'라는 표현의 경우와 같이 ─ 있지 않는 한 존재는 형용사의 변화 속에 끼워져 있다. 술어화나 부가어뿐만 아니라 명사적 형식(비동일성, 불일치함)에서 항상 간접적인 비동일성(Nicht-Identiät)이라는 표현이 ─ 현실적 '부정'과 비록 현실적이 아니더라도 ─ 어쨌든 변양된 긍정과의 필연적 관계를 표현하는지 하는 문제는 우리가 여기에서 깊이 파고들지 않으려는 논의로 이끈다.

따라서 통상의 진술에서 동일성이나 비동일성이 진술되고, '그에 상응하는 직관'과 관계하는 경우에 표현된다. 즉 동일성이나 비동일성에 대한 지향은 수행된 〔주어와 술어의〕 동일화함이나 분리함 속에서 충족된다. 앞에서 든 예에서 단순한 지향이 선행하는 경우 '그 기와지붕'은 '실제로 빨갛다.'를 뜻한다. 그 술어의 지향은 ─ 예를 들어 '이 기와지붕'의 형식으로 표상되고 직관된 ─ 주어에 적합하다. 이와 반대로 '실제로 그것은 빨갛지 않다.'를 뜻할 경우 술어는 주어에 속하지 않는다.

그러나 '있다.'의 의미가 현실적 동일화 — 이 동일화 자체는 종종 충족시킴의 성격을 갖는다 — 에 근거해 충족될 경우, 우리는 이것으로써 그 한계를 당연히 명확하게 하지 않고 이제까지 항상 주목해 온 영역, 즉 실제로 그에 상응하는 직관을 통해 충족될 수 있는 표현의 영역을 넘어서서 이르게 된다는 사실 역시 분명하다. 오히려 우리는 자명하게 기초에 놓았던 내적 또는 외적 '감성(Sinnlichkeit)'이 보통의 의미에서 직관이 '직관'이라는 명칭을, 진정한 충족시킴의 작업을 수행할 자격을 주장해도 좋을 유일한 기능이 아니라는 사실에 주목하게 된다. 여기에서 드러나는 차이를 더 자세히 규명하는 일은 이 책 2장을 위해 남겨 둔다.

마지막으로 명백하게 언급해 두는 점은, 위에서 상론한 것으로써 판단에 대한 완전한 분석이 아니라 그와 같은 분석의 단지 일부분만 수행되었다는 사실이다. 종합적 작용의 질, 부가어와 술어화의 차이 등은 사실상 전혀 고려되지 않았다.

2절 객관화하는 지향과 그 본질적 아종의 성격을 충족시키는 종합을 통해 간접적으로 묘사함

13 객관화하는 작용에 대한 충족시킴의 특징적 형식으로서 인식작용의 종합. 의미의 작용을 객관화하는 작용의 부류로 포섭함

우리는 앞에서[1] 의미지향을 적확한 단어 의미에서 '지향'의 더 넓은 범위로 분류했다. 모든 지향에는 충족시킴 ─ 또는 그 부정으로서 실망시킴 ─ 의 가능성이 상응하며, 이 충족시킴은 그 자체가 작용으로 성격 지어지는, 그때그때 지향하는 작용을 그것과 상관적인 작용 속에서 마치 자신의 목표를 달성시키는 독특한 이행 체험이다. 그것과 상관적인 작용은, 그 작용이 지향을 충족시키는 한 충족시키는 작용이라 부르지만 충족된다는 의미로 충족시킴의 종합적 작용에 의해서만 그렇게 부른다. 이렇게 이행하는 체험은 어디에서나 동일한 성격을 갖지는 않는다. 명백히 표의적 지향의 경우, 이에 못지않게 직관적 지향인 경우에도 그 이행하는 체험은 대상을 고려해 동일화의 통일인 '인식의 통일'이라는 성격을 갖는다. 그러나 이것이 더 넓은 범위의 지향 일반에 적용되지는

---

1 이 책 1절 11항(2판에서는 10항) 참조.

않는다. 우리는 합치에 대해 언제든 이야기할 수 있으며, 심지어 언제든 동일화를 발견한다. 하지만 이 동일화는 동일화의 통일을 허용하며, 이 같은 연관 속에서 그러한 통일도 기초 짓는 그룹의 짜여 엮인 작용에 의해서만 종종 생긴다.

다음의 예는 이러한 상태를 즉시 판명하게 해 준다. 어떤 소원이 충족됨은 동일화가, 게다가 필연적 존립요소를 부분으로서 포함하는 작용 속에서 수행된다. 왜냐하면 소원의 질이 표상 속에, 즉 객관화하는 작용 속에, 더 자세하게 말하면 '단순한' 표상 속에 기초 지어지는 법칙성이 존립하며, 게다가 소원을 충족시킴도 기초 지어지는, 즉 기초 짓는 표상과 동일화하면서 얽어매는 작용 속에 기초 지어지는 보충적 법칙성이 존립하기 때문이다. 소원의 지향은 이 지향에 기초가 되는 소원된 것의 단순한 표상이 같은 형식의 참으로 간주함(Fürwahrnehmung)으로 변화됨으로써만 충족시키는 만족을 발견할 수 있다.

그러나 앞에 제시된 것은 단순한 변화가 아니며 — 따라서 구상이 참으로 간주함을 통해 교체되는 단순한 사실이 아니라 — 이 둘은 동일화하는 합치의 성격 속에서 하나가 된다. 이 종합적 성격 속에 '그것은 실제로 또 참으로 그러한데, 즉 우리가 이전에 단순히 표상했고 소원했던 대로가 구성된다. 물론 이것은 실제로 존재함이 단지 추측적인 것, 특히 대부분의 경우 비충전적으로 표상된 것임을 배제하지 않는다. 만약 소원이 순수한 표의적 표상 속에 기초 지어지면, 당연히 동일화는 그 표의를 같은 형식의 직관을 통해 충족시키는 — 앞에서 기술한 — 그 특수한 합치의 성격도 소유할 수 있다. 이와 유사한 것이 객관화하는 작용으로서 표상 속에 그 기반을 갖는 모든 종류의 지향에 대해서도 명백하게 실행될 수 있을 것이다. 동시에 충족시킴에 대해 타당한 것은 '적절하게 변경하면' 실망시킴의 경우로 이행될 수 있다.

이러한 점을 미리 말하자면, 이제 소원을 충족시킴이 — 이러한 예에서 계속 고찰하기 위해 — 동일화 속에, 어쩌면 직관적 인식작용 속에도 기초 지어지면, 이 작용은 소원을 충족시킴을 끌어내는 것이 아니라 바로 단지 기초 짓는다. 소원의 특수한 질이 만족되는 것은 다른 종류의 독특한 작용이 가진 성격이다. 우리가 심정의 지향 영역 이외에도 만족함과 실로 충족시킴에 대해 즐겨 이야기하는 것은 단지 비유일 뿐이다.

그러므로 충족시키는 합치의 특수한 성격은 지향의 특수한 성격과 연관된다. 지향의 모든 음영에는 이와 상관적인 충족시킴의 음영이 상응하고 동시에 종합적 작용의 의미에서 충족됨의 음영이 상응할 뿐만 아니라, 본질적으로 서로 다른 부류의 지향에도 앞에서 언급한 이중 의미에서 충족시킴 부류의 근본적 차이가 상응한다. 이렇게 평행하는 계열에서 그에 속한 항들은 항상 명백히 하나의 작용 부류에 속한다. 확실히 소원을 지향하거나 의지를 지향하는 경우 충족시킴의 종합은 매우 유사하지만, 예를 들어 의미지향에 등장하는 충족시킴의 종합과는 확연하게 구별된다. 물론 다른 한편 의미지향의 충족시킴과 직관적 작용의 충족시킴은 동일한 성격을 갖는데, 일반적으로 우리가 객관화하는 작용이라는 명칭으로 포괄한 모든 작용에 대해서도 그러하다. 여기에서 유독 관심을 두는 이 부류에 대해 다음과 같이 말할 수 있다. 즉 그러한 부류의 충족시키는 통일은 동일화의 통일이라는 성격을, 경우에 따라서는 좁은 의미로 인식의 통일이라는 성격을 갖는데, 그래서 그 충족시킴의 통일은 대상적 동일성에 대한 지향적 상관자로서 상응하는 작용의 성격을 갖는다.

여기에서 다음과 같은 점, 즉 표의적 지향을 직관적 지향을 통해 충족시키는 모든 작용은 동일화의 종합이라는 성격을 갖는다는 사실이 앞에서 증명되었다는 점에 주의해야 한다. 반면 동일화의 모든 종합 속에 곧바로 의미지향을 충족시킴과 곧바로 의미지향에 상응하는 직관을 통한 충족시킴이 수행되지는 않는다. 그 이상으로 우리는 모든 동일화

2절 객관화하는 지향과 그 본질적 아종의 성격을 충족시키는 종합을 통해 간접적으로 묘사함

의 경우에도 실로 지향의 충족시킴에 대해, 따라서 인식함에 대해 이야기하는 경향이 거의 없다. 물론 가장 넓은 의미로 통상의 논의에서 모든 현실적 동일화작용은 인식작용이라 한다. 그러나 좁은 의미로 중요한 것은 — 우리는 이것을 분명하게 느낀다 — 인식의 목표에 접근하는 것, 인식비판의 가장 좁은 의미로, 심지어 이러한 인식의 목표 그 자체에 도달하는 것이다. 단순한 느낌을 판명한 통찰로 변화시키는 것, 이렇게 접근함이나 도달함의 의미를 정확하게 한정하는 것은 여전히 우리의 과제가 될 것이다. 우리는 다만 일시적으로 '동일화의 통일과, 아울러 좁은 의미 또는 가장 좁은 의미에서 모든 인식의 통일은 객관화하는 작용의 영역 속에 자신의 기원을 갖는다.'는 점을 고수한다.

충족시킴의 이러한 특성은 충족시킴이 본질적으로 속한 통일적 부류의 작용을 특징짓는 데 이바지할 수 있다. 그에 따라 객관화하는 작용은 곧바로 그 충족시킴의 종합이 동일화의 성격을, 따라서 그 실망함의 종합에 구별의 성격을 갖는 작용으로, 또는 현상학적으로 동일화나 구별의 가능한 종합의 항으로서 기능할 수 있는 작용으로 정의할 수 있을 것이다. 또는 결국 여전히 정식화될 수 있는 법칙성을 미리 받아들여 — 그것이 지향하는 작용이든 충족시키는 작용이든 실망시키는 작용이든 — 가능한 인식의 기능 속에 있을 수 있는 작용으로 정의할 수 있을 것이다. 이러한 정의에서 그 부류에는 동일화와 구별의 종합적 작용 그 자체가 속한다. 이 종합적 작용은 실로 그 자체로 동일성이나 비동일성을 파악하는 단순한 추측작용이거나, 동일성이나 비동일성을 이에 상응해 실제로 파악하는 작용이며, 그 추측작용은 (적확한 의미에서) 인식 속에서 '확인되거나' '논박될' 수 있다. 또 확인되는 경우 동일성이나 비동일성이 실제로 파악되어, 즉 '충전적으로 지각된다.'

그러므로 방금 전 수행된 분석으로서 자주 시사한 것은 '의미충족 작용과 마찬가지로 의미지향 작용은, 직관하는 작용과 마찬가지로 사유하는 작용은 유일한 부류의 작용인 객관화하는 작용에 속한다.'는 결론으로 이끈다. 이로써 다른 종류의 작용은 결코 의미를 부여하는 작용 방식으로 기능할 수 없으며, 단지 단어에 부착된 표의적 지향이 대상으로서 표현할 수 있는 작용으로 향하는 지각이나 구성에 의해 자신의 충족시킴을 발견한다는 점을 통해서만 '표현될 수 있다'는 사실이 확인된다. 따라서 작용이 의미기능 속에 있고 이러한 의미에서 표현되는 경우, 바로 이 작용 속에서 어떤 대상과의 표의적 관계나 직관적 관계가 구성되는 반면, 다른 경우 그 작용은 단순한 대상이다. 이것은 물론 다른 작용에 관한, 이 경우 본래 의미를 지닌 것으로 기능하는 작용에 관한 대상이다.

어쨌든 이러한 상태를 더 정확하게 규명하기 이전에, 특히 그 자체로 정당한 것으로 보이는 반론을 반박하기 이전에,[2] 충족시킴에 대해 주목할 만한 사실을, 게다가 객관화하는 작용의 영역에서 다소 신중하게 검토해야 한다.

14 충족시킴의 특징을 통해 표의적 지향과 직관적 지향을 구별하는 현상학적 특성 묘사

a) 기호, 상 그리고 스스로를 제시함

마지막에 고찰한 것 안에서 지향의 유(類)적 성격과 충족시킴을 종합하는 유적 성격이 밀접하게 연관된다는 언급, 이것은 더욱 객관화하는 작용의 부류가 이미 알려진 것으로서 전제된 동일화하는 종합으로서 충족시킴을 종합하는 유적 성격을 정의하게 한다는 언급을 끈질

---

2 이 책의 **결론 장**(3장) 참조.

2절 객관화하는 지향과 그 본질적 아종의 성격을 충족시키는 종합을 통해 간접적으로 묘사함

기게 떠올리게 한다. 이러한 생각을 계속 진행시키는 가운데, 객관화(Objektivation)의 이러한 부류 안에서 본질적인 종의 구별이 이에 속한 충족시키는 방식의 차이를 통해 규정될 수 있는지 하는 의문이 생긴다. 객관화하는 지향을 근본적으로 구별하면 표의적 지향과 직관적 지향으로 나뉜다. 이 두 종류 작용의 차이를 설명해 보자.

우리는 표현적 작용에서 출발한 것에 힘입어 표의적 지향을 표의(Signifikation)로, 표현의 의미로 파악했다. 의미를 부여하는 작용으로 기능하는 동일한 작용이 의미기능 이외에도 등장할 수 있는지 하는 의문을 잠시 보류하면, 이 표의적 지향은 그때그때 직관적 발판, 즉 표현의 감성적인 것에서 발판을 갖지만 그로 인해 직관적 내용을 갖지는 않는다. 표의적 지향은 단지 어떤 방식으로만 직관적 작용과 하나가 되지만 그 종류에서 이것들은 구별된다.

기호(Zeichen)와 상(Bild)을 서로 비교하면, 순수하게 직관적인 지향과 대립된 표현적 지향의 차이는 쉽게 파악할 수 있게 뚜렷이 나타난다.

기호는 이것으로 표시된 것과 내용상 대부분 공통적인 것이 결코 없으며, 기호는 이 기호에 동질적인 것과 마찬가지로 이질적인 것을 표시할 수 있다. 이에 반해 상(像)은 유사함을 통해 사태에 관계하며, 유사함이 없다면 상에 대한 어떠한 논의도 더 이상 할 수 없다. 객체로서 기호는 이것이 나타나는 작용 속에서 우리에게 구성된다. 이 나타나는 작용은 여전히 표시하는 작용이 아니며, 우리가 앞에서 분석한 의미에서 새로운 지향을 연결하는 새로운 파악 방식 — 이 파악 방식을 통해 직관적으로 나타나는 것 대신 새로운 것, 즉 표시된 객체가 사념된다 — 을 연결할 필요가 있다. 이와 마찬가지로 상, 가령 대리석으로 만든 흉상도 어떤 다른 것과 같은 하나의 사물이다. 새로운 파악 방식이 비로소 그것을 상으로 만들고, 이제는 단순히 대리석으로 만든 사물이 나타나는 것이 아니라, 동시에 그리고 이러한 나타남에 근거한 어떤 인물이 상으로 사념된다.

양 측면에 결부된 지향은 나타남의 내용에서 외면적으로 부착되지 않으며, 지향의 성격이 그 나타남의 내용을 통해 규정되는 방식으로 본질적인 나타남의 내용 속에 기초 지어진다. 따라서 만약 우리가 동일한 지향이 어느 때는 사념된 객체와 유사한 어떤 객체가 나타남에 결합되고, 다른 때는 사념된 대상과 유사하지 않은 어떤 객체의 나타남에 결합되는 것에 〔상과 기호의〕 전체적 차이가 존립한다고 생각한다면, 그 상태에 대하여 기술적(記述的)으로 옳지 않게 파악한 것이다. 왜냐하면 기호도 이 기호로 표시된 것과 유사할 수 있고, 실로 완전히 유사할 수도 있기 때문이다. 그러나 기호의 표상은 이것을 통해 상으로 표상되지 않는다. 우리는 A라는 기호의 사진을 즉시 이 기호의 상으로 파악한다. 그러나 'A는 로마 문자다.'라고 쓸 때와 같이 기호 A를 기호 A에 대한 기호로서 사용한다면, 우리는 그 상에 따라 이것들이 유사함에도 불구하고 A를 상으로서가 아니라 바로 기호로서 포착한다.

그러므로 나타나는 것과 사념된 것 사이의 유사함에 대한 객관적 사실은 어떠한 차이도 규정하지 않는다. 그런데도 이 객관적 사실이 상의 표상인 경우에는 사소하지 않다. 이것은 충족시킴이 가능한 경우에 밝혀지며, 실로 우리가 여기에서 '객관적' 유사함을 끌어들이는 이러한 가능성을 기억해 보기만 해도 밝혀진다. 명백히 상의 표상은 ― 그것을 충족시킬 때마다 '상'으로 나타나는 ― 표상의 대상이 충족시키는 작용 속에 주어진 대상과의 유사함을 통해 동일화되는 특징을 지닌다. 우리는 이것을 상의 표상이 갖는 특징으로 부르면서, 이미 '여기에서 유사함을 통해 유사한 것을 충족시킴은 상상적 종합으로서 충족시킴이 갖는 종합의 성격을 내적으로 규정한다.'라고 주장한다.

다른 한편, 기호와 이 기호로 표시된 것 사이의 우연적 유사함 때문에 양쪽 유사함에 대한 인식이 생기는 경우, 이 인식은 ― 이 인식

2절 객관화하는 지향과 그 본질적 아종의 성격을 충족시키는 종합을 통해 간접적으로 묘사함

이 유사한 것과 〔다른〕 유사한 것을 상의 방식이나 사태의 방식으로 관계 지어 합치시키는, 그 독특한 일종의 동일화 의식이 결코 아니라는 점을 도외시하면 ── 표의적 지향의 충족시킴에 속하지 않는다. 오히려 표의적 지향의 경우 지향하는 작용에 나타나는 대상과 충족시키는 작용의 대상 ── 예를 들어, 명사와 이 명사로 명명된 것이 실현된 통일체에서 ── 이 서로 함께 '전혀 관계하지 않는다.'는 것은 표의적 지향의 고유한 본질에 속한다. 따라서 사실상 기술적으로 서로 다른 충족시킴의 방식은 ── 이 방식이 지향의 서로 다른 기술적 성격 속에 근거하듯이 ── 거꾸로 지향 성격의 차이에 주목할 수 있으며 분명히 이 성격을 정의해 규정할 수 있다.

우리는 이제까지 표의적 지향과 상상적 지향의 차이만을 검토해 왔다. 상상적 작용의 더 넓은 영역 안에서, 여기에서는 덜 중요한 차이를 무시하면 ── 사실상 위에서는 상상의 표상에 파고드는 대신 물리적 상을 통한 표상을 우선시했다 ── 여전히 지각이 남아 있다.

우리가 표현하고는 하듯이, 상상에 대립하여 지각은 그 속에서 대상이 단순히 '상 속에서(im Bilde)'가 아니라 '스스로(selbst)' 나타난다는 사실로 특징지어진다. 이 점에서 〔이 둘의〕 충족시키는 종합의 특징적 차이는 즉시 인식된다. 상상은 상의 유사함이라는 독특한 종합을 통해 충족되며, 지각은 사태의 동일성의 종합을 통해 충족된다. 그런데 사태는 서로 다른 측면에서 그 자신을 나타내며, 이때 언제나 하나의 동일한 것인 가운데 '스스로'를 통해 확인된다.

b) 대상의 지각적 음영과 상상적 음영

어쨌든 여기에서 다음과 같은 차이에 주의해야 한다. 즉 지각이 대상 '그 자체(selbst)'를 부여한다고 가장하는 가운데 지각은 본래 결코 단순한 지향일 수 없으며, 오히려 다른 작용을 충족시킬 수 있는 반면 그 자신은 더 이상 충족될 필요가 없는 작용이라고 가장한다. 또한 '외적' 지각의 모든 경우 그것은 대부분 가장일 뿐이다. 대상은 실제로, 즉 그 자신이 존재하는 것으로 완전히 주어지지 않는다. 대상은 단지 '그 앞면에서', 단지 '원근법으로 축약되고 음영 지어' 등으로 나타난다. 대상의 많은 규정성이 적어도 후자[축약과 음영 등]의 표현으로 예시되는 방식으로 지각의 핵심 내용 속에서 상이 되는 반면, 다른 규정성은 이러한 상의 형식으로 전혀 지각되지 않는다. 보이지 않는 뒷면이나 내면 등의 존립요소에서 부분은 다소간 일정한 방식으로 함께 사념되고 일차적으로 나타나는 것을 통해 상징적으로 시사하게 되지만, 그 자체는 결코 지각의 직관적(지각적이거나 상상적) 내용에 들어오지 않는다. 하나의 동일한 대상이 갖는 내용상 서로 다른 무한히 많은 지각의 가능성은 이러한 사실과 연관되어 있다. 만약 지각이 — 이 지각이 가장하는 것이지만, 어디에서나 대상이 실제로 진정 스스로를 제시하는 것(Selbstdarstellung)이라면, 지각의 고유한 본질은 이렇게 스스로를 제시함 속에서 끌어내기 때문에, 모든 대상에 대해 단지 하나의 유일한 지각만 존재할 것이다.

그러나 다른 한편 주의해야 할 점은, 그것이 그 자체로(an sich) — 지각의 지향을 충족시킴이 실현되는 여기에서 오직 문제되고 이해되는 의미에서 그 자체로 — 존재하는 그대로의 대상은 지각이 아무리 불완전하더라도 대상을 실현하는 것과는 총체적으로 다른 것이 아니라는 점이다. 이러한 점은 이른바 대상이 스스로 나타남으로 있는 지각의 고유한 의미 속에 포함되어 있다. 그러므로 현상학적인 것으로 되돌아가기 위해 통상의 지각이 부분적으로는 순수하게 지각에 적합하고, 부분적으로는 단순히 상징적이고 심지어 표의적인 각양각색의 지향에서 구축되었다 하더라도, 통상의 지각은 전체적 작용으로서 단지 음영의 방식

2절 객관화하는 지향과 그 본질적 아종의 성격을 충족시키는 종합을 통해 간접적으로 묘사함

이라도 그 대상 그 자체를 파악한다.

만약 그때그때의 지각을 충전적 지각, 즉 우리에게 이상적으로 엄밀하고 가장 본래적인 의미에서 대상 그 자체를 부여하는 지각과 맺는 충족시킴의 관계로 정립해 생각해 보면, 우리는 '지각은 대상을 지향하고, 그래서 이상적인 충족시킴의 종합은 지향하는 작용의 순수한 지각적 내용과 충족시키는 작용의 순수한 지각적 내용을 부분적으로 합치시키는 성격을 지니며, 동시에 두 가지 측면의 완전한 지각의 지향이 완전히 합치되는 성격을 지닐 것이다.'라고 말할 수 있다. '외적' 지각에서 '순수한 지각적' 내용(Gehalt)은 단순히 상상적 구성요소나 상징적 구성요소 모두를 도외시한 다음에 우리가 따로 남겨 놓은 것이다. 따라서 그것은 직접적으로 그것에 속한 순수한 지각적 파악에서 '감각된' 내용(Inhalt)이며, 이 파악은 감각된 내용의 모든 부분이나 계기를 그에 상응하는 지각의 대상 부분이나 계기가 스스로 〔제시되어〕 음영 지어짐(Selbstabschattung)으로 평가하고, 그래서 그 내용 전체에 '지각의 상'이라는 성격, 대상의 지각적 음영이라는 성격을 부여한다. 충전적 지각의 이상적인 한계의 경우에서, 이렇게 감각되거나 스스로를 제시하는 내용은 지각된 대상과 합치한다.

모든 지각의 의미에 포함되고 대상 그 자체에, 그래서 일치(Adä-quation)의 이상(理想)에서 이러한 공통적 관계는 하나의 대상에 속한 다양한 지각이 현상학적으로 함께 속해 있음으로 드러난다. 어떤 지각에서 대상은 이런 측면에서 다른 지각에서 저런 측면에서 나타나며, 어느 때는 가깝게 어느 때는 멀게 등으로 나타난다. 모든 지각에서 모든 경우에 하나의 동일한 대상이 '거기에' 존재하며, 모든 지각에서 그 대상은 그 대상이 우리에게 알려지고 이러한 지각 속에 현재 있는 것의 전체 총계에 따라 지향된다. 현상학적으로 이 대상에는 '동일한 대상에 속하는' 끊임없는 일련의 지각에서 충족시킴이나 동일화의 연속적 흐름이 상응하는데, 이 흐름 속에서 모든 개개의 지각은 충족된 지향과 충족되지 않은 지향이 혼합된 것이다. 대상에서 충족된 지향에 상응하는 것은 이러한 개개의 지각에서 그 대상에 대해 다소간 완전한 음영으로 주어지며, 충족되지 않은 지향에 상응하는 것은 그 대상에 대해 여전히 주어지지 않은 것, 따라서 새로운 지각 속에서 현실적으로 충족시키는 직접 제시(Präsenz)가 앞으로 주어질 것이다. 모든 종류의 충족시킴의 종합은 곧 어떤 대상이, 스스로 나타남과 동일한 대상이 스스로 나타남을 동일화하는 하나의 공통적 성격을 통해 명확하게 밝혀진다.

이와 평행하는 차이도 상상적 표상에 대해 즉시 분명히 타당하다. 상상적 표상도 동일한 대상을 때에 따라 이러저러한 측면에서 모사한다. 항상 동일한 대상이 스스로를 제시하는 다양한 지각의 종합에는, 이 동일한 대상이 상으로 제시되는 다양한 상상과 평행하는 종합이 상응한다. 변화하는 대상의 지각적 음영은 여기에서 평행하는 상상적 음영에 상응하며, 완전한 모사의 이상으로 음영은 완전한 상과 합치할 것이다. 상상적 작용이 때로는 상상적 연관 속에, 때로는 이에 상응하는 직관을 통해 충족된다면 충족시킴의 종합의 성격에서 그 차이는 명백하며, 상에서 다른 상으로 이행하는 것은 상에서 사태 그 자체로 이행하는 것과는 성격이 다르다.

앞으로의 연구에 유익하고 3절에서 계속 수행될 이러한 분석은 지각과 상상이 함께 속해 있음을, 지각과 상상이 표의적 지향에 대립됨을 가르쳐 준다. 우리는 어디에서나 사념된 ─기호로 표시된, 모사한, 지각된─ 대상과 나타남 속에 현실적으로 주어졌지만 사념되지 않은 내용을 구별하고, 한편으로는 기호의 내용을, 다른 한편으로는 대상의 상상적 음영과 지각적 음영을 구별한다. 그러나 기호와 기호로 표시된 것이 '서로 함께 전혀 관계하지 않는' 반면, 상상적이든 지각적이든 음영과 사태 그 자체 사이에는 이 말의 의미 속에 함축된 내적으로 함께 속해 있음이 존립한다. 이러한 관계는 구성하는 지향의 차이 속에, 그리고 이에 못지않게 충족시킴의 종합이 구별되어 현상학적으로 표명된다.

물론 이러한 서술은 모든 충족시킴을 동일화로 해석하는 것을 방해하지 않는다. 지향은 지향에 충만함을 제공하는 작용과 어디에서나 합치된다. 즉 지향 속에 사념된 대상은 충족시키는 작용 속에 사념된 대상과 동일한 것이다. 그러나 우리가 비교하는 것은 이렇게 사념된 대상이 아니라, 그 사념된 대상과 관계하는 기호와 음영, 또는 이러한 관계에 현상학적으로 상응하는 것에 관련된다.

우리의 관심은 이 항에서 일차적으로 충족시키는 종합의 특성이며, 이 특성을 통해 직관적 작용과 표의적 작용의 차이는 단순한 간접적 특징임을 알았다. 연구를 계속 진행해야 — 3절 26항에서 — 비로소 우리는, 가능한 충족시킴을 고려하지 않고 그 자체만으로 고찰된 지향의 분석에 근거해, 직접적 특징을 제공할 수 있다.

15 의미의 기능에서 벗어난 표의적 지향

앞의 마지막 고찰에서 우리는 직관적 작용의 어떤 구성요소를 표의적 지향으로 간주했다. 그러나 이제까지 한 일련의 연구 전체에서 표의적 작용을 표현하는 경우에 의미하는(Bedeuten) 작용, 의미를 부여하는 요인으로 간주하고, '표의'와 '표의적 지향'이라는 말은 의미가 동일한 것으로 간주했다. 그렇다면 '통상 우리가 의미의 기능 속에서 발견하는 동일한 작용, 또는 본질적으로 같은 종류의 작용은 이러한 의미의 기능 이외에도 모든 표현에서 떨어져 나가 등장할 수는 없는가?' 하는 의문을 검토할 차례다.

이러한 의문에 긍정적으로 답변하는 것을 언어적 인식작용의 성격을 충분히 지닌 ─ 반면 어쨌든 말은 그 감성적-표의적 내용에 관해 전혀 현실화되지 않는다 ─ 무언의 어떤 인식작용의 경우가 밝혀 준다. 우리는 예를 들어, 어떤 대상을 고대 로마의 도로 표석으로 인식하고, 이것의 표면이 긁혀 파인 것을 ─ 즉시 또는 전혀 어떤 말이 떠오르지 않아도 ─ 풍화된 비명(碑銘)으로 인식한다. 또 우리는 나사송곳으로 도구를 인식하지만, 그 말이 전혀 머리에 떠오르지 않는다 등등. 발생적으로 말하면, 현재의 직관을 통해 의미하는 표현을 향한 연상이 습관적으로(dispositionell) 불러일으킨다. 그러나 그 표현의 단순한 의미 요소는 현실화되고, 이 구성요소가 이번에는 거꾸로 연상이 불러일으킨 직관 속으로 소급해 빛을 비추며, 충족된 지향의 성격을 지니고는 그 직관 속으로 넘쳐 흘러간다. 따라서 무언의 인식작용의 이러한 사례는 의미지향의 충족시킴일 뿐이며, 통상 의미지향에 속한 표의적 내용에서 현상학적으로 떨어져 나간 의미지향의 충족시킴일 뿐이다. 학문적 사색의 통상적 연관에 대한 반성도 이러한 종류의 예를 제공해 준다. 이 경우 앞으로 돌진하는 일련의 생각이 상당 부분 그 생각에 속한 말에 구속되는 것이 아니라, 직관적 상의 흐름을 통해, 또는 직관적 상의 고유한 연상적 연계를 통해 불러일으켜진다는 사실을 알아야 한다.

표현하는 이야기가 인식하는 표현이, 실제로 적합한 목적에 직관적으로 주어져 있음에 틀림없음을 훨씬 넘어서는 것은 이러한 사실과 연관된다. 이렇게 표현하는 이야기가 훨씬 넘어서는 것이 부분적으로 반대 이유를, 이때 말의 상(Wortbild)이 자신의 측면에서 상징적 생각 ─ 하지만 이 상징적 생각에 상응하는 직관은 아닌 ─ 을 끌어오기 위해 주어진 직관을 통해 재생산하며 특별히 손쉽게 갖는다는 사실은 누구도 의심하지 않는다. 그렇지만 거꾸로 '말의 상을 재생산하는 것이 어떻게 그때그때 직관을 통해 재생산적으로 불러일으킨 일련의 생각 배후에 종종 당연할 정도로 뒤에 남겨지는지' 하는 문제도 관찰되어야 한다. 이 두 가지 종류에서 수많은 비충전적 표현이 성립하는데, 이 표현은 현실적으로 현존하는 일차적 직관과 이 직관에 근거해 구축된 종합적 형성을 단적인 방식으로 맞추는 것이 아니며, 그렇게 주어진 것을 훨씬 넘어선다. 그래서 작용들의 기묘한 혼합체가 생기며, 본래 대상은 단지 현실적 직관의 기초 속에 주어진 것으로서만 인식된다. 그러나 지향의 통일은 더 멀리 도달하기 때문에 대상도 전체적 지향 속에 지향된 것으로 인식되어 나타난다. 요컨대 인식의 성격은 어느 정도 확대된다.

그래서 예를 들어, 어떤 인물을 황제의 보좌관, 어떤 원고를 괴테의 원고, 어떤 수학적 표현을 카르다노[3]의 공식 등으로 인식한다. 물론 여기에서 인식작용은 지각 속에 주어진 것에 적합하지 않을 수 있으며, 어쨌든 기껏해야 그 자체는 결코 현실화될 필요가 없는 직관의 경과에 적합할 가능성만 있을 뿐이다. 이러한 방식으로 부분적으로 직관에 근거해, 심지어 완전히 현실적인 직관에 근거해 일반적으로 또 '아프리오리하게' 불가능했던 — 그 인식이 양립 불가능한 것 속에 하나로 정립되었기 때문에 불가능했던 — 인식과 일련의 인식이 가능하다. 그런데 거짓되고 심지어 불합리한 인식이 존재하며, 많은 정도로 존재한다. 그러나 그것은 '엄밀하게' 인식이 아니며, 즉 논리적으로 가치 있는 완전한 인식, 적확한 의미에서 인식이 아니다. 어쨌든 이것으로써 우리는 미래에 고찰할 것을 미리 말한다. 왜냐하면 여기에서 언급하는 일련의 인식 단계와 이것을 한정하는 이상은 설명되지 않았기 때문이다.

이제까지 우리는 때에 따라 의미의 기능 안에서 등장하든 밖에서

---

3 (옮긴이 주) 카르다노(G. Cardano, 1501~1576)는 이탈리아의 자연철학자·수학자·의학자로서 물활론에 입각해 자연의 운동을 진화론으로 설명했다. 지성을 존중하면서도 점성술이나 마술을 믿었고, 자연의 운동법칙에 대한 수학적 인식을 통해 신의 인식에 도달할 수 있다고 주장했다. 타르탈리아(N. Tartalagilia; 본명은 폰타나(Fontana))가 먼저 발견한 3차 방정식의 대수적 해법을 도용해 발표해 물의를 일으켰으나, 어쨌든 이것은 '카르다노의 공식'으로 알려졌다. 저서로 『멋진 기술, 즉 대수의 규칙에 관해』(1545) 등이 있다.

등장하든 동일한 표의적 지향을 다루었다. 그러나 수많은 표의적 지향은 어쨌든 이 지향의 그 본질적 성격에 따라 의미지향과 동일한 부류에 속하는 반면, 표현에 확고한 관계이든 일시적 관계이든 어떠한 관계도 없다. 내가 여기에서 생각해 내는 것은 어떤 멜로디 또는 그 밖에 그 종류에 따라 우리에게 알려진 사건의 지각적이거나 상상적인 경과와, 이 경우 등장하는 — 일정하든 일정하지 않든 — 지향이나 충족시킴이다. 마찬가지로 여기에서 내가 생각하는 것은 현상적으로 공존하는 사물의 경험적 질서와 결합, 게다가 이러한 질서 가운데 나타나는 사물과, 무엇보다 모든 개개의 통일된 사물 부분에 이러한 배열과 형식 속에 곧바로 함께 속한 통일체의 성격을 부여하는 것을 지적하는 사물의 질서와 결합이다. 유비를 통한 재현함과 인식함은 단지 상과 사태 — 유사한 것과 유사하게 된 것 — 를 통일시키고, 그래서 함께 속한 것으로 나타나게 하지만, 인접해 있어서 단순히 함께 주어지거나 함께 속한 것으로 나타나는 것은 아니다. 인접한 재현함이 실현되는 가운데 우선 표의적으로 재현된 것을 미리 상상하는 상이 나타나며, 그런 다음 충족시킴의 경우 — 그 상의 사태 속에 확인되는 경우조차 — 인접해 재현하는 것과 이것에 의해 재현된 것의 통일은 상의 관계를 통해 주어질 수 없다. 실로 그 관계는 이 둘 사이에 작동하지 않기 때문에, 그것은 단지 인접함을 통한 재현함인 표의적 재현함의 전적으로 고유한 관계를 통해서만 주어질 수 있다.

그에 따라 우리는 비충전적 지각과 구상 속에서 원초적 지향의 복합체를 완전히 올바로 보아야만 하며, 이 복합체 가운데에는 지각적 요소와 상상적 요소 이외에도 표의적 지향과 같은 종류의 요소가 발견된다. 일반적으로 우리는 '객관화하는 작용의 모든 현상학적 차이는 그 작용을 구축하는 — 충족시킴의 종합을 통해 기본적 지향과 충족시킴이 통일되는 — 기본적 지향과 충족시킴으로 환원된다.'고 판단해도 좋다. 이 경우 지향의 측면에서는 유일한 궁극적 차이로서 인접함을 통한 지향인 표의적 지향과 유비를 통한 상상적 지향 그 자체의 차이가 남는데, 각각의 지향은 그 특성이 단적이며 순수하다. 〔다른 한편〕 충족시킴의 측면에서는 두 가지 종류의 지향이 다시 부분적으로 구성요소로서 기능하지만, (지각의 경우와 같이) 상황에 따라 더 이상 지향이라 주장될 수 없는 지향도 있다. 즉 단지 충족시키지만 어쨌든 더 이상 충족시킬 필요가 없는 그 구성요소로서, 그 지향에 의해 사념된 객체가 — 가장 엄밀한 말의 의미에서 — **스스로**를 제시함으로서 기능한다.

이 경우 복합적 작용의 동질적 통일을 규정하는 충족시킴의 종합의 성격은 기본 작용의 성격을 통해 규정되며, 동시에 이러저러한 기본 작용의 성격은 우선적으로 주목하는 힘의 도움을 받아 전체적 작용의 통일체로 옮겨진다. 즉 전체적 작용은 상상이든 표의이든 지각 — 지각 그 자체 — 이며, 그와 같이 통일적인 두 작용이 관련되어 등장할 경우 일치함이나 모순의 관계가 생기며, 그 성격은 기초 짓는 전체적 작용을 통해 궁극적으로, 하지만 전체적 작용의 요소에 의해 규정된다.

3절에서는 이러한 관계가 현상학적으로 확인되고, 따라서 인식비판적으로 이용될 수 있는 범위에서 계속 규명될 것이다. 이 경우 우리는 현상학적으로 주어진 통일체와 이 통일체가 그 자체 속에 지니고 충족시키는 가운데 표명하는 의미를 순수하게 준수하려 한다. 그래서 가설적으로 〔이론을〕 구축하는 길을 걸으려는 유혹을 피한다. 가설적으로 〔이론을〕 구축하는 길을 의심함으로써 인식을 해명하는 일이 부담을 받을 필요는 전혀 없다.

3절 인식 단계의 현상학

16 단순한 동일화와 충족시킴

우리는 지각의 언어적 표현에서 출발하여 의미지향과 이것을 충족시키는 직관의 관계를 기술할 때, '직관적 작용의 지향적 본질은 표의적 작용의 의미에 적합한 본질에 적합하거나 속한다.'라고 말했다. 이는 동일한 것이 질적으로 동등한, 따라서 정립적 작용과 정립적 작용 또는 비정립적 작용과 비정립적 작용이 종합되는 총체적 동일화의 모든 경우에 명백하게 타당하다. 반면 질에 차이가 있는 경우, 동일화는 오직 양 측면 작용의 질료 속에 근거한다. 이것이 적절하게 변경되어 부분적 동일화로 이행되면, 우리는 '질료는 그때그때 종합되는 작용에서 작용의 성격 속 동일화에 대해 ── 이때 당연히 구별함에 대해서도 ── 본질적으로 문제가 되는 계기다.'라고 표명해도 좋다.

동일화의 경우에 질료는 특수하게 종합을 지닌 것이지만, 가령 그 자체가 동일화되지는 않는다. 왜냐하면 동일화에 대한 논의는 실로 그 의미상 질료를 통해 표상된 객체에 관계되기 때문이다. 다른 한편 질료는 동일화 작용 속에서 그 자신과 합치된다. 따라서 두 작용의 질에서 동등함이 전제될 경우, 양 측면 작용의 완전한 동등함은 결코 달성되지 않음을 모든 예가 보여 주는데, 그 이유는 지향적 본질이 작용을 끌어 내지 않기 때문이다. 그렇다면 남아 있는 것은 대단히 중요한 것으로서, 우리의 다음 과제인 인식 단계의 현상학을 신중하게 철저히 연구하는 가운데 명백하게 밝혀질 것이다. 처음부터 여기에서는 다음과 같은 점이 명백하다. 동일한 질료에서 인식작용이 완전함의 단계를 허용한다면 질료가 완전함의 차이에 대해 책임질 수 없으며, 따라서 그 인식의 고유한 본질을 모든 임의의 동일화에 대립해 규정할 수도 없다. 우리는 앞으로 진행할 연구를, 이미 앞에서 주의를 기울였던 단순한 동일화와 충족시킴의 이러한 차이를 검토하는 것에 연결시킨다.

우리는 앞에서[1] 충족시킴과 (좁은 의미에서) 인식함을 동일시했으며, 이로써 인식의 목표에 접근할 일정한 동일화의 형식만 나타냈음을 시사했다. 이것이 의미하는 것으로서 우리는 가령 '모든 충족시킴에는 다소간 완전한 직관화가 일어난다.'는 점을 명료하게 시도할 수 있다. 충족시킴, 즉 충족시킴의 종합 속에 〔지향에〕 접합된 작용, 지향에 그 '충만함'을 제공하는 작용은 지향이 사념한 것이지만 다소 본래적이지 않거나 적당하지 않은 방식으로 표상한 것을 우리에게 직접 제시한다. 또는 적어도 〔지향으로서〕 상대적으로 더 직접 제시한다. 충족시키는 가운데 우리는 마치 '그것이 그것 자체다.(das ist es selbst.)'인 것처럼 체험한다. 물론 이 '그 자체(selbst)'는 엄밀한 의미에서 '마치 우리에게 객체 그 자체를 현실적 현상의 현재로 이끌어 주는 어떤 지각이 주어져 있음에 틀림없다.'로 받아들이면 안 된다.

우리는 인식이 진보하는 가운데 인식작용이 빈약하게 충족된 것에서 풍부하게 충족된 것으로, 단계적으로 상승함 속에서 결국 항상 충족

---

1 앞의 13항 중간 이하 참조.

될 수 있는 지각으로 반드시 도달할 것이다. 그러나 그로 인해 모든 단계가, 즉 그 자체만으로 이미 충족시킴으로 특징지어진 개개의 모든 동일화를 충족시킴으로 지각할 필요는 없다. '다소간 직접적'과 '그 자체'에 대한 상대적 논의는 적어도 우리에게 다음과 같은 중요한 점을 어느 정도 시사한다. 즉 충족시킴의 종합은 단순한 지향의 경우와 다르게, 충족시키는 작용이 우선권을 가져오는 방식으로 결합된 항들의 동등하지 않은 가치를 밝혀 준다는 점, 충족시키는 작용은 단순한 지향에 '그 자체'의 충만함을 부여하고, 적어도 이 지향을 '더 직접적으로' 사태 그 자체에 접근시킨다는 점이다. 그리고 이 '직접적'과 '그 자체'의 상대성은 다시 충족시킴의 관계가 그 자체로 상승의 관계라는 성격을 갖는다는 점을 시사한다. 따라서 우선권이 단계적인 방식으로 상승되는 그와 같은 관계의 연계가 가능한 것으로 나타난다. 그러나 이 경우, 그와 같은 일련의 상승에서 각각은 모든 상승이 넘어설 수 없는 목표 ── 절대적 인식의 목표, 인식의 객체가 충전적으로 스스로를 제시하는 목표 ── 를 정립하는 이념적 한계를 시사하거나, 이 한계를 이미 일련의 상승에 대한 최종 항(項) 속에서 실현한다.

그런데 이로써 동일화의 더 넓은 부류 안에서 충족시킴의 현저한 특징을 적어도 잠정적으로 시사해[2] 간명하게 표명했다. 왜냐하면 모든 동일화에서 인식의 목표는 그와 같이 접근하는 것이 수행되지 않으며, 목적 없이 무한히 계속되는 동일화가 충분히 가능하기 때문이다. 예를 들어 동일한 수치 2를 갖는 산술적 표현은 무수히 많으며, 그래서 우리는 이 경우 동일화에 '무한히' 동일화〔등식〕를 나란히 늘어놓을 수 있다. 마찬가지로 하나의 동일한 사태에 무한히 많은 상이 존재할 수 있고, 이러한 사실을 통해 어떠한 인식의 목표도 추구하지 않는 동일화의 무

---

2 이 책 24항의 더 자세한 분석 참조.

한한 연쇄 가능성이 다시 규정된다.

이러한 직관적 예의 경우에서 구성하는 기본적 지향에 주목하면, 물론 우리는 동일화 전체에 대부분 진정한 충족시킴의 계기도 짜여 엮여 있음을 발견한다. 그래서 곧바로 완전히 동등한 직관적 내용에 대한 것이 아닌 상의 표상을 하나로 통합하면, 그 결과 새로운 상은 이전에 우리에게 단순히 음영 지어지거나 심지어 상징적으로 시사되었던 많은 것을 명석한 표상으로 이끌어, 아마 '완전히 그것이 존재하는 대로' 눈앞에 제시할 것이다. 상상 속에서 어떤 대상이 모든 측면에서 회전하고 뒤집어지는 것을 생각해 보면, 그 일련의 상은 그 부분적 지향에 관하여 언제나 충족시킴의 종합을 통해 결합된다. 그러나 그때그때 새로운 상의 표상은 전체로서 선행하는 상의 표상을 충족시킴이 아니며, 일련의 전체적 표상은 어떤 목표에 대해 계속 접근해 가지도 않는다. 동일한 외적 사물에 속한 다양한 지각의 경우도 마찬가지로, 각 단계에서 새롭게 획득한 것과 상실한 것은 곧바로 균형을 유지한다. 새로운 작용은 어떤 관점에서는 충만함의 규정성을 〔이전보다〕 더 풍부하게, 다른 관점에서는 충만함의 규정성을 상실함에 틀림없다.

이에 반해 다음과 같이 말할 수 있다. 즉 일련의 상상이나 지각의 전체적 종합은 여기에서 생긴 개개의 작용과 비교되는 가운데 인식의 충만함에서 증가를 재현하고, 어떤 측면이 제시한 불완전함은 전면적으로 제시하는 가운데 상대적으로 극복된다. 우리는 단순히 '상대적으로 극복된다.'라고 말했다. 왜냐하면 전면적인 제시함은 그와 같은 종합의 다양체 속에서 수행되지 않으며, 그것이 일치(Adäquation)의 이상(理想)을 요구하듯이 — 순수하게 스스로를 제시함으로써 유비화(類比化)와 상징화(象徵化)를 추가하지 않은 채 — 일거에 수행되는 것이 아니라 그와 같이 추가함으로써 하나씩, 또 끊임없이 희미해져 수행되기 때문이다. 가령 대강 윤곽을 그린 스케치에서 정밀하게 소묘된 연필 그림으로, 이 연필 그림에서 완성된 그림, 생생하게 마무리한 유화에 이르기까지 — 게다가 동일한, 명백하게 동일한 대상에 대해 — 이행하는 것은 일련의 직관적 충족시킴의 다른 예를 제공해 준다.

단순한 구성 영역에서 보는 종류의 예는, 동시에 충족시킴의 성격이 논리적 인식 개념에 포함됨을 전제하지 않는다는 점, 즉 동일화하는 작용의 경우뿐 아니라 충족시키는 작용의 경우에도 정립의 질을 전제하지 않는다는 점을 밝혀 준다. '믿다(Glauben)'라는 통상의 의미에서 억측 작용(Vermeinen)이 강화되거나 확증되는 경우, 우리는 우선적으로 인식에 대해 이야기한다.

17 충족시킴과 직관화의 관계에 대한 문제

이제 '서로 다른 유의 객관화하는 작용 — 표의적 작용이든 직관적 작용이든, 직관적 작용 가운데 지각적 작용이든 상상적 작용이든 — 이 인식 기능에서 어떤 역할을 하는지'가 문제된다. 여기에서는 직관적 작용이 명백하게 우선시되는 것으로 나타나며, 이것이 지나쳐 사람들은 우선 모든 충족시킴을 — 지나가는 길에 앞에서도 일어났듯이 — 직관화(Veranschaulichung)로 부르는 경향이 있거나, 처음부터 직관적 지향이 문제일 경우에는 그 작업수행(Leistung)을 직관이 충족되는 가운데 단순히 증강함으로 특징짓는 경향이 있다.

그런데 확실히 지향과 충족[시킴]의 관계는 생각 — 더 좁게 파악해 보면 개념 — 과 이에 상응하는 직관이라는 개념 쌍이 형성되는 기반을 형성한다. 그러나 단순히 이러한 관계를 향하는 직관이라는 개념은 결코 직관적 작용의 개념과 합치되지 않으며, 비록 이른바 모든 충족시킴의 의미 속에 놓여 있는 지향의 경향에 의해 직관이라는 개념이 직관적 작용이라는 개념과 밀접하게 연관되더라도 실로 직관적 작용의 개념을 전제한다는 점을 놓치면 안 된다. 사람들이 여기에서 말할 수 있듯이, 생각을 '명석하게 이해한다.'는 것은 우선 생각의 내용에 인식에 적합한 충만함을 제공하는 것이다. 그러나 이러한 일은 어떤 방식으로는 표의적 표상도 수행할 수 있다. 물론 우리에게 '사태 그 자체(die Sache selbst)'를 명석하게 이해시켜 주고, 따라서 그 사태의 가능성과 진리를 알게 해 주는 것으로서 명증적으로 만드는 명석함을 요구할 경우, 우리는 직관적 작용의 의미 속에서 직관을 지시하게 된다. 바로 그 때문에 인식비판적 연관에서 명석함에 대한 논의는 즉시 이러한 좁은 의미를 갖게 되며, 명석함은 충족시키는 지향으로 되돌아감, 그 사태 그 자체에서 생긴 개념과 명제의 '기원(Ursprung)'으로 되돌아감을 뜻한다.

이제 방금 전에 시사한 것을 확증하고 계속 전개하기 위해 신중하게 예를 분석할 필요가 있다. 이러한 분석은 충족시킴과 직관화의 관계를 해명하고, 모든 충족시킴 속에서 직관이 하는 역할을 정확하게 진술하도록 도와준다. 본래적 직관화나 충족시킴과 비본래적 직관화나 충족시킴의 차이는 판명하게 분리되며, 동시에 이 차이와 함께 단순한 동일화와 충족시킴의 차이가 궁극적으로 해명된다. 직관의 작업수행이 본래적 충족시킴에서 '충만함'이라는 명칭으로 지향하는 작용에 실제로 새로운 것을 부여함으로써 규정되면서, 우리는 인식에 대해 이제까지 강조하지 않은 기본적인 측면을 작용의 현상학적 내용 속에서 주목하게 된다. 즉 '충만함'은 질과 질료에 대립해 직관적 작용의 새로운 계기로, 보충하는 방식으로 특히 질료에 속한 계기로 밝혀진다.

18 일련의 간접적 충족시킴의 단계. 간접적 표상

일련의 정의 속에 전개되는 모든 수학적 개념의 형성은 그 각 항이 표의적 지향에서 구축되는 일련의 충족시킴의 가능성을 보여 준다. 우리는 '$(5^3)^4$'라는 개념을 '$5^3 \cdot 5^3 \cdot 5^3 \cdot 5^3$'이라는 적(積)을 형성할 때 생기는 수'라는 정의적 표상으로 되돌아감으로써 명백하게 이해한다. 다시 이 후자의 표상을 명백하게 이해하려면 우리는 '5^3'의 의미로, 따라서 '$5 \cdot 5 \cdot 5$'의 형성으로 되돌아가야 한다. 여전히 계속 되돌아가면서 이때 우리는 '$5 = 4 + 1,\ 4 = 3 + 1,\ 3 = 2 + 1,\ 2 = 1 + 1$'이라는 일련의 정의를 통해 설명할 것이다.

그러나 각각의 단계 이후 최종적으로 형성된 복합적 표현이나 생각으로 대입한다면, 그리고 이러한 생각이 항상 재생될 수 있다면 ── 비록 우리에 대해서는 확실하지 않더라도 그 생각이 재생될 수 있는 것은 그 자체로 확실하다 ── 우리는 결국 완전히 해명된 다수의 하나의 합계에 도달할 것이다. 이 합계는 그것이 '$(5^3)^4$'라는 수 '그 자체'다. 명백하게 최후의 답뿐만 아니라 이 수 하나의 표현에서 바로 다음의 표현을 해명하고, 이 표현을 내용적으로 풍부하게 하는 표현으로 이행하는 개개의 모든 단계에는 실제로 충족시킴의 작용이 상응한다. 그 밖에 이러한 방식으로 10진법의 모든 단순한 수도 일련의 가능한 충족시킴을 지시한다. 일련의 충족시킴 항(項)의 수는 그 단위가 1로 감소된 수를 통해 규정되어 무수히 많은 항의 그와 같은 연쇄가 '아프리오리하게' 가능하다.

통상 우리는 마치 수학의 영역에서 단적인 말의 의미는 복잡한 정의적 표현의 내용과 동일하다고 말한다. 이때 물론 수학의 영역은 일련의 충족시킴이 전혀 문제되지 않을 것이며, 우리는 실로 일종의 동어반복의 순수한 동일성 속에서 움직였다. 그럼에도 대입을 통해 생각이 형성된 복합체에 주시하는 사람, 생각이 실제로 형성될 수 있는 가장 단순한 사례에서만 그 복합체를 근원적으로 체험된 의미지향과 비교하는 사람은 이 후자의 의미지향에서 모든 복합체가 처음부터 포함되어 있다는 점을 별반 진지하게 받아들이지 않을 것이다. 지향의 차이를 아무리 자세하게 특징짓더라도 실제로 여기에서는 총체적으로 동일화하는 충족시킴의 관계를 통해 서로 함께 결합된 지향의 차이가 존립한다.

방금 전 논의한 예, 또는 이러한 예를 예시하는 표의적 표상의 부류에서 주목할 만한 특징은 그 예 속에 표상의 내용 — 더 명확하게 말하면 질료 — 이 충족시킴의 일정한 순서를 '아프리오리하게' 미리 지시한다는 점에 있다. 여기에서 간접적으로 일어나는 충족시킴은 결코 동시에 직접적으로 일어날 수 없다. 이러한 부류의 모든 표의적 지향에는 일정한 충족시킴 — 또는 일정한 그룹의 충족시킴 — 이 가장 가까운 충족시킴으로서 필요하고, 이 충족시킴에는 다시 일정한 충족시킴이 가장 가까운 충족시킴으로서 필요하다 등등.

우리는 이러한 특징을 어떤 직관적 지향의 경우에도 발견하는데, 어떤 사태를 어떤 상의 상을 통해 표상할 때 그러하다. 이 경우 표상의 질료는 결국 일차적 상 '그 자체'를 우리 눈앞에 제시하는 최초의 충족시킴도 지시한다. 그러나 이러한 상에는 새로운 지향이 필요하며, 이것을 충족시킴은 우리를 사태 그 자체로 이끈다. 표의적 표상이든 직관적 표상이든 이러한 간접적 표상 모두에서 나타나는 공통적 특징은 명백히 다음과 같은 점이다. 즉 간접적 표상은 그 자신의 대상을 단적인 방식으로 표상하는 것이 아니라, 서로 겹쳐〔층으로〕 구축된 더 낮거나 더 높은 단계의 표상을 통해 표상한다. 더 명확하게 표현하면, 그 자신의 대상을 다른 표상의 대상'으로서' 또는 그렇게 표상된 대상과 관계하는 것으로서 표상한다. 대상이 임의의 다른 대상과 맺는 관계 속에서 표상된다면, 간접적 표상도 똑같이 다른 표상과의 관계 속에서 표상될 수 있다.

이때 이러한 표상은 관계의 표상 자체 속에 표상된 표상이다. 이 표상은 자신의 존립요소 부분이 아니라 자신의 지향적 객체에 속한다.

방금 전에 특징지은 부류의 사례를 고려해, 우리는 간접적 ── 또는 서로 겹쳐〔계층으로〕 구축된 ── 지향이나 충족시킴, 따라서 간접적 표상에 대해서도 이야기한다. 이때 '모든 간접적 지향은 간접적 충족시킴이 필요하고, 이 간접적 충족시킴은 물론 일정한 수의 단계를 거치면서 최종적으로 직접적 직관에 이른다.'라는 명제가 타당하다.

19 간접적 표상과 표상에 대한 표상의 구별

이러한 간접적 표상과 표상에 대한 표상, 따라서 단순히 다른 표상을 자신의 대상으로서 관계하는 표상은 충분히 구별될 수 있다. 일반적으로 말하면, 비록 표상된 표상이 그 자체로 다시 지향이고, 따라서 충족시킴을 허용하더라도 주어진 표상, 즉 표상하는 표상의 본성은 이 경우 표상된 표상을 충족시킴으로써 결코 간접적 충족시킴이 필요하지 않다. 표상에 대한 표상의 지향 '$V_1(V_2)$'은 앞선 표상 'V_2'로 향한다. 따라서 이 지향은 바로 V_2 '그 자체'가 등장할 경우 충족되며, 단적으로 충족된다. 반면 그 지향은 가령 그것의 측면에서 V_2의 지향이 충족될 경우, 그 지향의 대상이 상이나 상대적으로 풍부한 상, 심지어 지각 속에 나타날 경우에는 더 이상 풍부해지지 않는다. 왜냐하면 V_1은 실로 이 대상이 아니라 단적으로 이 대상의 표상 V_2를 사념하기 때문이다. 물론 상징의 기준에 따라 가령 '$V_1〔V_2(V_3)〕$' 등 매우 복잡한 혼합식의 경우에는 이러한 점에서 변화되는 것이 전혀 없다.

예를 들어 '표의적 표상'이라는 생각은 어떤 표의적 표상, 예컨대 '적분' ── 우리가 원할 경우 '표의적 표상'이라는 표상 그 자체도 ── 이라는 표상에 대한 직관 속에 충족된다. 이러한 사례를 오해하면 안 된다. 즉 마치 여기에서 '적분'이라는 표의적 표상 그 자체가 직관의 성격을 요구하는 듯이, 그래서 마치 여기에서 직관이라는 개념과 표의적 작용(의미지향)이라는 개념이 서로 뒤섞여 교차한다고 오해하면 안 된다. '적분'이라는 표의적 표상이 아니라 이 표상에 대한 내적 지각이 '표의적 표상'이라는 생각을 충족시키는 직관이다. 이 표상은 충족시키는 직관 대신 충족시키는 직관의 대상으로서 기능한다. 어떤 색깔에 대한 사유가 이 색깔에 대한 직관의 작용 속에서 충족되듯이, 어떤 사유에 대한 사유작용은 이러한 사유작용의 직관의 작용 속에서 충족되며, 따라서 궁극적으로 충족시키는 직관은 그 사유작용의 충전적 지각 속에서 충족된다. 물론 그 밖의 경우처럼 이 경우에도 어떤 체험이 단순히 존재하는 것은 여전히 그 체험이 직관되거나 특별히 지각된 것은 결코 아니다. 우리가 생각이나 지향을 충족시키는 직관과 대립시킬 경우, 일반적으로 직관으로 결코 단순한 외적 직관, 외적 물리적 대상성의 지각이나 상상이 이해되지 않는다는 점을 주의해야 한다. '내적' 지각이나 상의 성격도 위에서 논의한 예에서 간취할 수 있으며, 그 밖에 표상작용의 본질에 따라 자명하듯이 충족시키는 직관으로 기능할 수 있다.

20 '각각의' 충족시킴에서 진정한 직관화. 본래적 직관화와 비본래적 직관화

간접적 표상과 표상에 대한 표상의 차이를 충분히 강조하고 해명한 다음, 이제 다른 한편으로 이 둘의 공통점을 주시하는 것이 적절하다.

위에서 분석한 것에 따라 모든 간접적 표상은 표상에 대한 표상을, 즉 그 자신의 대상을 그 간접적 표상 속에 표상된 표상의 대상으로서 사념함으로써 표상에 대한 표상을 포함한다. 그래서 예를 들어, 우리가 1000을 10^3으로, 즉 그것의 측면에서 지적한 거듭제곱을 수행하는 가운데 생기게 될 그 표상의 대상으로서 특징지어지는 바로 그 수로서 표상하는 경우다. 그러나 이것에서 '진정한 직관화는 간접적 지향을 충족시킬 모든 경우에, 이러한 충족시킴의 모든 단계에서 본질적 역할을 한다.'는 점이 분명해진다. 어떤 대상이 표상된 표상의 대상으로서 ─ 또는 그렇게 정의된 대상과 어떤 관계에 있는 대상으로서 ─ 갖는 특성은 충족시킴에서 표상에 대한 표상을 충족시킴을 전제하며, 이렇게 짜여 엮인 직관적 충족시킴은 전체적 동일화에 무엇보다 충족시킴의 성격을 부여한다. '충만함'에서 증가는 단계적 방식으로 오직 다음과 같은 점에서만 존립한다. 즉 표상에 대한 모든 표상은 ─ 처음부터 짜여 엮였든 충족시키는 가운데 새롭게 등장하든 ─ 그때그때 표상된 표상을 실현하는 '구축(Konstruktion)'을 통해, 또 이렇게 실현된 표상의 직관을 통해 점차 충족되며, 그래서 결국 지향들이 서로 겹치고 서로 뒤섞인 지배적인 전체적 지향은 직접적 지향과 동일화되어 나타난다. 이 경우 이러한 동일화도 전체로서 충족시킴의 성격을 갖는다.

그러나 이러한 종류의 충족시킴은 비본래적 직관화로 간주해야 한다. 왜냐하면 우리가 본래적 직관화라고 정당하게 부르는 것은 임의의 방식으로 충만함을 제공하는 것이 아니라, 오직 전체적 표상에 의해 표상된 대상에 대한 충만함에 증가를 부여하는 직관화, 즉 그 대상을 더 많은 충만함으로 표상하게 만드는 직관화일 뿐이기 때문이다. 요컨대 어쨌든 이것은 단순한 표의적 지향이 충만함을 전혀 갖지 않는 것이 아니라, 오히려 모든 충만함은 대상 그 자체에 속한 규정성의 현실적 현전화 속에 놓여 있음을 보여 줄 따름이다.

이 후자의 생각을 즉시 계속 추적해 보자. 우리는 여기에서 지향이 그 대상을 겨냥하고, 마치 그 대상을 갈망하면서 손이 닿는 한, 그리고 적확한 의미에서 충족시킴이 이제 적어도 대상의 충만함에 대한 어떤 부분을 그 지향에 공급되도록 하는 표현으로 타당할 수 있는 한, 앞에서 말한 본래적 직관화와 비본래적 직관의 차이도 본래적 충족시킴과 비본래적 충족시킴의 차이로 표시될 수 있다고 부언한다. 그럼에도 우리는 이 경우 비본래적 충족시킴과 본래적 충족시킴은 동일화의 종합 안에서 공통의 현상학적 성격 — 더 넓은 의미에서 충족시킴의 성격 — 을 통해 현저하게 부각된다는 점, 그것은 모든 비본래적 충족시킴이 본래적 충족시킴을 함축하며, 따라서 충족시킴의 성격을 본래적 충족시킴에 '의거한다'는 것을 가르쳐 주는 고유한 명제임을 확인해야 한다.

본래적 직관화와 비본래적 직관화의 차이를 좀 더 정확하게 기술하고, 동시에 비본래적 직관화가 참된 직관화의 겉모습을 띠고 등장하는 부류의 예를 제거하기 위해 다시 다음과 같이 상론해 보자.

표의적 지향을 충족시킴이 직관에 근거해 수행되는 경우 양측의 작용이 질료가 — 위에서 이미 전제되었듯이 — 직관적으로 나타나는 대상 그 자체가 의미 속에 사념된 대상으로 현존할 만큼 항상 합치의 관계에 있는 것은 아니다. 그러나 참된 의미에서 직관화에 대해 이야기하는 것은 오직 이것〔합치의 관계〕이 들어맞는 경우뿐이며, 오직 이 경우에만 생각은 지각의 방식으로 실현되고, 상상의 방식으로 예시된다.

다른 한편, 충족시키는 직관이 간접적으로 재현하는 것의 성격을 지닌 어떤 대상을 나타나게 할 경우에는 사정이 다르다. 예를 들어, 지리학적 명칭을 부를 때 어떤 지도에서 상상의 표상이 머릿속에 떠오르고 이 명칭의 의미지향과 융합되는 경우, 또는 어떤 도로망, 강의 줄기, 산맥과 관련한 주장이 앞에 놓여 있는 지도의 기재 사항을 통해 확인되는 경우다. 이 경우 직관은 참된 의미에서 충족시키는 직관으로 결코 부를 수 없으며, 직관 자신의 질료는 결코 작동하지 않는다. 실제적 충족시킴의 기반은 직관 속에 놓여 있는 것이 아니라, 직관과 짜여 엮인 명백한 표의적 지향 속에 놓여 있다. 여기에서 나타나는 대상이 유의미하게 명명된 대상에 대해 간접적으로 재현하는 것으로서 기능하는 사실은 실로 현상학적으로 '그 대상을 구성하는 직관이 그 대상, 즉 나타나는 대상을 넘어서서 지시하고, 바로 이렇게 함으로써 그 대상을 하나의 기호로서 성격 짓는 새로운 지향을 지닌 것이다.'

나타나는 것과 사념된 것의 어쩌면 현존하는 유비(類比)가 여기에서 규정하는 것은 단순한 상의 표상이 아니라 상의 표상 위에 구축한 기호의 표상이다. 지도 위에 그려진 영국의 윤곽은 영국 자체의 모습을 모사할 수 있다. 그러나 영국이라는 말의 경우, 머리에 떠오르는 지도의 상상의 표상은 영국 그 자체를 비유적〔상의〕 방식으로 사념하지 않으며, 이 지도를 통해 모사된 것의 방식으로 간접적으로 사념하지도 않는다. 그 상상의 표상은 단순한 기호의 방식으로, 즉 영국의 국토와 국민에 대한 우리의 모든 지식을 그림엽서 그림과 연결시킨 외적 연상의 관계 때문에 영국을 사념한다. 따라서 〔영국이라는〕 명사적 지향이 이러한 상상의 표상에 근거해 충족됨으로써 그 명사에 의해 사념된 것과 동일한 것이 타당한 것은 이 상상의 표상 가운데 상상된 객체(지도)가 아니라, 이 객체에 의해 비로소 대표되는 객체다.

21 표상의 '충만함'

어쨌든 이제 직관적 지향의 작업수행을 더 자세하게 주시할 필요가 있다. 간접적 지향의 충족시킴을 충족시킴, 게다가 직접적 지향의 직관적 충족시킴으로 소급하고, 또한 간접적 과정 전체의 최종적 성과가 직접적 지향임을 명백하게 밝힌 다음, 지금 우리가 관심을 두는 것은 직접적 지향의 직관적 충족시킴에 관한 문제와 이 경우에 지배하고 있는 충족시킴의 관계와 그 법칙에 관한 문제다. 그러니 이러한 문제에 착수하자. 우리가 동등하게 주목하는 다음과 같은 연구의 경우, 지향적 본질과 관련해 질료는 확인될 수 있는 관계에 대해 유일한 기준이 될 것이다. 따라서 〔지향의〕 질 ── 정립과 '단순한' 표상 ── 은 임의적으로 받아들일 수 있다.

다음과 같은 명제로부터 시작하자.

모든 직관적 지향에는 (이념적 가능성의 의미에서 말하면) 질료에 따라 그 지향에 정확하게 적합한 표의적 지향이 속한다. 이것들이 동일화된 통일체는 필연적으로 충족시킴의 통일체 성격을 갖는다. 이 통일체 가운데 표의적 항이 아니라 직관적 항은 충족시키는 통일체의 성격을, 그런 다음에는 가장 본래적인 의미에서 충만함을 부여하는 성격을 갖는다.

우리가 표의적 지향은 그 자체로 '공허하고' '충만함을 필요로 한다.'라고 말할 경우, 이 마지막에 언급한 것의 의미는 다소 다르게 표현한다. 표의적 지향에서 이에 상응하는 직관으로 이행하는 가운데, 퇴색된 상이나 단순한 스케치에서 완전히–생생한 그림으로 이행하는 경우와 같이, 우리는 단지 단순한 〔충족시킴이〕 상승함을 체험하지 않는다. 오히려 표의적 표상 그 자체만으로는 결코 충만되지 않으며, 직관적 표상이 비로소 그 충만함을 표의적 표상에 접근시키고, 동일화를 통해 표의적 표상 속으로 집어넣는다. 표의적 지향은 단순히 대상을 시사하는 것이 아니며, 직관적 지향이 적확한 의미에서 그 대상을 표상하게 하고, 대상 그 자체의 충만함에 일부를 이끌어 온다. 상상의 경우에는 상이 대상의 뒤에 남더라도 그 상은 여러 가지 규정성을 대상과 공유하고, 그것이 대상을 '닮은 것' 그 이상이며, 대상을 모사하고 대상이 '실제로 표상된' 것 그대로다.

그러나 표의적 표상은 유비를 통해 〔대상을〕 표상하지 않으며, '엄밀하게는' 결코 '표상'이 아니고, 표의적 표상에서는 대상에 대한 아무 것도 생생하게 되지 않는다. 따라서 이상(理想)으로서 완전한 충만함은 대상을 구성하는 규정성의 총체로서 대상 그 자체의 충만함이다. 그렇지만 '표상의 충만함'은 표상 그 자체에 속한 규정성의 총체이며, 이 규정성에 의해 표상은 자신의 대상을 유비화하면서 현전화하거나, 대상을 그 자체로 주어진 것으로 파악한다. 그러므로 이 충만함은 질과 질료와 나란히 표상의 특징적 계기다. 물론 그 충만함은 직관적 표상의 경우에만 적극적인 존립요소의 부분이며, 표의적 표상의 경우에는 충만함이 결핍되어 있다. 표상이 '명석할수록' 그 '생생함'은 더 커지며, 표상이 올라가 도달하는 상의 성격 단계가 높을수록 표상은 충만함에서 그만큼 더 풍부해진다. 그에 따라 충만함의 이상은 완전히 전체적인 표상의 대상을 표상의 현상학적 내용 속에 포함하는 표상에 도달할 것이다. 대상의 충만함에 대상을 개체화하는 규정성도 고려하면, 충만함의 이상에 도달하는 것은 확실히 상상이 아니라 오히려 지각일 뿐이다. 어쨌든 이러한 규정성을 도외시하면, 이것으로써 상상에 대한 이상도 명확하게 지적된다.

그러므로 표상된 대상의 징표로 되돌아가야 할 것이다. 이 징표가 유비적 재현함에서 각각에 대해 더 많이 관여할수록, 표상이 표상 자신의 내용 가운데 이러한 징표를 재현하는 유사함이 더 크게 상승될수록, 표상의 충만함은 그만큼 더 커진다. 물론 모든 표상에서와 같이 상의 표상에서도 그 대상의 모든 징표는 어떤 방식으로 함께 사념된다. 그러나 모든 징표가 유비적으로 재현되는 것은 아니며, 표상의 현상학적 내용 속에 그 징표에 고유한, 이른바 유비화하는(상으로 만드는) 계기가 모든 징표에 속하는 것은 아니다. 서로 함께 밀접하게 융합된 이 계기들의 총체, 즉 순수하게 직관적인 (여기에서는 순수하게 상상적인) 파악 —— 이 파악은 이러한 계기에 의해 상응하는 대상적 계기를 재현하는 성격을 비로소 부여한

3절 인식 단계의 현상학

다 — 의 기반으로 생각된 총체는 상상적 표상의 충만함을 형성한다. 지각을 표상하는 경우도 마찬가지다. 지각 표상의 경우 상상적 재현함 이외에도 지각적인 직접 제시함(Präsentation), 대상적 계기가 스스로를 포착함(Selbsterfassung), 스스로를 제시함(Selbstdarstellung)도 고찰된다. 상상적으로 기능하든 지각적으로 기능하든 지각의 표상에 계기들의 총체를 총합하여, 우리는 이것으로써 지각의 표상의 충만함을 한정했다.

22 충만함과 '직관적 내용'

정확하게 살펴보면, 충만함의 개념은 여전히 이중 의미가 부착되어 있다. 우리는 위에서 지적한 계기를 — 그것에 상의 성격이나 스스로 음영 지어짐(Selbstabschattung)의 가치를 최초로 부여하고, 그래서 충족시킴의 기능에 대해 그 가치를 부여하는 — 순수한 상상이나 지각의 기능을 도외시하여, 그 계기 자체의 내용적 존립요소에 따라서 주목할 수 있다. 다른 한편 우리는 이 계기를 이것을 파악함 '속에', 따라서 오직 이 계기만이 아니라 완전한 상이나 스스로 음영 지어짐을 고찰할 수 있다. 그래서 지향적 질을 단순히 배제하는 가운데 이 계기를, 순수한 직관적 작용이 이 계기를 대상적으로 해석하면서 동시에 자체 속에 포함하는 순수한 직관적 작용 전체를 고찰할 수 있다. 우리는 이 '순수한 직관적' 작용을 미리 주어진 직관의 단순한 존립요소의 부분으로, 즉 이전에 상세하게 표시된 이 계기에 상응하고 이 계기를 통해 제시된 대상적 규정성과의 관계를 부여하는 것으로 직관 속에서 이해한다. 그래서 우리는 — 질을 도외시하고 — 가령 본래 제시되지 않은 대상의 그 이상의 부분이나 측면과 다시 결합된 표의적 관계를 배제한다.

명백히 전체로서 작용하는 지각과 상의 표상 성격, 요컨대 직관적 성격을 부여하고 일련의 충족시킴의 연관 속에 충만함을 부여하면서 현존하는, 충만함을 상승시키거나 풍부하게 하면서 기능하는 이 순수한 직관적 존립요소의 부분이다. 충만함에 대한 논의의 이중 의미를 만나기 위해 서로 구별되는 다음의 용어를 도입하자.

우리는 제시하는 내용이나 직관적으로 재현하는 내용으로 그 내용을 지닌 순수한 상상적 파악이나 지각적 파악에 의해 그 내용에 일정하게 상응하는 대상의 내용을 일의적으로 시사하며, 이것을 상상적 음영이나 지각적 음영 방식으로 제시하는 직관적 작용의 내용으로 이해한다. 어쨌든 우리는 그 내용을 이러한 방식으로 성격 짓는 작용의 계기를 배제한다. 상상의 성격이 유비화하는 모사(Abbildung) 속에서 ─ 더 좁은 의미에서 '다시-제시함(Re-präsentation)' 속에 놓여 있지만 지각의 성격도 직접 제시함(Präsentation)으로 표시될 수 있기 때문에 ─ 제시[3]하는 내용에 대해 서로 다른 이 두 가지 명칭으로 '유비화하거나 모사하는 내용'이라는 명칭과, '직접 제시하거나 스스로를 제시하는 내용'이라는 명칭이 제의된다. '상상적 내용'과 '지각적으로 음영 짓는 내용'이라는 표현도 올바로 표시되고, 외적 지각의 제시하는 내용도 통상 좁은 의미에서 '감각(Empfindung)'이라는 개념을 정의한다. 외적 상상이 제시하는 내용은 '감성적 환영'이다.

그 내용(Inhalt)에 속한 파악 안에서(in), 또 그 파악과 더불어(mit) 제시하는 내용이나 직관적으로 재현하는 내용을 우리는 '작용의 직관적 내

---

3 (옮긴이 주) '재현(함)'은 의식의 직접적 내용이 직접 의식되지 않는 것의 대표자 구실을 함으로써 간접적으로 대상이 되는 것을 뜻한다. 그래서 후설은 '지각(Wahrnehmung)'에 대해 '상상(Phantasie)'을, '현재화(Gegenwärtigung)'에 대해 '현재화(Vergegen-wärtigung)'를, '직접적 제시(Präsentation)'에 대해 '재현'을 대비시킨다.(후설전집 23권 『상상, 상 의식, 기억(Phantasie, Bildbewuβtsein, Erinnerung)』, 85쪽 이하 참조) 즉 '재현'은 '간접적 제시(Appräsentation)'의 한 유형이다.

3절 인식 단계의 현상학

용(Gehalt)'[4]이라 부르며, 이 경우 항상 작용의 질 ─ 그 질이 정립적이든 않든 ─ 을 여기에서 문제 삼는 모든 구별에 상관없는 것으로서 도외시한다. 나아가 위에서 논의한 것에 따라, 작용의 모든 표의적 구성요소는 직관적 내용에서 제외된다.

23 하나의 동일한 작용에 속한 직관적 내용과 표의적 내용의 비중관계. 순수직관과 순수표의. 지각의 내용과 상의 내용, 순수지각과 순수상상. 충만함의 등급

방금 전에 한정한 개념을 완전히 해명하고, 동일한 토대 속에 뿌리내린 일련의 새로운 개념을 손쉽게 한정하기 위해 다음과 같이 고찰해보자.

직관적 표상에서 대상은 상상이나 지각의 방식으로 사념된다. 대상은 상상이나 지각 속에 다소간 완전하게 '나타나게 된다.' 필연적으로 모든 부분에는, 일반적으로 대상의 모든 규정성에는 '지금 여기에(hic et nunc)' 사념된 것으로서 작용의 어떤 계기나 단편이 상응한다. 어떠한 사념작용도 관계하지 않는 것은 표상에 대해 현존하지 않는다. 그런데 우리는 일반적으로 다음과 같이 현상학적으로 구별할 가능성이 주어져 있음을 안다.

1) 작용의 '순수한 직관적 내용', 즉 작용 속에 '나타나고 있는' 객체의 규정성 총체에 상응하는 것.

2) 작용의 '표의적 내용', 그 밖에 함께 사념되었지만 그 자체가 나타

---

4 (옮긴이 주) 통상 'Gehalt'는 'Inhalt'에 비해 정신적, 추상적 의미로 사용되지만, 후설은 이 기준에 따라 엄격하게 구별해 사용하지 않고 우리말로 적절한 용어도 마땅치 않아 모두 '내용'으로 옮긴다.

나지 않은 규정성 총체에 같이 상응하는 것.

그래서 우리 모두는 ── 게다가 순수하게 현상학적으로 ── 사물에 대한 지각의 직관이나 어떤 상의 직관 속에 〔한편으로는〕 그 직관 가운데 실제로 나타나는 객체의 일부를, 즉 그 객체 자체가 우리에게 보여 주는 단순한 '측면'과 〔다른 한편으로는〕 제시함에서 빠진 것, 다른 현상적 객체를 통해 은폐된 것 등을 구별한다. 명백히 이러한 논의의 의미 속에는 현상학적 분석이 일정한 한계 안에서 확실히 '제시되지 않은 것 (Nicht-Dargestelltes)도 직관적 표상 속에서 함께 사념되며, 그래서 표의적 구성요소에서 내용은 당연히 직관적 표상에 속하는 것으로 간주되어야 한다.'는 사실을 확증하는 것이 함축되어 있다. 따라서 직관적 내용을 순수하게 유지하려면, 우리는 우선 표의적 내용을 추상해야 한다. 직관적 내용은 제시하는 내용에 상응하는 대상적 계기와 직접적 관계를 부여하고, 인접성을 통해 비로소 제시하는 내용에 새로운 ── 따라서 간접적 지향인 한에서 ── 간접적 표의적 지향을 연결한다.

그런데 직관적이거나 표의적으로 표상된 대상적 계기의 총체를 직관적이거나 표의적인 내용의 '비중(Gewicht)'으로 정의하면, 이 둘의 비중은 각각의 표상 속에서 전체적 비중의 통일체로, 즉 대상적 규정성의 전체적 총체로 보완된다. 따라서 항상 '$i+s=1$'[5]이라는 기호방정식이 성립한다.

명백하게 i와 s의 비중은 여러 가지로 변할 수 있다. 동일한 대상, 즉 지향적으로 동일한 대상은 〔비중이〕 서로 다른 대상과 때에 따라 더 많거나 적은 규정성으로 직관될 수 있다. 또한 이와 상응해 표의적 내용도 변화되는데, 증가하거나 감소된다.

그래서 이념적으로는 '$i=0, s=1$' 또는 '$i=1, s=0$'이라는 두 가지

---

5 (옮긴이 주) 여기에서 'i'는 '직관적 내용'을, 's'는 '표의적 내용'을 뜻한다.

극단적 사례의 가능성이 생긴다.

　전자의 경우 표상은 단지 표의적 내용만 가질 것이고, 그 지향적 대상 가운데 그 표상이 자신의 내용 속에 제시할 규정성이 전혀 남아 있지 않을 것이다. 따라서 우리에게 특히 순수한 의미지향으로 잘 알려진 순수한 표의적 표상은 이 경우 직관적 표상의 극단적 경우라 생각된다.

　후자의 경우 표상은 표의적 내용을 전혀 포함하지 않는다. 이 표상에서 모든 것은 충만함이다. 그 대상의 어떠한 부분이나 측면, 규정성도 직관적으로 제시되며, 단지 간접적으로 함께 사념되지 않을 것이다. 제시되는 모든 것은 사념될 뿐만 아니라(분석적 명제인 것) 사념된 모든 것이 제시된다. 우리는 새로운 이 표상을 '순수한 직관'으로 정의한다. 그 밖에 이 표현을 해가 되지 않는 이중의 의미로 ― 즉 때로는 완전한 작용이 포함되게 때로는 질을 추상해 ― 사용한다. 이렇게 구별하면서 '질화된(qualifiziert)' 순수한 직관과 '질화되지 않은' 순수한 직관에 대해 이야기할 수 있으며, 이 구별은 유사한 모든 작용에도 마찬가지다.

　어쨌든 이제 우리는 모든 표상에서 표상의 재현적 내용 가운데 실제로 재현하는 것으로 되는 것을 제한함으로써 표의적 구성요소를 추상할 수 있다. 따라서 환원된 표상이 환원된 대상과 맺는 관계에서 순수한 직관이 되는 방식으로 환원된 대상과 더불어 '환원된' 표상을 형성할 수 있다. 그에 따라 다음과 같이 말할 수도 있다. 즉 표상의 직관적 내용은 그 표상 속에 순수한 직관인 것[부분]을 포함하며, 이것은 이때 우리가 그 대상에 관해 그 대상의 순수한 직관적 내용, 즉 이러한 표상 속에 순수한 직관이 되는 내용에 대해 이야기해도 좋은 것과 같다. 이러한 점은 표상의 표의적 내용으로 옮겨지며, 이 표의적 내용을 표상에 있는 순수한 표의인 것[부분]이라 부를 수 있다.

　그런데 직관의 그때그때 작용 전체는 지각의 성격을 띠거나 상의 표상 성격을 띤다. 이때 직관적 내용은 특히 '지각적 내용'이나 '지각의 내용' 또는 '상상적 내용'이나 '상의 내용'이라 부른다. 직관적 내용은 앞에서[6] 정의한 의미에서 지각적 내용이나 상상적으로 제시하는 내용과 혼동하면 안 된다.

지각의 내용은 —— 통상 전적으로는 아니더라도 —— 직접 제시하는 내용을 포함하며, 상의 내용은 단지 유비화하는 내용만 포함한다. 이 유비화하는 내용이 때로는 물리적 상의 경우와 같이, 그것이 직접 제시하는 내용으로 기능하는 다른 파악을 허용한다는 사실은 당면한 문제와 전혀 관계없다.

지각의 직관적 내용이 허용하고 통상 명시하는 지각적 구성요소와 상상적 구성요소가 혼합되었기에, 우리는 바로 지각의 내용을 '순수한 지각의 내용'과 보충하는 상의 내용으로 분리시키는 계획을 다시 생각해 볼 수 있다.

마찬가지로 모든 순수한 직관에서 Wr과 br이 순수한 직관의 순수한 지각적 구성요소나 순수한 상상적 구성요소 비중이라면, 우리는 '$Wr + br = 1$'이라는 기호방정식을 만들 수 있다.

이 경우 '1'은 순수한 직관의 직관적 내용 전체의 비중을, 따라서 순수한 직관의 대상 내용 전체를 상징적으로 표현한다. 그런데 '$br = 0$', 즉 순수한 직관이 모든 상의 내용을 전혀 포함하지 않는 경우, 이 순수한 직관은 '순수한 지각(Wahrnehmung)', 더 적절하게 말하면 '순수한 지각(Perzeption)'이라 부른다. 왜냐하면 지각이라는 용어의 의미가 통상 정립적인 것으로 함께 포함하는 질의 성격이 여기에서 도외시되어 남아 있기 때문이다.

거꾸로 '$Wr = 0$'이면, 그 직관은 순수한 상의 표상('순수한 상상')이라 부른다. 따라서 순수한 지각의 '순수함'은 표의적 부가물뿐만 아니라

---

6 이 책 22항 후반부 참조.

상상적 부가물에도 관계된다. 상징적[기호적] 구성요소를 제거함으로써 순수하지 않은 지각을 제한하는 것은 그 지각에 내재하는 순수한 직관을 제공하며, 상의 성격을 지닌 모든 것을 제거하는 환원의 계속된 단계는 비로소 순수한 지각에 내용을 제공한다.

그런데 순수한 지각에서 제시하는 내용은 대상 그 자체와 동일하지 않은가? 어쨌든 순수한 직접 제시함의 본질은 대상이 순수하게 스스로를 제시하는 데에, 따라서 제시하는 내용을 직접 ─ '그 자신'의 방식으로 ─ 자신의 대상으로 사념하는 데에 있다. 아무튼 이것은 잘못된 추론[오류]일 것이다. 직접 제시함으로써 지각은 제시하는 내용을 포착해 이 내용과 더불어, 또는 이 내용 속에서 그 대상은 그 자체로 주어진 것으로 나타난다. 이때 직접 제시함이 순수한 것은 대상의 모든 부분이 내용 속에 실제로 직접 제시되고 어떠한 부분도 단순히 상상되거나 상징화[기호화]되지 않는 경우다. 그래서 직접 제시되지 않은 어떠한 것도 대상 속에 전혀 없듯이, 직접 제시하지 않는 어떠한 것도 내용 속에 전혀 없다. 이렇게 정확하게 상응함에도 스스로를 제시함은 비록 모든 측면에서 ─ 완전한 '지각의 상'이라는 ─ 음영을 가졌더라도 단순한 음영의 성격을 가질 수 있으며, 제시하는 내용이 동시에 제시된 내용이 되는 경우인 일치함(Adäquation)의 이상에 반드시 도달할 필요는 없다.

모든 표의적 부가물에서 그것이 순수함에 의해 그 대상을 완전히 상으로 만드는 순수한 상의 표상은 그것이 제시하는 내용 속에 대상의 완전히 유사한 것(Analogon)을 소유한다. 이 유사한 것은 다소간 완전한 동등함의 한계까지 그 대상에 접근할 수 있다. 이와 정확하게 동일한 것이 순수한 지각에도 적용될 수 있다. 단지 여기에서 차이는 상상은 내용을 유사한 것으로, 상(像)으로 파악하는 반면, 지각은 대상이 스스로 나타남으로 파악하는 점일 뿐이다. 따라서 순수한 상상 못지않게 순수한 지각도 그 지향적 대상을 견지할 경우 여전히 충만함의 차이를 허용한다.

재현하는 내용에서 충만의 등급이 '당연히' 평행해 가는, 직관적 내용에서 충만함의 등급에 관해 다음과 같이 구별할 수 있다.

1) 충만함에서 범위나 풍요함. 이것은 대상의 내용이 다소간 완벽함으로 제시되는 것에 따라 변동된다.

2) 충만함의 생생함. 이것은 제시함의 원초적 유사함이 이에 상응하는 대상의 내용의 계기에 접근하는 정도다.

3) 충만함의 실재성 내용. 이것은 직접 제시하는 내용에 충만함이 많거나 적음이다.

이 모든 관계에서 충전적 지각은 이상적 상태를 제시하는데, 충전적 지각은 범위, 생생함과 실재성에서 최대치를 가지며, 바로 완전한 전체의 객체를 스스로 파악함으로써 최대치를 갖는다.

24 충족시킴의 상승계열

우리는 '충만함'을 ─동일화를 종합하는 이러한 독특한 형식인 ─'충족시킴' 관계와 관련해 논의해 왔다. 그러나 마지막[23항]에 확인한 것처럼, 충만함의 개념뿐만 아니라 충만함의 다소간 완벽함·생생함·실재성의 차이도 설명했으며, 그래서 상의 성격과 음영의 단계도 표상의 내적 계기들이 맺는 서로의 관계를 통해, 또 지향된 대상적 계기를 통해 설명했다. 어쨌든 이러한 관계에서 충족시킴의 종합에서 구축된, 가능한 상승계열이 상응한다는 점은 명증적이다.

충족시킴은 충만함 일반을 최초로 기부함에 근거해, 표의적 지향에서 '이에 상응하는' 직관을 적절하게 동일화하는 데에서 생긴다. 직관적 작용은 표의적 작용에 합치의 연관 속에 그 충만함을 '부여한다.' 이 경우 상승하는 의식은 표의적 지향의 상관적 부분과 충만함의 부분적 합치 속에 근거하는 반면, 양 측면의 지향에 서로 상응하는, 공허한 단편을 동일화하는 합치는 상승하는 의식에 관여되지 않는다고 생각할 수 있다.

충족시킴의 연속적 상승은 이때 직관적 작용의 연속성 속에서, 또는 대상을 항상 더 확장되고 더 상승된 상의 성격으로 표상하는 일련의 충족시킴 속에서 계속 수행된다. B_2가 B_1으로서 '더 완전한' 상이라는 점은 그것에 속한 상이 표상하는 종합적 연관 속에 충족시킴이 일어나고, B_2의 측면에 따라 상승이 일어남을 뜻한다. 일반적으로 여기에서도 거리는 상승함에 속하고, 관계의 연쇄에서는 '추이성(Transivität)'이 상승함에 속한다. 그러므로 '$B_2 > B_1$'인 동시에 '$B_3 > B_2$'이면 '$B_3 > B_1$'이고, 이 후자의 거리는 이것들을 매개하는 거리보다 더 크다. 적어도 우리가 앞에서 구별한 세 가지 계기, 즉 범위·생생함·실재성을 분리해 고려할 경우에 그러하다.

분석이 보여 주듯이, 이러한 상승과 일련의 상승에는 충만함을 제시하는 내용에 관한 유사함과 일련의 유사함이 상응한다. 물론 재현하는 것의 유사함은 상승으로, 유사함의 연쇄는 일련의 상승으로 즉시 요구될 수 없다. 즉 이러한 '충만함'이 그 자신의 내용적 존립요소에 따라, 또 그것에 속한 작용에서 충만함이 재현하는 기능을 추상해 고찰되는 경우에는 그렇게 요구될 수 없다. 이렇게 재현하는 기능에 의해 비로소, 따라서 일련의 충족시킴의 순서와 충족시킴의 작용들 사이에 지배하는 상상의 순서 속에서 그 이후 이루어지는 충만함의 모든 작용이 여전히 더 풍부한 것으로 나타나는 사실에 의해 비로소 작용의 재현하는 내용도 상승해 가는 순서를 획득한다. 그 작용 자체는 일반적으로 충만함을 부여하는 것으로뿐 아니라 차츰 항상 더 풍부한 충만함을 부여하는 것으로도 나타난다.

이러한 존립요소의 부분을 충만함으로 부르는 것은 곧 상대적인 것, 기능적인 것이라 부르는 것이며, 이렇게 부르는 것은 작용을 통해, 또 이 작용의 역할을 통해 가능한 충족시킴의 종합 속에 그 내용에 증대되는 특징을 표현한다. 이 경우는 '대상'을 〔명칭으로〕 부르는 경우와 사정이 마찬가지다. 대상이 존재하는 것은 어떤 내용을 지닌 적극적 징표도 적극적 본성도 아니며, 이것은 그 내용을 단지 어떤 표상의 지향적 상관자로서 나타낸다. 그 밖에 충족시킴의 관계와 상승의 관계는 명백히 그 종적 존립요소에 따라 순수하게 작용의 현상학적 내용 속에 근거한다. 중요한 문제는 철저히 관련된 종(Spezies)을 통해 규정된 이념적 관계다.

그러나 직관적 작용의 종합에서 항상 충만함의 상승이 일어나는 것은 아니다. 왜냐하면 앞에서 이미 이야기했듯이, 부분적 충족시킴 (Erfüllung)과 부분적 충족시킴에서 벗어난 것(Entfüllung)이 제휴해 가기 때문이다. 그에 따라 단순한 동일화와 충족시킴의 구별은 단순한 동일화의 경우, 총체적으로 충만함이 없는 작용의 동일성 정립이 중요하기 때문에 참된 의미에서 충족시킴이 전혀 일어나지 않거나, 아니면 충족시킴이나 충만함을 풍부하게 하는 것이 일어난다. 하지만 이미 현존하는 충만함이 동시에 공허해지고 탈락해 뚜렷이 부각된 순수한 상승의 의식이 전혀 이루어지지 않는다는 점에서 결국 소급된다 말할 수 있다. 기본적 지향과 관련된 원초적 관계는 어쨌든 공허한 지향, 즉 순수하게 표의적 지향을 충족시킴과 이미 어느 정도 충족된 지향을 마치 추가해 충족시킴(Zufüllung), 즉 상상적 지향을 상승시키고 실현하는 것이다.

25 충만함과 지향적 질료

이제 충만함이라는 명칭으로 포섭된 표상의 내용에 대한 새로운 개념과 ── 이제까지 연구에서 매우 중요한 역할을 했던 ── 질료의 의미에서 내용과 맺는 관계를 검토해 보자. 우리는 질료를 다음과 같은 객관화하는 작용의 계기로 간주했다. 그것은 작용이 바로 이 대상을, 바로 이러한 방식으로, 바로 이러한 분절과 형식으로, 바로 이러한 규정성이나 관계와 특별히 관련해 표상하게 하는 계기다. 일치하는 질료에 대한 표상은 일반적으로 동일한 대상을 표상할 뿐 아니라 그 대상을 전적으로 동일한 것'으로', 즉 완전히 동일하게 규정된 것으로 사념한다. 어떤 표상은 다른 표상이 그 대상에 분배하지 않은 것은 결코 그 지향 속에, 그 대상에 분배하지 않는다. 어떤 측면에서 객관화하는 모든 분절과 형식에는 다른 측면의 분절과 형식이 상응하는데, 일치하는 표상의 요소가 객관적으로 동일한 것을 사념하는 방식으로 상응한다.

이러한 의미에서 우리는 제5연구에서 질료와 의미에 적합한 본질 개념을 설명하면서, '판단된 사태는 어느 한 판단에 따라 ── 순수하게 판단의 내용 그 자체에 근거해 ── 타당한 모든 것이 그 사태에 대한 다른 판단에 따라서도 타당해야 하고 또 그 밖에 다른 것일 수 없을 경우에 두 가지 판단은 본질적으로 동일한 판단 ── 즉 동일한 질료의 판단 ── 이다. 이 판단들의 진리의 가치는 동일하다.'[7]라고 말했다. 두 가지 판단은, 그렇지 않으면 정당하게 부각되어 구별되더라도, 예를 들어 어떤 판단은 단지 표의적으로 수행되고, 다른 판단은 다소간 직관을 드러내더라도 바로 그 대상과 관련해 동일한 것을 사념한다.

이러한 개념을 형성하는 데 나에게 근원적으로 방향을 제시했던 것은 하나의 동일한 표현을 진술할 때와 이해할 때 동일한 것(Identisches)이었다. 이 경우 어떤 사람은 진술의 내용을 '믿고', 다른 사람은 이 동일성을 방해하지 않으면서 진술의 내용을 '결정하지 않고 놓아둔다.'

---

7 『논리 연구』 2-1권(2판), 제5연구 2절 21항 중간 참조.

나아가 이 경우 '표현하는 작용이 이에 상응하는 직관에 적합하게 수행되었는지, 과연 수행될 수 있는지 없는지'는 중요한 문제가 아니다. 그래서 사람들은 — 나 자신은 이 점에서 오랫동안 주저해 왔지만 — 심지어 의미를 곧바로 이러한 '질료'로서 정의하는 경향을 띨 수 있었다. 그렇지만 이것은 예를 들어, 술어화하는 진술에서 현실적으로 주장하는 계기가 의미에서 배제될 것이라는 불편함을 가질 것이다. 어쨌든 우리는 의미의 개념을 우선 그렇게 제한한 다음 질화된 의미와 질화되지 않은 의미로 구별할 수 있을 것이다.

이때 동일화하는 합치의 정적 통일과 동적 통일 가운데 의미지향과 이에 상관적인 직관을 비교하는 것이 가져온 결과는, 의미의 질료로서 한정되었던 이 동일한 것이 이에 상응하는 직관 속에서 다시 찾아지며 동일화를 매개하는 것이다. 그래서 그때그때 표현의 동일한 유의미함만 문제되는 경우 직관적 요소를, 심지어 전적으로 그에 상응하는 직관을 포함하거나 빠뜨리는 자유가 '말의 음성에 부착된 〔표현하는〕 작용 전체가 의미 측면에서와 마찬가지로 직관 측면에서, 즉 일반적으로 직관화되는 그 모든 의미 부분에 따라 동일한 질료를 갖는다.'

따라서 질료의 개념은 총체적 동일화의 통일을 통해, 게다가 그 작용 속에서 그 작용을 동일화하는 기반으로 이바지하는 것으로 정의된다는 사실, 그 결과 단순한 동일화를 넘어서면서 충족시킴과 충족시킴이 상승되는 특성을 다양하게 규정하는 충만함의 차이는 이러한 개념 형성에 고려되지 않았다는 사실은 분명하다. 표상의 충만함이 그 가능한 일련의 충족시킴 안에서 아무리 변화되더라도, 그것이 지향된 그대로 지향된 표상의 지향적 대상은 동일하게 남아 있다. 달리 말하면, 대상의 질료는 동일하게 남아 있다.

그러나 다른 한편 질료와 충만함은 서로 관련이 없으며, 순수한 표의적 작용과 이 작용에 충만함을 공급하는 직관의 작용을 비교할 경우,

이 두 작용은 가령 '공통의 질과 질료가 이 두 작용과 분리된 제3의 계기로서 여전히 충만함을 부가시켰다.'는 사실을 통해 구별되지 않는다. 적어도 충만함으로 직관의 직관적 내용을 이해할 경우에는 그렇지 않다. 왜냐하면 직관적 내용은 그 자체로 이미 질료 전체 —— 즉 순수한 직관으로 환원된 작용에 관해서 —— 를 포함하기 때문이다. 미리 주어진 직관의 작용이 처음부터 순수한 직관의 작용이면, 그 작용의 질료는 동시에 작용의 직관적 내용에서 존립요소의 부분이다.

여기에서 존재하는 관계는 표의적 작용과 직관적 작용을 평행시켜 봄으로써 가장 적절하게 다음과 같이 포착할 수 있다.

순수한 표의적 작용은, 이것이 대체로 그 자체만으로 존재한다면, 즉 그 자체만으로 구체적 체험의 통일체를 형성할 수 있다면 질과 질료의 단순한 복합으로서 존립할 것이다. 그러나 이 작용은 그럴 수 없다. 우리는 순수한 표의적 작용을 언제나 기초 짓는 직관의 부착물로서 발견한다. 물론 기호에 대한 이러한 직관은 표의적 작용의 대상에 '전혀 관계하지 않는다.' 즉 기호에 대한 직관은 표의적 작용을 결코 충족시키지 않는다. 하지만 기호에 대한 직관은 그 가능성을 전적으로 충족되지 않은 작용으로서 '구체적으로' 실현한다. 따라서 다음과 같은 명제가 타당한 것으로 보인다. 즉 표의는 단지 어떤 직관이 새로운 지향적 본질과 부착되고, 이로 인해 직관적 대상이 기호의 방식으로 —— 지속적 기호이든 단지 순간적으로 제공된 기호이든 상관없이 —— 자기 자신을 넘어서서 지시한다는 사실을 통해서만 가능하다. 더 정확하게 검토해 보면, 이 명제는 여기에 존재하는 필연성의 연관을 충분히 분석적 명석함으로 표현하지 않았으며, 오히려 정당화된 것보다 더 많은 것을 말한다.

우리는 '표의적 작용에 본질적으로 버팀목을 부여하는 것은 전체로서 기초 짓는 직관이 아니라 단지 이 직관을 재현하는 내용이다.'라고 말해도 좋을 것이다. 왜냐하면 이러한 재현하는 내용을 넘어서고, 기호를 자연의 객체로서 규정하는 것은 표의적 기능을 전혀 방해하지 않고 자기 뜻대로 변경할 수 있기 때문이다. 예를 들어 언어기호의 문자가 나무인지 철인지, 인쇄용 검정 잉크인지, 또는 객관적으로 그러한 것으로 나타나는지는 상관없다. 단지 어디에서나 다시 인식할 수 있는 형태가 고려되는데, 나무로 만든 사물의 객관적 형태로서가 아니라 직관이 제시하는 감성적 내용 가운데 실제로 현존하는 형태로서 고려된다. 단지 표의적 작용과 직관이 제시하는 내용 사이에만 연관이 있다면, 따라서 이러한 직관의 질과 질료가 표의적 기능에 대해 무의미하다면, 우리는 '모든 표의적 작용에는 기초 짓는 직관이 필요하다.'라고 말하는 대신, 모든 표의적 작용에는 기초 짓는 내용이 필요하다.'라고 말할 것이다. 실로 모든 내용이 직관의 제시하는 내용으로서 기능할 수 있듯이, 모든 임의의 내용도 기초 짓는 내용으로서 기능할 수 있다.

그런데 순수한 표의적 작용에 평행하는 순수한 직관적 작용의 사례를 고찰해 보면, 그 작용의 질과 질료 ─ 그 작용의 지향적 본질 ─ 도 그 자체만으로 분리될 수 없다. 여기에도 필연적으로 보충이 필요하다. 이 보충은 재현하는 내용, 즉 지향적 본질과 앞에 놓여 짜여 엮이는 가운데 직관적으로 재현하는 것의 성격을 받아들인 ─ 감성적 직관의 경우 감성적인 ─ 내용을 제공한다. 동일한 내용 ─ 예를 들어 감성적 내용 ─ 이 어느 때는 표의를 지닌 것으로(지시하면서), 다른 때는 직관을 지닌 것으로(모사하면서) 이바지할 수 있다는 사실을 고찰해 보면, 재현하는 내용이라는 개념을 확장하는 것, 그리고 표의적으로 재현하는 내용과 직관적으로 재현하는 내용 ─ 요컨대 표의적으로 재현하는 것과 직관적으로 재현하는 것 ─ 을 구별하는 것은 당연하다.

그러나 이러한 구분은 불완전하다. 우리는 이제까지 단지 순수한 직관적 작용과 순수한 표의적 작용만을 고려해 왔다. 그런데 일반적으로 직관이라는 명칭으로 함께 포섭되는 혼합된 작용도 고려의 대상으로 삼으면, 그 특징은 '표상된 대상성의 어떤 부분에 관해 모사하거나 스스로를 제시하는 재현하는 것으로 기능하는, 보충하는 부분에 관해 단순히 시사하는 것으로 기능하는 재현하는 내용을 소유한다.'는 점으로 표시된다. 따라서 우리는 순수하게 표의적으로 재현하는 것과 순수하게 직관적으로 재현하는 것을 동시에 표의적이며 직관적으로, 게다가 동일한 지향적 본질과 관련해 재현하는 '혼합된' 재현하는 것으로 부가해야 한다. 그래서 이제 다음과 같이 말할 수 있다.

구체적으로 완전하게 객관화하는 모든 작용은 질, 질료, 그리고 재현하는 내용 이 세 가지 구성요소를 갖는다. 이 내용이 순수하게 표의적으로 재현하거나 순수하게 직관적으로 재현하는지, 또는 이 두 가지로 동시에 기능하는지에 따라 그 작용은 순수한 표의적 작용, 순수한 직관적 작용 또는 혼합된 작용이다.

26 계속. 재현함 또는 파악함. 파악의 의미로서 질료와 파악의 형식 그리고 파악된 내용. 직관적 파악과 표의적 파악의 서로 구별되는 특성

그런데 '이렇게 기능하는 것이 어떻게 이해될 수 있는지' 숙고해야 한다. 왜냐하면 어쨌든 동일한 내용이 동일한 질과 질료와 결합해 이러한 세 가지 방식으로 기능할 가능성이 '아프리오리하게' 있기 때문이다. 현상학적으로 발견될 수 있는 차이로서 그 차이에 그 내용을 부여하는, 오직 통일형식인 현상학적 특성이 분명 존재할 수 있다. 그러나 이 통일형식은 특히 질료와 재현하는 것을 결합한다. 재현하는 기능은 질의 변화에 영향 받지 않는다. 예를 들어, 우리가 상상의 나타남을 실제적 객체가 현전화된 것으로 간주하는지 단순한 구상으로 간주하는지는, 그것이 상의 표상이며 따라서 그 내용이 상의 내용 기능을 지닌다는 사실을 전혀 변화시키지 않는다. 그러므로 우리는 질료와 재현하는 것의 현상학적 통일을 — 이 통일이 재현하는 것에 재현하는 것으로서의 성격을 부여하는 한 — '재현함의 형식'이라 부르고, 이 통일형식을 통해 수립된 그 두 가지 계기 전체를 '재현함 그 자체'라 부른다. 이렇게 부르는 것은 재현하는 내용과 재현된 내용 — 대상 또 재현된 대상의 부분 — 의 관계를 그 현상학적 근거에 따라 부각시킨다.

그 내용이 재현하는 것 — 더 자세히 말하면, 이러저러한 대상적인 것에 대해 이러저러한 종류로 재현하는 것 — 으로 기능하는 경우 그 내용에 의해 언제나 다르게 '느껴지는(zumute)' 사실을 표현하기 위해 현상학적으로 주어지지 않은 대상을 도외시하면, 우리는 '파악(Aufffassung)'의 변화에 대해 이야기할 것이다. 따라서 재현함의 형식도 파악의 형식으로 부를 수 있다. 질료가 이른바 재현하는 내용이 그것에 따라 파악되는 의미를 지시하기 때문에, 우리는 파악의 의미에 대해 이야기할 수도 있다. 만약 고대 용어에 대한 기억을 고수하고, 동시에 형식〔형상〕(Form)과의 대립을 시사하려면, 파악의 질료에 대해서도 이야기해야 한다. 모든 파악의 경우, 현상학적으로 파악의 질료나 파악의 의미, 파악의 형식과 파악된 내용으로 구별할 수 있다. 마지막 파악된 내용은 파악의 대상과 구별될 수 있다. '통각(Apperezeption)'⁸이라는 표현은 — 비록 역사적으로 주어졌지만 — 용어상 '지각(Perzeption)'에 대립된 것으로 오해되기 때문에 적절하지 않다. 이에 반해 '각지(Apprehension)'라는 표현이 유용할 것이다.

---

8 (옮긴이 주) 이 용어는 라틴어 'appercipere(덧붙여 지각한다)'에서 유래하며, 직접적으로 지각함 이외에 잠재적으로 함축된 감각들도 간접적으로 지각하는 것을 의미한다. 칸트 이후에는 새로운 경험(표상)을 이전의 경험(표상)들과 종합하고 통일해 대상을 인식하는 의식의 적극적인 작용을 뜻하기도 한다.

바로 다음의 문제는 위에서 언급한 것에 따라 파악의 질료 — 파악된 '어떤 것으로서' — 에서 동일성은 서로 다를 수 있는 재현함이나 파악의 서로 다른 방식에서 구별되는 특성에 관련된다. 2절에서는 충족시킴의 형식의 차이를 통해 재현함의 차이를 특징지었다. 이것은 지금의 연관 속에서 지향의 고유한 기술적 내용에 제한된 내적 특성을 겨냥한 것이다. 우리가 이전에 다루었던 분석적 해명의 발단과 그사이 재현함에 대해 일반적으로 이해했던 진보를 이용하면 다음과 같은 일련의 이념이 생긴다.

우리가 출발점으로 삼은 것은 '질료와 재현하는 것 사이의 표의적 재현함은 우연적인 외적 관계를 수립하지만, 직관적 재현함은 본질적인 내적 관계를 수립한다.'는 소견이다. 전자의 경우, 우연성은 동일하게 같은 표의가 임의의 모든 내용에 부착되어 있다고 생각한다. 표의적 질료는 대체로 지지해 받쳐 주는 내용만 필요하지만, 그 내용의 종적 특수성과 질료 자신의 종적 존립요소 사이에서 우리는 이 둘을 결합하는 어떠한 필연성도 발견하지 못한다. 의미는 이른바 공중에 떠 있을 수 없지만, 그 의미가 의미라는 것에 대해 우리가 그것을 기호의 의미라고 말하는 그 기호는 전적으로 아무래도 좋다.

순수한 직관적 재현함의 경우, 사정은 완전히 다르다. 이 경우 질료와 재현하는 것 사이에는 이 둘의 종적 내용을 통해 규정된 내적인 필연적 연관이 있다. 어떤 대상을 직관적으로 재현하는 것으로서 이바지하는 것은 그 대상과 유사하거나 동등한 내용뿐이다. 현상학적으로 표현하면, 우리가 어떤 내용을 — 어떤 파악의 의미로 — 파악하는 것에서 우리는 완전히 자유롭지 않다. 이것은 모든 파악, 또한 표의적 파악이 경험적으로 필연적이기 때문에 단지 경험적 이유에서가 아니라, 우리가 파악할 수 있는 내용이 유사함과 동등함의 어떤 영역을 통해, 그 종적 내용을 통해 한계를 설정하기 때문이다. 이러한 관계의 내면성은 전체로서 파악의 질료와 내용 전체를 서로 결합할 뿐만 아니라, 그 양 측면의 부분을 하나씩 결합하며 순수한 직관이 전제된 경우에도 그러하다. 순수하지 않은 직관의 경우, 종적 통일은 부분적 통일이다. 즉 질료의 부분 — 환원된 직관의 질료, 그런 다음 당연히 순수한 직관의 질료 — 은 그 내용이 그 속에 파악된 직관적 의미를 지시하지만, 질료 외적 부분은 결코 동등함이나 유사함이 아니라 단순한 인접성을 통해 재현된다, 즉 혼합된 직관에서 재현하는 내용은 질료의 어떤 부분에 따라 직관적으로 재현하는 것으로, 질료의 보충하는 부분에 따라 표의적으로 재현하는 것으로 기능한다.

그런데 결국 '동일한 내용이 동일한 질료의 의미 속에 어느 때는 직관적으로 재현하는 방식으로, 다른 때는 표의적으로 재현하는 방식으로 파악될 수 있게 하는 것이 무엇인지, 또는 파악의 형식에서 서로 다른 특성이 어디에 있는지' 묻는다면, 나는 이에 대해 더 이상 답변할 수 없다. 이 차이는 다분히 현상학적으로 환원할 수 없는 것이다.

우리는 이러한 논의에서 재현함을 질료와 재현하는 내용의 통일로서 그 자체만으로 고찰했다. 다시 완전한 작용으로 되돌아가면, 완전한 작용은 작용의 질과 — 직관적이든 표의적이든 — 재현함의 결합으로서 밝혀진다. 우리는 전체적 작용을 직관적 작용이나 표의적 작용으로 부르며, 따라서 그 차이는 내장된 재현함을 통해 규정된다. 앞에서 수행한 충족시킴의 관계에 대한 연구는 어떤 작용의 직관적 내용이나 충만함의 개념으로 이끌었다. 이러한 개념 형성을 지금 논의한 개념 형성과 비교하면, 전자의 개념 형성은 순수하지 않은 직관의 작용에 속하는 순수한 직관적 재현함(순수한 직관)의 경계를 한정한다. '충만함'은 특히 작용의 충족시키는 기능에서 작용을 비교해 고찰하는 데 각인된 개념이었다. 순수한 직관에 대립된 극한의 경우인 순수한 표의는 당연히 순수한 표의적 재현함과 동일한 것이다.

27 모든 작용 속에 필연적 표상의 기반으로서 재현함. 의식과 대상의 관계에서 서로 다른 방식에 대한 논의의 궁극적 해명

모든 객관화하는 작용은 재현함을 그 자체 속에 포함한다. 모든 작용은 일반적으로 —— 제5연구의 설명[9]에 따라 —— 그 자체로 하나의 객관화하는 작용이거나, 객관화하는 작용을 기반으로 갖는다. 따라서 모든 작용의 궁극적 기반은 재현함의 의미에서 '표상'이다.

'어떤 작용과 그 대상과의 관계에서 서로 다른 방식'에 대한 논의는 이제까지의 고찰에 따라, 다음과 같은 본질적 다의성을 갖는다. 즉

1) 작용의 질, 믿음·결정을 유보함·소원·회의 등의 방식.

2) 기초가 되는 재현함, 게다가

a) 파악의 형식. 대상이 표상되는 방식이 단순히 표의적인지, 직관적인지, 혼합된 것인지 하는 형식. 여기에는 지각의 표상, 상상의 표상 등의 차이도 속한다.

b) 파악의 질료. 대상이 이러저러한 '의미'로 표상되는지, 예를 들어 이 동일한 대상을 표상하지만 서로 다르게 규정하는 서로 다른 의미를 통해 표의적으로 표상되는지와 관련된다.

c) 파악된 내용. 대상이 이러저러한 기호나 이러저러하게 제시하는 내용에 의해 표상되는지에 관련된다. 정확하게 살펴보면, 두 번째의 경우, 직관적으로 재현하는 것, 질료와 형식 사이의 법칙적 관계에 의해 동등한 질료의 경우에는 그 자체가 형식에 관계하는 차이가 동시에 문제시된다.

---

9 제5연구, 5절 특히 41항 참조.

28 지향적 본질과 충족시키는 의미. 인식에 적합한 본질. 종(種)으로서의 직관

우리는 제1연구에서, 대상을 충족시킴에서는 단순한 의미가 그 대상을 사념하는 동일한 방식으로 직관적으로 '주어져 있다'는 점을 지적함으로써, 의미(Bedeutung)와 충족시키는 의미(Sinn) ── 지향하는 의미를 충족시키는 의미 ── 를 대립시켰다.[10] 이 경우에는 의미와 합치되는 것, 이상적으로 착상된 것을 충족시키는 의미로 받아들였고, 이 합치를 통해 단순한 의미지향이나 표현이 직관적 대상과 관계를 획득한다 ── 표현이 바로 그 대상을 표현한다 ── 고 말했다.

우리가 나중에 소개한 개념의 형성을 사용하면, 충족시키는 의미는 완전히 적합하게 충족시키는 작용의 지향적 본질로서 포착된다는 점이 포함되어 있다.

이러한 개념의 형성은 표의적 지향이 직관적으로 표상된 그 대상과 관계할 경우, 그 상태의 아주 일반적인 것을 표시하는 목적에, 따라서 '표의적(표현하는) 작용의 의미에 적합한 본질이 ── 양쪽 작용이 현상학적으로 서로 다른데도 ── 그에 상응하는 직관적 작용 속에서 동일하게 다시 발견된다.' 또한 '생생한 동일화의 통일이 합치 그 자체를 실현하고, 동시에 이렇게 함으로써 표현과 표현된 것의 관계를 실현한다.'는 중요한 통찰을 표현하는 목적에 전적으로 올바르고 충분하다. 다른 한편, 바로 이 동일성에 의해 충족시키는 의미는 충만함을 전혀 함축하지 않는다. 따라서 직관적 작용을 인식비판적으로 고찰하는 한 충족시키는 의미는 직관적 작용의 내용 전체를 총괄하지 않는다. 우리가 지향적 본질을 너무 좁게 파악해, 실로 인식에 대해 결정적으로 매우 중요한 작용의

---

10 제1연구, 1절 14항.

3절 인식 단계의 현상학

존립요소 부분을 제외했다며 불쾌하게 생각하는 사람도 있을 수 있다. 우리를 이끌었던 것은 '이렇게 객관화하는 종류의 어떠한 지향도 결코 없어서는 안 될 것, 어떠한 객관화하는 지향에서도 그것과 대상적인 것의 관계에 관해, 이념적 필연성에 따라 얽히지 않고는 자유롭게 변경될 수 없을 것이 어쨌든 객관화하는 지향의 본질로서 간주되어야만 한다.'는 생각이다.

그러나 순수한 표의적 작용은 '공허한' 지향이며, 이 작용에는 충만함의 계기가 결여되어 있다. 그래서 일반적으로 객관화하는 작용에서는 질과 질료의 통일만 본질로서 간주될 수 있다. 그런데 표의적 지향은 감성적 발판 없이는 불가능하다고, 따라서 표의적 지향은 또한 그 자신의 방식으로 직관적 충만함을 갖는다고 반론을 제기할 수 있을 것이다. 그럼에도 표의적으로 재현하는 것에 관해 우리가 상론한 것의 의미뿐만 아니라, 이전에 본래적 직관화와 비본래적 직관화에 관해 상론한 것의 의미에서도 이것은 참으로 충만함이 결코 아니다. 오히려 그것은 충만함이지만, 표의적 작용의 충만함이 아니라 기호가 직관적 객체로 구성되는 표의적 작용을 기초 짓는 작용의 충만함이다. 이미 살펴보았듯이, 이 충만함은 표의적 지향과 그 대상에 관계하는 모든 것에 얽히지 않고도 제한 없이 변경할 수 있다. 이러한 상태를 고려하고, 동시에 '직관적 작용의 경우에도 충만함이 비록 제한되었지만 변경될 수 있는 반면, 그 직관적 작용은 동일한 규정성을 지니고 질적으로 동일한 방식으로 항상 동일한 대상을 계속 사념한다.'는 상황에 주의를 기울이면, 어쨌든 질과 질료의 통일을 표시하는 어떤 용어가 분명히 필요하다.

다른 한편, 더 포괄적인 내용의 개념을 형성하는 것도 유익하다. 그래서 우리는 ― 객관화하는 작용의 의미에 적합한 본질과는 대조적으로 ― 객관화하는 작용의 '인식에 적합한 본질'을 인식 기능에 대해 문제가 되는 내용 전체로 정의한다. 이때 인식에 적합한 본질에는 질, 질료와 충만함 또는 직관적 내용이라는 세 가지 구성요소가 포함된다. 또는 후자의 두 가지가 중첩되는 것을 피하고 명확하게 분리된 구성요소를 가지려 한다면 질, 질료와 직관적으로 재현하는 내용이 포함된다. 이 가운데 후자에서 공허한 지향의 경우 이 내용을 지닌 '충만함'이 없어진다.

동일한 인식에 적합한 본질을 지닌 모든 객관화하는 작용은 인식비판의 이념적 관심에 대해 '동일한' 작용이다. '종의 개념으로(in specie)' 객관화하는 작용에 대해 이야기할 경우, 우리는 이에 상응하는 이념에 주목하게 된다. '종의 개념으로' 직관을 제한하는 논의의 경우 등도 마찬가지다.

29 완전한 직관과 결함 있는 직관. 적절한 직관화와 객관적으로 완전한 직관화. 본질

직관적 표상에는 서로 다른 직관적 충만함이 가능하다. 이미 밝혔듯이, 서로 다른 이러한 논의는 일련의 가능한 충족시킴을 시사한다. 충족시킴을 진척시키면서 우리는 대상에 항상 더 유사하고, 대상을 더 생생하고 더 완전하게 파악하는 제시하는 내용에 의해 대상을 항상 더 잘 알게 된다. 그러나 사념된 객체의 측면이나 부분 전체가 전혀 나타나지 않는 경우에도 직관이 이루어진다는 사실을 안다. 즉 이 경우 표상은 이러한 측면이나 부분을 제시하는, 재현하는 것이 전혀 포함되지 않은 직관적 내용으로 구비되어 그 측면이나 부분이 그 표상에 짜여 엮인 표의적 지향에 의해서만 '비본래적으로' 표상된다. 동일한 질료에 의거해 사념된 하나의 동일한 대상에 대해 매우 다른 방식을 규정하는 이러한 차이와 관련해, 위에서 충만함의 범위의 차이를 이야기했다. 여기에서는 이제 두 가지 중요한 가능성을 구별해야 한다.

1) 직관적 표상이 그 대상을 '적절하게' 표상하는 경우. 즉 이러한 표상 가운데 그 대상이 사념된 것처럼, 그 대상의 모든 존립요소 부분에 직관적 내용을 재현하는 존립요소의 부분이 상응하는, 그와 같은 충만함의 직관적 내용을 지닌 대상이 표상되는 경우.

2) 또는 그렇지 않은 경우. 즉 표상은 단지 대상의 불완전한 음영만 포함하며, 표상은 대상을 '부적절하게' 표상한다.

여기에서 문제는 그 대상에서 표상의 적절함과 부적절함이다. 그러나 더 넓은 의미에서, 충족시킴의 연관 속에서 적절함에 대해 이야기했기 때문에 다른 용어를 도입해 '완전한 직관'과 '결함 있는 직관'——특히 지각이나 구상——에 대해 이야기하자. 모든 순수한 직관은 완전하다. 그러나 그 역은 타당하지 않다는 사실, 따라서 앞에서 착수한 구분이 단순히 순수한 직관과 순수하지 않은 직관의 구분과 합치하지 않는다는 사실을 다음과 같이 즉시 보여 준다.

즉 표상이 단순한지 복합적인지에 관해, 앞에서 수행된 구별에서는 아무것도 전제되지 않는다. 그러나 직관적 표상은 이중의 방식으로 복합될 수 있다.

a) 그래서 작용——더 특별하게 논의하면 질료——이 그 자체만으로 이미 동일한 대상 전체를 표상하는 어떠한 부분적 작용도 제시하지 않는 한 대상과의 관계는 단순하다. 이것은 그 작용이 비록 동질적으로 융합되었더라도 대상 개개의 부분이나 측면과 관계된 부분적 지향에서 구축되었다는 점을 배제하지 않는다. '외적' 지각과 상상의 경우, 그와 같은 복합을 거의 피할 수 없이 받아들일 것이고, 그래서 우리는 처리해 간다. 다른 한편으로

b) 그 각각이——그 자체만으로 이미 이 동일한 대상의 완전한 직관적 표상인 부분적 작용에서——전체적 작용을 구축하는 복합의 방식이 있다. 이것은 동일한 대상에 속한 다양한 지각을 유일한 '많은 측면이나' '모

든 측면의' 지각으로 통합하고, 그 대상을 '변화하는 위치'에서 연속적으로 관찰하는 지각으로 통합하는 극히 현저한 연속적 종합과 관련되며, 이에 상응하는 상상의 종합도 마찬가지다. 계속되지만 분리된 작용으로 나뉘지 않는 동일성 융합의 연속성에서 동일한 하나의 대상은 단지 유일하게 한 번 나타나지, 개별적 작용이 구별될 정도로 자주 나타나지 않는다. 그러나 그 대상은 계속 변화되는 내용의 충만함 속에 나타나고, 동시에 질료와 질은 지속하는 동일성 속에 남아 있으며 ── 대상이 모든 측면에서 알려져 있거나 더 풍부해지지 않아도 ── 이렇게 알려진 대상으로 언제나 다시 드러날 경우에는 적어도 그러하다.

표상의 적절함과 부적절함의 구별은 이러한 연속적 종합에 관련된다. 예를 들어, 어떤 외적 사물의 모든 측면의 표면형태에 관해 적절한 표상은 종합의 형식으로는 가능하며, 객관적-단일 표상의 형식으로는 불가능하다.

그런데 완전한 직관에서 객관적으로 단일한 직관은 명백하게 순수한 직관인데, 어쨌든 이것은 항상 객관적으로 복합적인 직관은 아니다. 어떤 경험적 사물에 상응하고, 우리에게 거부되었던 순수한 직관이 어떤 방식으로 그 사물의 완전한 종합적 직관 속에 끼워져 있지만 이른바 산재된 방식으로, 언제나 다시 표의적으로 재현하는 것과 혼합되어 있다. 그러나 이러한 종합적 직관을 그 순수한 직관으로 환원할 경우에 생기는 것은 객관적으로 단일한 표상의 순수한 직관이 아니라, 직관적 내용의 연속성이다. 이 연속성에서 모든 대상적 계기는 한 번이 아니라 종종 제시하는 재현하는 것이 되고, 항상 변화하는 음영이 되며, 동일성이 융합된 연속성만 대상의 유일성 현상을 형성한다.

게다가 직관적 작용이 표의적 ── 가령 표현의 ── 의미지향을 고려해 충만함을 부여하는 것으로 기능하면, 유비적 가능성이 밝혀진다. 대상은 의미된 바와 같이 적절하게 또는 부적절하게 직관화될 수 있다. 복합

적 의미의 경우, 적절하게 직관화되는 것에는 두 가지로 분리될 수 있는 완전성이 필요하다. 즉

첫째, 그 자체로 의미의 성격을 지닌 의미의 모든 부분 — 항·계기· 형식 — 에서 충족시킴이, 그에 상응하는 충족시키는 직관의 부분을 통해 증가하는 것이다.

둘째, 그런데 충족시키는 직관 그 자체 측면에서, 그 대상이 충족시킴의 기능으로 이끌어 온 이러한 의미의 분절과 형식으로 어떻게든 사념되는 한 그 대상에 관한 적절함은 이루어지는 것이다.

따라서 첫째는 상응하는 직관에서 표의적 작용에 적절한 완전성을 규정하고, 둘째는 대상 그 자체에서 — 완전한 직관에 의해 — 표의적 작용에 적절한 완전성을 규정한다.

그러므로 '녹색의 집'이라는 표현은, 어떤 집이 실제로 우리에게 녹색의 집으로 직관적으로 표상됨으로써 직관화될 수 있다. 이것은 첫 번째 완전성일 것이다. 두 번째에는 녹색의 집에 대한 충전적 표상이 필요하다. 표현을 적절하게 직관화하는 것이 문제인 경우, 사람들은 대부분 첫째만 염두에 둘 것이다. 그러나 이중의 완전성을 용어상으로 부각시켜 표시하기 위해, 우리는 그것이 적절하지만 객관적으로 결함 있는 직관화에 대조해 표의적 표상의 '객관적으로 완전한' 직관화에 대해 이야기하려 한다.

이와 유사한 관계는 충족시키는 대신 모순되는 직관화의 경우가 있다. 표의적 지향이 가령 그 지향이 동일한 A — 아마 심지어 'A 일반' — 가 '빨갛고', 방금 전 '빨간 것'으로 직관되는 동안 '녹색의 A'를 사념한다는 사실을 통해 직관에 근거해 실망하게 되면, 〔표의적 지향과 직관의〕모순을 직관적으로 실현하는 객관적 완전성은 '의미지향의 모든 존립요소 부분이 객관적으로 완전한 자신의 직관화를 발견한다.'는 점을 요구한다. 따라서 A-지향이 A가 주어진 직관 속에 객관적으로 완전히 충족

되는 것뿐 아니라, '녹색'-지향이 ─ 물론 '빨간 A'라는 그 직관과 바로 '일치될 수 없는' 다른 직관 속에 ─ 직관을 충족시킬 필요가 있다. 이 때 단순한 표의적 '녹색'-지향이 아니라 객관적으로 완전히 충족된 '녹색'-지향이 '빨간색'-지향과 모순되며, 이 경우 이 두 가지 직관의 계기 그 자체는 동시에 총체적 '경쟁'으로, 이에 속한 직관 전체는 부분적 '경쟁'으로 등장한다. 무엇보다 이것은 이렇게 충족시키는 작용의 직관적 내용 또는 제시하는 내용에 관련된다고 충분히 말할 수 있다.

특별히 지시할 것이 없는 경우는, 아래에서 '직관화'라는 명칭으로 충족시킴의 성질을 지닌 직관화를 뜻한다.

동일한 질과 질료의 경우에서 충만함의 차이는 중요한 개념 형성에 계기를 마련해 준다.

우리는 두 가지 직관적 작용의 순수한 직관이 동일한 질료를 가질 경우 이 작용들은 동일한 '본질(Essenz)'을 소유한다고 말한다. 그래서 하나의 지각과 그 가능성에 따라 일련의 무한한 상상의 표상 전체 ─ 그 각각은 동일한 대상을 충만함의 동일한 범위로 표상한다 ─ 는 하나의 동일한 본질을 갖는다. 하나의 동일한 질료의, 객관적으로 완전한 모든 직관은 동일한 본질을 갖는다.

표의적 표상은 그 자체 속에 어떠한 본질도 갖지 않는다. 그럼에도 우리는 표의적 표상이 이러한 본질에 대한 다양하게 가능한 직관에서 어떤 직관을 통해 완전한 충족시킴을 허용하는 경우 ─ 동일한 것이지만 표의적 표상이 '충족시키는 의미'를 가질 경우 ─ 이때 사람들은 표의적 표상에는 비본래적 의미에서 어떤 본질이 있다고 여긴다.

이것으로써 실로 어떤 '개념'의 가능성을 맞출 스콜라철학 용어의 참된 생각이 분명히 설명되었을 것이다.

4절 양립 가능성과 양립 불가능성

30 가능한(실재적) 의미와 불가능한(상상적) 의미를 이념적으로 구별함

직관적 작용이 모든 표의적 지향에 '객관적으로 완전한 직관화'의 방식으로[1] 적합할 수는 없다. 그에 따라 의미지향은 가능한 (그 자체로 양립할 수 있는) 의미지향과 불가능한 (그자체로 양립할 수 없는, 상상의) 의미지향으로 나뉜다. 이러한 구분 또는 이 구분에 기초가 되는 법칙 — 그 밖에 여기에서 수립된 모든 명제에도 정확하게 마찬가지로 타당한 것 — 은 개별화된 작용이 아니라 유(類)적으로 이 작용의 인식에 적합한 본질과 관련되며, 이 속에서 일반적으로 포착할 수 있는 그 작용의 질료와 관련된다. 왜냐하면 가령 M이라는 질료의 표의적 지향이 어떤 직관 속에서 충족시킴의 가능성을 발견하고, M이라는 동일한 질료의 다른 표의적 지향이 이러한 가능성을 갖지 않는다는 것은 불가능하기 때문이다. 이러한 가능성이나 불가능성은 어떤 경험적 의식의 복합 속

---

[1] 4절과 5절에서 시도된 분석적 해명을 이해하고 그 성과를 평가하는 것은 이제까지 논의한 것 속에 확정된 엄밀한 개념을 확실하게 유념하고 이 개념과 통속적인 논의의 모호한 표상을 혼동하지 않는 것에 철저히 달려 있다.

에서 사실적으로 발견할 수 있는 직관에 대해 아무것도 말하지 않는다. 그것은 실재적 가능성이 아니라 이념적 가능성이며, 그 가능성은 순수하게 종적 성격 속에 근거한다. 사람들이 본질적으로 손해를 입지 않고 제한할 수 있는, 표현할 수 있는 것의 영역에서 다음과 같은 공리가 성립한다. 즉 의미 —— '종의 개념에서' 개념과 명제 —— 는 가능한(실재적) 의미와 불가능한(상상적) 의미로 나뉜다.

의미의 가능성(실재성)은, 앞에서 실행한 개념의 형성을 이끌어 오면 객관화하는 작용의 영역에서 '종의 개념으로', 그 의미에는 적절한 본질이 상응한다는 사실, 즉 그 질료가 그 자신의 질료와 동일한 본질에 상응한다는 사실, 동일한 것이지만 그 의미가 충족시키는 의미를 갖거나, 그 질료와 그 자신의 질료가 동일한 완전한 직관이 '종의 개념으로' 존재한다는 사실을 통해 정의된다. 이 '존재한다(es gibt)'는 여기에서 수학에서와 같이 동일한 이념적 의미를 갖는다. 이것을 그에 상응하는 개개의 것의 가능성으로 환원하는 것은, 이것을 다른 것으로 환원하는 것이 아니라 이것을 단순히 같은 값을 지닌 용어법을 통해 표현하는 것을 뜻한다. 적어도 가능성이 순수한 가능성으로, 따라서 경험적 가능성이 아니라 이러한 의미에서 '실재적' 가능성으로 이해되면 그러하다.

더 자세하게 주시해 보면, 의미의 가능성의 이념은 객관적으로 완전한 직관화의 경우에는 본래 충족시킴과 관계된 일반화(Generalisierung)를 표현하고, 위에서 내린 정의는 단순한 말을 설명하는 대신 그 가능성의 필요하고도 충분한 이념적 기준으로 간주될 수 있다. 그 정의에 의미의 질료와 본질의 질료의 그 관계가 존립하는 경우에는 '가능성'이 성립한다는 특수한 법칙이 포함되며, 반대로 가능성의 모든 경우에 이러한 관계가 존립한다는 특수한 법칙이 포함된다.

더 나아가 그와 같은 이념적 관계가 일반적으로 일어나는 것, 즉 〔충족시킴 관계의〕 그 일반화가 객관적으로 성립하는 것, 따라서 그것의 측면에서 '가능한' 것에는 '가능한' 의미 — 이 경우 '의미'는 '의미하는 작용'을 뜻하는 것이 아니라는 점에 주의해야 한다 — 가 존재한다는 말로 단일하게 표명된 법칙성이 다시 포함되어 있다. 그런데 모든 경험적 관계가 그러한 일반화를 허용하는 것은 아니다. 이 직관된 종이가 거칠다는 것을 발견하면, 우리는 어떤 현실적 의미작용에 근거해 '이 의미는 가능하다.(실재적이다.)'라고 표명할 수 있듯이, '종이는 거칠다.'라고 일반적으로 표명할 수 없다.

바로 그래서 '모든 의미는 가능하거나 불가능하다.'라는 명제에도 배중률(排中律) — 개별적 주어에 모순적 술어를 배제할 것을 표명하는 이미 잘 알려진 의미에서 배중률 — 의 개별적 사례가 놓여 있지 않으며, 그와 같이 배제하는 것도 단지 그와 같은 주어 그 자체에 대해서만 표명할 수 있다. 이념적 영역 — 산술의 영역, 의미의 영역 등 — 에서 모순된 술어를 배제하는 것은 결코 자명하지 않으며, 그와 같은 모든 영역에서 새롭게 증명되거나 공리로 수립되어야 한다. 우리는 가령 '모든 종류의 종이는 거칠거나 거칠지 않다.'라고 말하면 안 된다는 것을 기억한다. 왜냐하면 이 속에는 '임의의 모든 개개의 종이는 거칠거나 거칠지 않다.'는 점이 함축되어 있을 것이고, 이러한 주장은 물론 임의의 종(種) 개념의 형성에 옳지 않기 때문이다. 따라서 의미를 가능한 의미와 불가능한 의미로 나누는 것의 배후에는 실제로 독특하고 내용이 풍부한 유적 법칙이 놓여 있는데, 이 법칙은 유적 명제의 형태로 현상학적 계기의 종을 결합함으로써 이념적 방식으로 현상학적 계기를 지배한다.

그와 같은 공리를 표명할 수 있기 위해 우리는 그 공리를 통찰해야만 하고, 우리의 경우 확실히 명증성을 갖고 있어야 한다. 예를 들어, '흰 표면'이라는 표현의 의미를 직관에 근거해 실현하는 가운데, 우리는 그 개념의 실재성을 체험하고 그 직관적 나타남이 흰 것과 표면을, 게다가 실제로 바로 흰 표면으로 표상한다. 여기에는 '충족시키는 직관이 흰 표면을 표상하는 것이 아니라, 그 직관의 내용을 통해 의미지향이 요구하는 대로 완전하게 직관적으로 주어진 것으로 이끈다.'는 점이 놓여 있다.

가능성과 동등한 자격을 지닌 이념으로서 불가능성이 있는데, 이것은 가능성의 부정으로 단순히 정의될 수 있는 것이 아니라, 고유한 현상학적 사실을 통해 실현될 수 있다. 아무튼 이것은 불가능성의 개념이 언젠가 응용될 수 있다는 점, 게다가 어떤 공리에서 ── 이 가운데 '불가능한 의미가 존재한다.'는 공리도 포함된다 ── 이루어질 수 있다는 점에 대한 전제다. 불가능성과 양립 불가능성에 대한 논의가 같은 값을 지닌 것은 이러한 현상학적 사실이 모순 분야 속에서 추구될 수 있다는 사실을 시사해 준다.

31 내용 일반의 가장 넓은 영역에서 이념적 관계로서 통합 가능성 또는 양립 가능성. 의미로서 '개념'의 통합 가능성

내용 일반 ── 최대한 넓은 의미에서 대상 ── 의 가장 넓은 영역에서 타당한 양립 가능성이나 통합 가능성 개념에서 시작하자.

어느 한 전체의 부분인 두 가지 내용은 그 전체 속에 통합되고, 따라서 통합 가능하며, 전체 통일체 속에서 양립 가능하다. 그런데 이것은 공허한 자명성(自明性)으로 보인다. 이 동일한 내용들은 이 경우 우연히 통합되지 않을 때라도 통합될 수 있을 것이다. 그 내용들의 사실적 통합이 항상 배제되어 남아 있고 배제되어 남더라도 그 통합 가능성에 대해 이야기하는 것은 확실히 충분한 의미를 갖는다. 그렇지만 두 가지 내용이 통합되면, 이 통일은 단순히 그들 자신의 통합 가능성뿐만 아니라 관념적으로 무수한 다른 내용, 즉 그것들과 동일하거나 유(類)에 적합하게 유사한 모든 쌍의 통합 가능성도 증명한다. 이것이 겨냥하는 것과 공리로서 표명된 것 ─ 즉 통합 가능성은 산재된 개개의 것에 속하지 않고 종의 내용(Inhaltspezies)에 속한다 ─ 은 결코 공허한 주장이 아니다. 예를 들어 '빨간색'과 '둥근 것'이라는 계기가 일단 통합된 것으로 발견되면, 이제는 이념화하는 추상을 통해 '빨간색'과 '둥근 것'의 두 종도 마찬가지로 종적으로 포착된 결합형식으로 포괄하는 하나의 복합적 종이 획득되므로, 그래서 주어질 수 있다.

이러한 복합적 종의 이념적 '실존(Existenz)'은 생각해 볼 수 있는 모든 개별적 사례에서 빨간색과 둥근 것의 통합 가능성을 '아프리오리하게' 근거 지으며, 그래서 이 통합 가능성은 모든 세계에서 경험적으로 일치해 일어나든 일어나지 않든 이념적으로 타당한 관계다. 그에 따라 통합 가능성에 대한 논의의 중요한 의미가 어디에서나 그에 속한 복합적 종의 이념적 존재로서 규정되면, 어쨌든 더 중요한 점, 즉 '통합 가능성이라는 문제는 항상 어떤 ─ 논리적 관심에 곧바로 기준이 되는 ─ 전체의 종류(Art von Ganzen)와 관계한다.'는 점에 주의해야 한다. 아무튼 우리는 통합 가능성이라는 말을 미리 주어진 내용이 어떤 형식의 기준에 따라 적합한지 아닌지를 검토하는 연관 속에서 사용하며, 이것은 관련된 종류 전체가 직관적으로 명시되는 경우 그 내용이 어떤 기준에 따라 적합하다고 긍정해 결정되는 문제다.

이러한 내용적 통합 가능성의 상관자는 복합적 의미의 '가능성'이며, 이 상관자는 앞[30항]에서 언급한 가능성의 기준에서 생긴다. 적절한 본질 또는 이에 상응하는 복합적 내용의 완전한 직관화는 실로 그 내용의 부분들의 통합 가능성을 정초하는데, 역으로 이 통합 가능성에는 하나의 본질과 이에 상응하는 의미가 존재한다. 따라서 의미의 실재성은 의미가 직관적 내용의 통합 가능성에 대한 객관적으로 완전한 '표현'이라는 것과 동일한 것을 뜻한다. 단일한 내용의 극한 사례의 경우, 단일한 종의 타당성을 '자기 자신과의' 통합 가능성으로 정의할 수 있다.

표현과 표현된 것 ─ 의미와 이에 상응하는 직관, 즉 '객관적으로 완전히 적절한' 직관 ─ 그 자체의 결합이 다시 통합 가능성의 결합 ─ 우리는 위에서 이 결합의 특수한 종적 내용을 규정했다 ─ 이라는 사실은 자명하다. 다른 한편, 의미('개념')의 통합 가능성에 대하여 논의할 경우 중요한 것은 단지 하나의 전체에, 또한 하나의 의미 전체에 대한 의미의 통합 가능성 ─ 이것은 오히려 제4연구에서 규명한 의미에서 순수논리적인 문법적 통합 가능성일 것이다 ─ 이 아니라, 위에서 설명한 것에 따라 의미를 하나의 '가능한' 의미로, 즉 그에 상응하는 직관에 의해 객관적으로 적절한 인식의 통일체로 통합될 수 있는 하나의 의미로 통합할 가능성이다.

그러므로 여기에서 중요한 문제는 전이하는 논의다. 우리는 '가능성'에 대해서도 동일한 것을 말해야 한다. 원본적 가능성(또는 실재성)은 종의 타당성, 종의 이념적 실존이다. 적어도 그 가능성은 이러한 사실을 통해 완전히 보증된다. 그런 다음 이 종에 상응하는 개별성의 직관과, 또한 직관할 수 있는 개별적인 것 그 자체가 가능하다. 마지막에는 그와 같은 직관 속에 객관적으로 완전하게 충족되는 의미가 가능하다. 통합 가능성이라는 말과 가능성이라는 말의 차이는, 단순히 가능성이라는 말은 하나의 종의 단적인 타당성을 나타내는 반면, 통합 가능성이라는 말 ─ 이 개념을 극한 사례로 확장하기 이전에 ─ 은 하나의 통일체로 간주되는 종에 속한 부분적 종의 관계를 나타낸다는 점이다. 그런데 통합 가능성이라는 말은 이와 관련해 통일적 직관에 속한 부분적 직관, 통일적으로 직관할 수 있는 전체적 내용 안에서 직관할 수 있는 부분적 내용, 통일적으로 충족될 수 있는 전체적 의미 안에서 충족될 수 있는 부분적 의미라는 관계도 나타낸다.

결국 가능성이나 통합 가능성 개념과 마찬가지로 '본질(Essenz)'의 개념도 의미(Bedeutung) 분야에 전이함을 통해 비로소 자신의 원본적 의미(Sinn)를 부여한다는 사실을 여전히 언급해 둔다. 본질의 이러한 원본적 개념은 '각각의 타당한 종은 하나의 본질이다.'라는 명제를 통해 표현된다.

32 내용 일반의 통합 불가능성(대립함)

그런데 이와 대립된 사례를 그 일반적 근거에서 추적하기 위해, 내용들이 어떤 전체의 통일 속에서 양립하지 않을 경우에는 통합이 불가능하다. 현상학적으로 말하면, 그와 같은 하나의 전체를 완전히 적절하게 부여하는 어떠한 통일적 직관도 가능하지 않을 것이다. 그러나 우리는 이것을 어디에서 알게 되는가? 개개의 경험적 사례에서 우리는 내용들을 통일시키려 시도했으며, 이 가운데 성공한 것도 있고 그러지 않은 것도 있다. 우리는 반발하기 어려운 저항을 겪는다.

그러나 사실적인 실패가 필연적인 실패를 입증하지는 않는다. 결국 더 큰 힘은 그 저항을 극복할 수 없는 것인가? 그럼에도 문제가 되는 내용들과 이 내용들의 '경쟁'을 제거하는 경험적 노력 가운데에서 우리는 내용들의 독특한 관계를, 즉 다시 내용의 종적 존립요소 속에 근거하고 그 이념성에서 모든 경험적 노력과 개별적 사례 및 그 밖에 모든 것에 좌우되지 않는 관계를 경험한다. 이것은 대립의 관계다.

따라서 이 관계는 아주 일정한 내용의 종류에, 게다가 아주 일정한 내용의 연대 안에서 관계한다. 색깔들은 서로 함께 일반적으로 다투는 것이 아니라 단지 일정한 연관 속에서만 다툰다. 서로 다른 종차(種差)의 많은 색깔의 계기는 하나의 동일한 물체의 연장(延長)을 동시에 완전히 덮어씌우는 것으로 양립할 수 없는 반면, 서로 나란히 놓는(Nebeneinander) 방식으로 통일적 연장 안에서 아주 잘 양립할 수 있다. 이것은 일반적으로 타당하다. q라는 종류의 내용은 p라는 종류의 내용과 결코 절대로 양립할 수 없으며, 이 내용들의 양립 불가능성에 대한 논의는 p를 포함하고 이제 q도 그것에 연결되어야 당연한 G(α, β, …; p)라는 일정한 종류의 내용의 결합에 항상 관계된다. 물론 '당연한(soll)'이라는 말에는 임의의 직관 A(q) 속에 주어진 q가 앞에 놓여 있는 G의 직관으로 옮겨진 것으로 생각된 지향, 즉 이 직관 속에 표의적으로 표상된 지향 ─ 표상의 지향과 대부분 의지의 지향도 ─ 에 대한 시사가 포함된다.

　　그러나 우리는 지금 이러한 지향을 도외시하고, 통합 가능성의 경우에도 마찬가지로 통합함에 대한 지향, 옮겨 놓고 일치시키는 과정을 도외시했다. 우리는 단순히 여기에서 q ─ [q 이외에] A의 잔여는 자기 뜻대로 변경할 수 있으며, 더 이상 아무 역할도 하지 않는다 ─ 와 내용 전체 G에 속한 p 사이에는 기술적으로 독특한 관계가 등장한다는 사실, 이러한 관계는 개별적인 사례에 좌우되지 않는다는 사실, 달리 말하면 그 관계는 순수하게 G, p, q라는 종에 근거한다는 사실만 고수한다. 모순의 의식에 종적인 것은 이러한 종에 속하고, 이러한 상태를 일반화하는 것(Generalisierung)은 실제적이며, 직관적-통일적 보편성 의식 속에 실현될 수 있다. 그 일반화하는 것은 G에 근거해 p와 q를 모순을 통해 통합하는 통일적인 종, 타당한('가능한') 종이 생기게 한다.

33 어떻게 대립하는 것도 의견일치를 기초 지을 수 있는가. 통합 가능성과 대립함에 대한 논의의 상대성

　　앞에서 논의한 이러한 후자의 표현과 명제에는 일련의 의심스러운 문제가 연결된다. 모순이 통합을 하는가? 모순의 통일이 가능성의 통일인가? 확실히 일반적으로 통일은 가능성을 정초하지만 이 가능성은 정말 모순을, 양립 불가능성을 배제하지 않는가?

통합 불가능성에 대한 논의뿐만 아니라 통합 가능성에 대한 논의도 어떤 전체 G ─ 주관적으로 말하면, 지향을 지배하는 전체 G ─ 와의 관계를 필연적으로 갖는다는 점을 생각해 보면 이 어려움은 해결된다. 전체 G의 종적 내용을 주시하면서 우리는 부분들이 양립 가능하다고 부른다. 한편 우리는 여기에서 부분들로서 기능하는 동일한 내용 p, q……를, 그와 같은 전체 안에서 그 내용들의 통일에 대한 상징적 지향 속에서 직관적 통일 대신 오히려 직관적 모순을 체험할 때 양립 불가능하다고 부를 것이다. 그때그때 일정한 종류의 전체에 대한 관계나 양립 가능한 내용이나 양립 불가능한 내용의 결합에서 이 두 가지 가능한 사례의 상관관계(Korrelation)는 분명하다.

이와 같은 관계는 이러한 용어의 의미도 함께 규정한다. 우리가 p, q……를 '양립 가능하다.'고 부르는 것은 전적으로 또 이 둘이 ─ 어떻게 통합되는지와 상관없이 ─ 일반적으로 통합되는 점을 단순히 고려해서가 아니라, '이 둘이 G의 방식으로 통합되는 점', 'p, q……의 이러한 통합이 동일한 G와 관련해 동일한 p, q……의 모순을 배제하는 점'을 고려해서다. 또한 내용 p, q……를 '양립 불가능하다.'고 부르는 것은 절대적인 의미가 아니라, 우리가 곧바로 관심을 두는 종류의 통일체에 속하는 어떤 통일체의 범위 안에서 그 내용이 '양립하지 않는다.'는 점을 고려해서다. 즉 그와 같은 통일에 대한 지향이 그러한 통일 대신 모순을 이끌어 오기 때문이다. 이 경우 상관적 모순을 통한 상관적 통일을 배제하는 것도 다시 제 역할을 한다.

모순의 의식은 그것이 여기에서 문제가 되는 p, q……의 G-통일을 배제하기 때문에 '비통합성(Uneinigkeit)'을 정초한다. 이러한 점에 관심이 향할 경우, 모순 그 자체는 통일이 아니라 단절로, '결합'이 아니라 '분리'로 간주된다. 그러나 우리가 그 관계를 변화시키면 양립 불가능성도 통일성으로, 예를 들어 모순의 성격과 모순을 통해 '분리된' 내용 사이의 통일로 기능할 수 있다. 이러한 성격은 이 내용과 양립할 수 있으며, 아마 다른 내용과는 양립할 수 없다. 지배적인 지향이 방금 전 논의한 부분들의 전체로서 모순 전체를 향하면, 우리가 그 전체를 발견할 경우, 따라서 모순이 일어날 경우 p, q……라는 부분들의 양립 가능성은 그 연관 속에, 그리고 그 부분들을 분리시키는 모순의 연관 속에 성립한다. 모순이 결여되었고 이 결여되어 있음이 직관적일 경우, 서로 다른 직관 속에 산재된 요소들에 새로운 모순 의식이 연결된다. 이러한 모순은 지향된 모순의 항(項)들 사이의 모순 — 새로운 모순은 실로 그 모순이 결여되어 있음을 곧바로 지시한다 — 이 아니라, 하나의 직관 속에 모순 없이 통합된 내용 p, q……와 다른 어떤 직관 속에서 직관적이 되는 '모순'이라는 계기에 연결된 모순이다.

따라서 '모순을 통한 통합'이라는 말의 역설(Paradoxie)이 개념들의 상대성을 고려해 보면 해명된다. 이제 더 이상 '모순은 통일을 절대적으로 배제한다. 모순의 형식으로 결국 각각의 모든 것이 통합될 것이다. 통일이 결여된 곳에 바로 모순이 성립할 것이다. 이 모순을 다시 통일로 간주하는 것은 통일과 모순 사이의 절대적으로 견고한 대립을 녹여 버리고, 그 대립의 참된 의미를 무력화할 것이다.'라고 반론을 제기하면 안 된다. 아니, 우리는 지금 '모순과 통일은 절대적으로 배척되지 않으며, 단지 경우마다 변화하는 그때그때 규정된 상관관계 속에서 배척된다.'라고 말해도 좋을 것이다. 이러한 상관관계 속에서 그 대립은 견고한 대립으로서 배척된다. 단지 '절대적'이라는 말을 항상 암묵적으로 전제된 그와 같은 상관관계로 한정할 경우에만 우리는 반대하는 주장에 대해 만족할 수 있다. 나아가 모순의 형식으로 모든 것이 통합되지 않고, 통합되어 있거나 통합될 수 있는 모든 것이 아닌 바로 어떤 모순을 기초 짓는 모든 것만이 통합된다. 왜냐하면 '모순의 형식으로 통합'이라는 논의의 의미에는, '어떤 결합 G_0 속에 생각된 어떤 p, q……의 모순의 형식이 통일성으로서 실제로 통합, 양립 가능성을 수립하며, 그래서 우리가 위에서 언급한 G에 상응하는 통일성으로 간주되어야 한다.'는 점이 포함되어 있기 때문이다. 그러나 결합 G_0에 관해서 p, q…… 사이에 통일이 성립하면, 이러한 결합에 관해 이 p, q……는 ― 일반적으로 결합이 통합이기 때문에 ― 모순의 관계로 끌어오지 않는다.

그러므로 모순의 형식으로 모든 것이 통합될 수 없고, 적어도 가령 (계속 말했듯이) 통일이 결여될 경우, 이 통일이 결여되어 있음이 실로 모순을 통해 통일이 수립될 어떤 모순을 통해 드러나기 때문에 통합될 수 없다. 우리는 여기에서 일어난 혼동 또는 기초 짓는 관계에서 오는 혼란을 이해한다. G_0라는 통일이 결여되어 있음을 특징짓는 것은 p, q…… ― G_0의 이념을 통해 규정된 연관 속에서 ― 에 연결된 모순이다. 그러나 이 모순이 만들어 내는 것은 G_0의 통일이 아니라, 이와 다른 통일이다. 모순은 전자에 관해 '분리'의 성격을, 새로운 통일에 관해 '결합'의 성격을 갖는다. 그래서 모두 정상이며, 하나의 예가 이것을 설명해 준다. 잘 알려진 현상적 연관에 관해 '빨간색'과 '녹색'은 양립할 수 없다고 하고, '빨간색'과 '둥근'은 양립할 수 있다고 한다. 모순의 성격은 전자의 경우 양립 불가능성을 규정하고, '빨간색'과 '녹색' 사이에는 '분리'를 수립한다. 그럼에도 모순의 성격은 다른 종류의 연관에 관한, 즉 '하나의 현상적 객체에 속하는 감성적 징표들 사이의 모순'이라는 종류의 연관에 관한 통일을 수립하는 데 이바지한다. 따라서 지금 '빨간색'과 '녹색' 사이의 모순은 통일이며, 당연히 '모순', '빨간색', '녹색'이라는 요소와 관련된 통일이다. 반면 '빨간색과 둥근 사이의 모순'은 비통합이며, 이 '모순', '빨간색', '둥근'이라는 요소에 관해 비통합이다.

34 몇 가지 공리

우리의 기본적인 분석에 매우 중요한 이 양립 가능성 관계의 의미를 밝힌 다음, 우리는 원초적 공리를 확정하고 그 현상학적 해명을 수행할 수 있다. 우선 양립 가능성 관계 ── 양립 가능성이나 양립 불가능성 ── 의 가역성 공리가 고찰될 것인데, 이 공리는 우리가 기초가 되는 현상학적 관계를 분석할수록 즉시 분명해진다.

더 자세한 고찰에는 다음과 같이, 맨 처음 수립될 수 있는 공리가 필요하다. 즉 통일과 모순 또는 통합 가능성과 통합 불가능성 ── 상관관계의 동일한 기초에 관계된 그때그때의 쌍 ── 은 교대로 서로 배척된다.(즉 계속해서 이것들은 서로 통합 불가능하다.) 통합 불가능성은 통합 가능성이 단순히 결여된 것을 뜻하지 않으며, '어떤 통합이 객관적으로 일어나지 않는다.'는 단순한 사실을 뜻하지 않는다는 점은 여기에서 더 이상 강조될 필요가 없다. 통합과 모순은 현상학적으로 서로 다르게 기초 지어진 이념이며, 그러므로 'G(p, q⋯⋯)라는 통일형식에 적합하게 p가 q와 대립되는 ── 대립함은 현상학적으로 적극적 성격이다 ── 경우, p와 q의 통합이 동일한 G의 의미에서 동시에 가능하지 않다.'라고 함으로써 실제로 중요한 명제가 표명된다. 반면 이러한 통합이 일어날 경우, 이에 상응하는 모순은 '불가능하다.'

현상학적으로 이것에 기초가 되는 것은 이미 앞에서 논의한 것에서 드러난 것, 즉 우리가 p, q⋯⋯ 사이의 현실적 모순을 이에 상응하는 p, q⋯⋯의 통일과 함께 통합하려, 따라서 어떤 m, n⋯⋯에 의해 어딘가에서 실제로 직관된 통일의 종류 G를 그것에 속한 모순의 사례인 p, q⋯⋯에 현실적으로 적용하려 시도하는 경우, 첫 번째 모순과 다른 곳에서 직관된 통일의 형식 속에 자신의 기반을 갖는 새로운 모순이 생긴다. 이와 유비적인 것이 그 밖에 첫 번째 공리를 응용한 것으로 인식될 수 있는 반대의 경우에 밝혀진다.

'p, q…… 사이에 모순이 성립한다.'라는 명제와 '동일하지만 임의의 p, q…… 사이에 통일이 성립하지 않는다.'라는 명제는 하나의 동일한 것을 뜻한다. 즉 모든 '않는다(nicht)'는 모순을 표현한다.

모순이 'p와 q는 서로 모순되어야 한다.' 따라서 'p, q……는 모순의 형식에서 하나다.' 그래서 'p, q……는 일치한다.' 달리 말하면,

p, q가 모순되지 않고, '아니다(nicht)'가 일치하지 않으면,

이 둘은 일치한다.(이중 부정의 공리)

이것에서 다음과 같이 귀결된다.

통합이든 모순이든 이 둘 가운데 하나가 일어나면,

'제3자'는 존재하지 않는다.

여기에는 다음과 같이 표현되는 네 가지 가능성이 구별될 수 있다. 즉 통합이나 모순이 일어날 경우와, 통합이나 모순이 일어나지 않을 경우다. 그러나 '통합이 아닌 것'은 모순에 대한 다른 말이고, '모순이 아닌 것'은 앞에서 언급한 공리에 따라 통합에 대한 동의어다.

이러한 공리에 대한 궁극적 해명과 이 공리와 순수논리적 공리의 관계는 지금 연구하는 범위를 넘어선다. 우리가 상술한 것은 나중에 추구하려는 내적 관계를 시사할 뿐이고, 우리가 이미 여기에서 순수논리학의 현상학적 기초 지음을 하고 있다는 사실에 대한 생생한 자각을 일깨운다.

35 의미로서 개념의 통합 불가능성

사유작용 가운데 통합 가능성과 같이, 통합 불가능성이 어떤 결합을 향한 표의적 지향과의 연관 속에 등장하고, 그래서 표의적 동일화와 직

관적 동일화의 연관 속에 등장한다. 어쨌든 34항에서 한정된 통합 불가능성의 개념은 지향에 관계하지 않고, 같은 이름으로 지향에 관계된 통합 불가능성 개념은 전이하는 개념이며, 근원적 개념의 특수한 경우이지만 실망함의 관계에 한정된 아주 특정한 내용을 지닌다. 앞에서[2] 통합 가능성이나 양립 가능성과 관련해 설명한 것과 유사한 것이 여기에서도 타당하다. 또한 의미('개념')에 적용해, 통합 불가능성에 대한 논의는 의미의 모든 임의적인 이념적 통합 불가능성, 예를 들어 순수문법적 통합 불가능성을 뜻하지 않는다. 그것은 객관적으로 완전한 직관화 속에서 충족되는 것이 아니라 실망되거나 실망하게 할 수 있는 하나의 복합적 의미에 속하는 부분적 의미들의 관계에만 해당된다. 명백하게 직관화된 내용의 모순은 실망시킴에 대한 근거가 되고, 이 경우 모순 그 자체가 의미되거나 표현된 것이 아니라는 점에 주의해야 한다. 다른 경우 모순은 충족시키는 '직관'에 속하며, 철저히 가능한 표현으로서 객관적 불가능성을 적절하게 표현한다.

직관적 모순의 과정 속에서 서로 배척하는 통일적 직관의 각각의 것과 의미 사이의 연관은, 마찬가지로 모순 — 즉 부분적으로 합치하는 가운데 — 의 연관이다.

의미에 대해 수립할 수 있는 가능성의 이념적 법칙은 원본적이며, 더 일반적인 개념, 또는 이 개념 자체에 대해 위에서 수립한 — 여전히 계속 완전하게 해야 할 — 공리에 근거한다. 여기에는 다음과 같은 명제가 속한다.

동일한 연관과 관련해 동일한 의미의 통합 불가능성과 통합 가능성은 서로 배척한다.

한 쌍의 모순되는 — 즉 하나는 동일한 것을 통합 불가능한 것으로

---

2 31항 중간 참조.

여기고, 다른 하나는 자체 속에 일치하는 것으로 여기는 — 의미 가운데 어떤 것이 가능하면 다른 것은 불가능하다.

부정적인 것의 부정, 즉 어떤 사태 M의 통합 불가능성 자체를 다시 하나의 통합 불가능성으로 표상하는 의미는 이에 상응하는 긍정적인 것과 같은 값을 지닌다. 이 경우 이 긍정적인 것은 동일한 — 부정을 삭제한 다음에도 남아 있는 것 — 표상의 질료를 통해 동일한 M의 내적 일치함을 표상하는 의미로서 정의된다.

물론 의미의 논리적 관계에 따라 의미의 실제적 이론은 그와 같은 모든 명제가 체계적 질서 속에 수립되고 입증될 것을 요구한다.

우리는 나중에 연구해 보충할 것을 유보하면서 이 불충분한 연구를 중단한다. 특히 논리적 관심 속에 동일화와 구별, — 아주 특별히 부분적 동일화와 구별 — 그리고 이것과 명백하게 밀접한 통합과 모순의 학설 관계에 대해 훨씬 더 진전되고 완벽하게 수행된 현상학과 이론이 필요할 것이다.

5절 일치함의 이상. 명증성과 진리

36 들어가는 말

이제까지 고찰에서 작용의 질은 전혀 문제되지 않았고, 이것에 대해 아무것도 전제되지 않았다. 가능성과 불가능성은 질에 대해 어떤 특별한 관계도 전혀 갖지 않는다. 예를 들어, 어떤 명제의 가능성에는 '우리가 명제의 질료를 정립하는 작용 ─ 동의하는 작용, 시인하는 방식으로 승인하거나 채택하는 작용이 아니라 단적으로 받아들이는 믿음의 작용 ─ 의 질료로서 실현하는지, 명제의 질료를 질적으로 변양된 방식으로 단순한 표상작용의 질료로서 부여하는지'에 전혀 영향을 받지 않는다. 명제적으로 의미하는 구체적 작용이 동일한 질료에 대해 객관적으로 완전한 직관으로 충족시키는 동일화를 허용하는 경우, 그 명제가 '가능하다'는 것은 항상 타당하다.

마찬가지로 '이렇게 충족시키는 직관이 지각인지, 단순한 상상의 상(像) 등인지'는 중요하지 않다. 상상의 상을 만들어 내는 것이 일반적으로 지각이나 정립을 만들어 내는 것보다 비할 데 없이 더 크게 우리의 자의에 맡겨지므로, 가능성을 특히 즐겨 상상의 상의 성격(Bildlichkeit)

과 관련 짓고는 한다. 그런 다음 — 객관적으로 논의하면 — 적절한 상상의 상 방식으로 실현되는 것은 경험적으로 개별적 개체인 우리 자신이 그것의 성공 여부에 따라 우리에게 가능하다고 간주된다. 그러나 지각과 구상의 이념적 연관 — 따라서 모든 지각에는 가능한 구상이 '아 프리오리하게' 상응한다 — 에 의해 이러한 명제는 앞에서 논의한 명제와 같은 값을 지니며, 그 [가능성의] 개념을 구상에 한정하는 것은 비본질적이다.

그러므로 이제 우리의 고찰을 적어도 일시적으로 종결짓고, 이후 연구에 대한 전망을 획득하기 위해, 방금 전 시사한 차이가 충족시킴의 관계에 끼치는 영향을 지극히 간략하게나마 검토하는 것은 중요하다.

37 지각의 충족시키는 기능. 궁극적 충족시킴의 이상

대상적인 것이 표상 속에서 어떻게 표상되는지 하는 방식과 관련해 충만함의 완전성 차이가 중요한 것으로 입증되었다. 표의적 작용은 가장 낮은 단계를 형성하며, 충만함이 전혀 없다. 직관적 작용은 충만함을 지녔지만 어쨌든 등급에 다소간, 게다가 실로 상상의 영역 안에서 차이가 있다. 그러나 아무리 완전성이 크더라도 상상을 지각과 비교하면 차이가 있다. 상상은 대상 그 자체를 부여하지 않으며, 심지어 부분적으로라도 부여하지 않고 단지 대상의 상 — 이것은 일반적으로 상인 한에서 결코 사태 그 자체가 아니다 — 만 부여한다. 우리는 사태 그 자체를 지각에 의거하며 또한 지각은 대상을 서로 다른 단계의 완전성에서 서로 다른 정도의 '음영'으로 '부여한다.' 지각의 지향적 성격은 상상이 단순히 현전화된 것에 대립해 현재화된 것 — 직접 제시하는 것 — 이다. 우리가 알고 있듯이, 이것은 작용들의 내적 차이, 더 자세하게 말하면, 작용들을 재현하는 형식(파악의 형식)의 차이다.

그러나 직접 제시하는 것(Präsentieren)은 일반적으로 참으로 현재에 존재하는 것(Gegenwärtigsein)을 만들지 않으며, 단지 현재에 있는 것으로 나타나는 것 — 이 속에서 대상적인 현재와, 이와 더불어 참으로 받아들임[지각](Wahr-nehmung)의 단계가 밝혀진다 — 만 만든다. 이러한 사실을 이에 상응하는 일련의 충족시킴의 단계가 보여 주는데, 다른 경우와 마찬가지로 지각의 경우, 대상을 표상하는 가운데 완전성을 예시하는 모든 것은 충족시킴의 도움이 필요하다. 이 경우 우리는 지각적 음영에 대한 논의를 통해, 정당하게 추구될 수 있는 차이는 지각의 충만함에 의해 확장된다는 점을 판명하게 알게 된다. 그러나 그 차이는 그 감각의 내용에 따라, 그 내적 성격에 따라 충만함에 관계하는 것이 아니라 '충만함'으로서 그 성격을, 따라서 파악하는 작용의 성격을 단계적으로 확장하는 것을 뜻한다.

그에 따라 우리가 매우 잘 알듯이 이 차이는 유사한 모든 차이와 마찬가지로 연상적으로 생기기 때문에, 발생적인 모든 것과 언제나 상관없이 충만함의 많은 요소는 그에 상응하는 대상적 요소의 궁극적인 직접 제시함으로 간주된다. 충만함의 요소는 대상의 요소와 동일한 것으로 주어지며, 단순히 재현하는 것이 아니라 절대적 의미에서 대상의 요소 그 자체로서 주어진다. 다른 충만함의 요소는 다시 단순한 '색깔의 음영', '원근법적 단축' 등으로 간주되며, 이 경우 그와 같은 논의에도 작용의 현상학적 내용 속에서 모든 반성에 앞서 어떤 것이 분명히 상응한다. 우리는 음영의 이러한 차이를 이미 언급했으며, 상상의 경우에도 상의 영역으로 전이하는 가운데 이 차이를 발견했다. 모든 음영은 재현하는 성격을 지니며, 게다가 유사함을 통해 재현되지만, 유사함을 통해 이렇게 재현하는 방식은, 그 재현함이 음영 짓는 내용을 객체의 상으로 파악하는지, 객체가 스스로를 제시함(스스로-음영 지음)으로 파악하는

지[1]에 따라 서로 다르다. 음영의 충만함의 상승을 허용하는 이념적 한계는 지각의 경우에는 절대적인 그 자체(Selbst) —— 상상의 경우 절대적으로 닮은 상 —— 이며, 게다가 대상의 모든 측면, 직접 제시된 모든 요소에 대해 절대적인 그 자체다.

그래서 가능한 충족시킴의 관계를 검토하는 것은 충족시킴의 상승을 완결 짓는 목표를 시사하는데, 이 목표 속에서 완전한 전체의 지향은 자신의 충족시킴을, 게다가 중간적인 부분적 충족시킴이 아니라 결정적이고 궁극적인 충족시킴을 달성한다. 이렇게 완결 짓는 표상의 직관적 내용은 가능한 충만함의 절대적 총합이다. 직관적으로 재현하는 것은, 대상이 그 자체로 존재하는 바의 대상 그 자체다. 여기에서 재현하는 내용과 재현되는 내용은 하나의 동일한 것이다. 그리고 표상의 지향이 이렇게 이상적으로 완전한 지각을 통해 궁극적 충족시킴을 제공하는 경우, 진정한 '사물과 지성의 일치(adaequatio rei et intellectus)'가 수립된다. 즉 대상적인 것은 정확하게 그것이 지향된 것으로서, '실제로 현재에 있거나' '주어져 있다.' 그것에는 충족시킴이 결여된 어떠한 부분적 지향도 더 이상 함축되어 있지 않다.

이렇게 설명함으로써 모든 충족시킴, 그래서 표의적 충족시킴도 '당연히' 표시되었다. 여기에서 '지성(intellectus)'은 생각에 의한 지향, 의미의 지향이다. 그리고 '일치(adaequatio)'가 실현되는 것은, 의미된 대상성이 엄밀한 의미에서 직관 속에 주어지고, 그 대상성이 사유되고 명명된 것과 정확하게 같은 것으로 주어질 경우다. 생각에 의한 어떠한 지향도 직관 그 자체를 충족시키는 것이 만족되지 못한 지향을 더 이상 함축하지 않는 한 자신의 충족시킴을, 게다가 궁극적 충족시킴을 발견하지 못할 것이다.

---

1 이 책, 23항 후반부 참조.

우리는 '생각'이 '사태'에 일치하는 완전성은 이중적이라는 점을 알아차린다. 한편으로, 생각이 충족시키는 직관이 생각에 속하는 것으로 완전하게 표상하지 않은 것은 아무것도 사념하지 않기 때문에, 직관에 적합함은 완전한 것이다. 명백히 이 완전함에는 앞에서[2] 구별한 두 가지 완전성이 통합되어 있으며, 이 둘은 우리가 충족시킴의 '객관적 완전성'으로 부른 것을 산출한다. 다른 한편, 완전성은 완전한 직관 자체 속에 놓여 있다. 직관은 직관 속에서 목표가 정해진 지향을 여전히 충족시킬 필요가 있을 지향의 방식 그 자체로 다시 충족시키는 것이 아니라, 이러한 지향의 궁극적 충족시킴을 수립한다. 따라서 우리는 직관에 적합한 ── 더 넓은 자연적 의미에서 일치 ── 완전성과, 이 완전성을 전제하는 궁극적 충족시킴 ── '사태 그 자체'에 일치 ── 의 완전성을 구별해야 한다. 직관적 대상이나 사건의 충실하고 순수한 모든 기술(記述)은 전자의 완전성에 대한 예를 제공해 준다. 만약 대상적인 것이 내적으로 체험된 것이고, 반성적 지각 속에서 그것이 존재하는 그대로 파악된 것이면, 이때 두 번째 완전성이 수립될 수 있다. 예를 들어, 우리가 곧바로 내린 정언적 판단에 관해, 이러한 판단에서 주어의 표상에 대해 이야기할 경우와 마찬가지다. 이에 반해 첫 번째 완전성에 결여된 것은 우리가 눈앞에 서 있는 나무를 '개량된 품종의' 사과나무라고 부르거나, 방금 전 울려 퍼진 음의 '진동수'에 대해 이야기할 경우, 일반적으로 지각된 객체의 규정성, 심지어 지각의 지향 속에 함께 사념되었더라도 어쨌든 적어도 다소간 음영 지어진 방식으로 나타나는 규정성에 대해 이야기할 경우다.

여기에서 다음과 같은 점을 보충해 말해 둔다. 궁극적 충족시킴은 전적으로 충족되지 않은 어떠한 지향도 포함하면 안 되므로 그 충족시

---

2 이 책, 29항 중간 참조.

5절 일치함의 이상. 명증성과 진리

킴은 순수한 지각에 근거해 이루어져야 한다. 그러나 순수하지 않은 지각이 연속적으로 종합되는 방식으로 수행되는, 객관적으로 완전한 지각은 궁극적 충족시킴을 만족시킬 수 없다.

모든 지향의 궁극적인 충족시킴을 지각 속에 정립하는 고찰 방식에 반대해 다음과 같은 의심이 일어난다. 즉 보편적인 개념적 표상에 그 충만함을 부여하고, '보편적 대상' '그 자체'를 눈앞에 제기하는 실현된 보편성 의식은 단순한 상상에 근거해 구축되거나, 적어도 지각과 상상의 차이에 대해 둔감한 것이 아닌가 하는 의심이다. 이 모든 것은 방금 말한 것에 의해 ― 공리의 방식으로 '단순한 개념에 근거해' ― 확실하게 이해되는 모든 명증적인 유적 진술에 대해서도 명백하게 적용된다.

이러한 반론은 우리의 연구에서 그때그때 이미 언급한 결함을 지적한다. 우리에게 지각은 우선 당연히 감성적 지각과 같은 것으로, 직관은 감성적 직관과 같은 것으로 간주되었다. 그래서 우리는 실제로 자각하지 않은 채 암묵적으로, 예를 들어 양립 가능성에 관한 검토와 연관해 이러한 개념 제한을 종종 넘어선다. 이것은 우리가 어떤 모순이나 통합, 그 밖에 종합 그 자체의 직관에 대해 이야기하는 어디에서나 일어난다. 우리는 범주적 형식 일반을 논의하는 바로 다음 절[6절]에서 지각과 그 밖에 직관 개념을 확장할 필요성을 입증할 것이다. 그 반론을 제쳐 놓기 위해 우리가 지금 말해 두는 단지 일반화하는 추상의 기반인 상상은 그로 인해 충족시킴의 실제적이고 본래적인 기능을 할 수 없으며, 따라서 '이에 상응하는' 직관을 제시할 수 없다. 이미 여러 차례 강조했듯이, 나타남의 개체적인 개별적 요소는 그 자체로 보편적인 것이 아니며, 내실적 단편의 방식으로 보편적인 것을 자체 속에 포함하지도 않는다.

38 충족시킴의 기능에서 정립적 작용. 모호한 의미에서 명증성과 엄밀한 의미에서 명증성

우리는 이제까지 정립적 작용과 비정립적 작용을 '지향'이라는 명칭으로 똑같이 포괄해 왔다. 그럼에도 비록 충족시킴의 보편적 성격이 본질적으로 질료를 통해 규정되더라도 — 일련의 가장 중요한 관계에 대해서도 질료가 고찰된다면 — 어쨌든 다른 관계에서 질은 함께 규정하는 것으로 밝혀지며, 그래서 '지향', '겨냥함'에 대한 논의는 본래 정립적 작용에만 어울리는 것으로 보인다. 사념은 사태를 겨냥하고, 어떤 방식으로 지각 — 이 경우 정립적 작용으로서 지각 — 에 일치하는지 일치하지 않는지에 따라 그 목표에 도달하거나 도달하지 못한다. 그리고 사념이 지각에 일치할 때 정립[한 것]은 정립[된 것]과 일치하며, 지향하는 작용과 충족시키는 작용은 이러한 질 속에서 동일하다.

그러나 단순한 표상작용은 수동적이며, '사태를 결정하지 않고 놓아둔다.' 단순한 표상작용에 우연히 적합한 지각이 부가되는 경우 — 물론 이 둘을 통합하는 질료에 근거해 — 충족시키는 합치가 일어난다. 그러나 표상은 이렇게 [지각으로] 이행하는 가운데 이미 정립의 성격을 획득하며, 합치의 통일 그 자체는 정립의 성격을 확실히 동질적 방식으로 갖는다. 모든 현실적 동일화나 구별은 그 자체가 정립 속에 기초 지어지든 기초 지어지지 않든 정립적 작용이다. 이러한 명제는 양립 가능성의 관계에 관한 마지막 [4절의] 연구의 모든 성과를 규정하는 기본적 특성을 몇 마디 말로 첨부하는데, 이 특성을 통해 동일화와 구별의 이론은 여전히 매우 높은 방식으로, 이제까지 판단론의 주요 부분으로서 명백하게 밝혀졌다. 정립적 작용이 지향하는 작용과 충족시키는 작용으로 곧바로 기능하는지, 비정립적 작용이 그와 같은 작용으로 기능하는지에 관해 예시함, 어쩌면 범례화와 확증함 — 입증함과 이에 대립된 경우에는 논박함 — 의 차이와 같은 차이가 해명된다. 확증함이라는 개념은 그것을 정립하는 충족시킴과 맺는 관계 속에서, 그리고 궁극적으로 지각을 통해 그것을 충족시키는 관계 속에서 오직 정립적 작용에 관계된다.

특히 현저한 이 사례를 더 자세하게 고찰해 보자. 그 사례 속에서 일치의 이상은 '명증성'을 제공해 준다. 우리는 정립적 지향(특히 주장)이 자신의 확증함을, 이에 상응하는 완전히 적합한 지각 — 연관된 개별적 지각의 적절한 종합이더라도 — 을 통해 발견하는 어디에서나 매우 느슨한 의미로 명증성에 대해 이야기한다. 이때 명증성의 정도와 단계에 대해 논의하는 것은 충분한 의미가 있다. 이러한 관점에서 지각이 그것이 대상으로 직접 제시하는 객관적 완전성에 접근하는 것이 문제되고, 이때 계속해서 궁극적인 완전성의 이상, 즉 충전적 지각의 이상, 대상이 완전히 스스로 나타남의 이상 — 대상이 어떻게든 충족시킬 수 있는 지향 속에서 사념되는 한 — 에 접근하는 것이 문제된다. 그러나 명증성에 대한 인식비판적으로 적확한 의미는 오직 이러한 궁극적인 넘어설 수 없는 목표에만, 지향 — 예를 들어 판단의 지향 — 에 대상 그 자체의 절대적으로 충만한 내용을 부여하는 이러한 가장 완전한 충족시킴의 종합 작용에만 관계한다. 대상은 단순히 사념되는 것이 아니라 그것이 사념되는 그대로 사념작용 속에서 하나로 정립되며, 가장 엄밀한 의미에서 주어진다. 그 밖에 중요한 것이 개체적 대상인지 보편적 대상인지, 좁은 의미에서 어떤 대상인지 어떤 사태 — 동일화하는 종합이나 구별하는 종합의 상관자 — 인지는 상관없다.

이미 말했듯이, 명증성 그 자체는 가장 완전하게 합치하는 종합의 작용이다. 모든 동일화와 같이 명증성은 하나의 객관화하는 작용이며, 그 객관적 상관자는 '진리의 의미에서 존재' 또는 '진리' — 그 모든 것이 위에서 말한 현상학적 상태에 뿌리를 둔 일련의 개념에서 나온 명증의 개념에다 이 후자〔진리〕의 개념을 더 즐겨 분배하지 않는다면 — 라 부른다. 어쨌든 여기에서 자세하게 규명할 필요가 있다.

39 명증성과 진리

1) 우선 위에서 시사한 진리의 개념을 고수하면, 동일화하는 작용의 상관자로서 진리는 사태이고, 합치하는 동일화의 상관자로서 진리는 동일성이, 즉 사념된 것과 주어진 것 그 자체 사이의 완전한 일치다. 이러한 일치는, 명증성이 충전적 동일화의 현실적 수행인 한, 명증성 속에서 체험된다. 다른 한편 명증성은 진리의 '체험'이라는 명제를 '명증성은 ── 지각의 개념을 매우 넓게 파악할 경우 ── 지각이며, 엄밀한 명증성의 경우 진리의 충전적 지각이다.'라고 즉시 해석할 수는 없다. 왜냐하면 이전에[3] 표명한 의문을 고려해, 우리는 동일화하는 합치의 수행이 여전히 대상적 일치함의 현실적 지각이 아니라, 동일화하는 합치는 그 합치 자신의 객관화하는 파악 작용을 통해, 현존하는 진리를 그 자신이 주시함을 통해 비로소 현실적 지각이 된다는 점을 인정해야 하기 때문이다. 그리고 진리는 사실상 '현존한다.' 여기에는 항상 일치를 주시할 수 있는 가능성, 일치를 충전적 지각 속에서 지향적 의식으로 이끌 가능성이 '아프리오리하게' 존립한다.

2) 진리의 다른 개념은 서로 합치되는 작용들의 인식에 적합한 본질 사이에서 명증성으로 정의된, 합치의 통일 속에 지배하는 이념적 관계와 관련된다. 앞의 1)의 의미에서 진리가 명증성의 작용에 상응하는 대상적인 것이었던 반면, 지금 의미에서 진리는 작용의 형식에 속하는 이념, 즉 경험적으로 우연적인 명증성의 작용에서 인식에 적합하게, 또 이념으

---

3 이 책 8항의 주해와 7절 참조.

로 파악된 본질 또는 절대적인 일치 그 자체의 이념이다.

　3) 우리는 더 나아가 충만함을 부여하는 작용의 측면에서 '대상이 충만함 그 자체다.'라고 사념된 방식으로 주어진 대상을 명증성 속에서 체험한다. 또한 이 대상은 존재, 진리, 참된 것으로 부를 수 있으며, 게다가 대상이 여기에서 단순한 충전적 지각으로 체험되는 것이 아니라, 어떤 지향에 대한 이념적 충만함으로서, 〔그 지향을〕 참으로 만드는 것으로서 또는 지향의 인식에 적합한 종적 본질의 이념적 충만함으로서 체험된다는 점에서 그렇게 부를 수 있다.

　4) 마지막으로 지향의 관점에서 명증성의 관계를 파악하는 것은 진리를 지향의 정당성, — 특히 예를 들어 판단의 정당성 — 지향이 참된 대상에 일치해 있음, 또는 '종의 개념으로' 지향의 인식에 적합한 본질의 정당성(Richtigkeit)을 산출한다. 후자의 관점에서는 예를 들어, 명제의 논리적 의미에서 판단의 정당성을 산출한다. 명제는 사태 그 자체로 '향해 있고', 그것이 그렇게 존재함을, 그것이 실제로 그렇게 존재함을 주장한다. 그러나 이 속에는 '일반적으로 그와 같은 질료의 명제는 가장 엄밀한 일치의 의미에서 충족된다.'는 이념적 가능성, 따라서 유적 가능성이 표명된다.

　우리가 여전히 특별한 주의를 기울여야 할 점은 — 객관적으로 첫 번째 의미의 진리로서 — 여기에서 문제되는 존재와 '긍정적인' 정언적 진술에서 문제되는 계사(繫辭)의 존재를 혼동하면 안 된다는 것이다.[4] 명증성에서 중요한 문제는 총체적 합치인데, 비록 항상은 아니더라도 대부분 — 성질의 판단 — 이러한 존재는 부분적 동일화에 상응한다.

　어쨌든 총체적 동일화가 술어화될 경우조차 어떤 존재는 다른 존재

4　(옮긴이 주) '계사'에서 '존재'('~이다')는 주어와 술어의 일치 여부를 단순히 표명할 뿐, 가능한 세계나 실재적 세계에서 주어가 실제로 존재하는지에 대해서는 전혀 주장하지 않는다.

와 합류하지 않는다. 왜냐하면 판단의 명증성(판단술어적 진술)의 경우, 판단의 진리 의미에서 존재가 체험되지만 표현되지 않으며, 따라서 그 진술의 '이다(ist)'〔계사〕 속에 사념되고 체험된 존재와 결코 일치하지 않는다는 점을 우리가 알아차리기 때문이다. 이 존재는 참된 것의 의미에서 존재자의 종합적 계기인데, 이 존재는 자신이 참으로 있음(Wahrsein)을 어떻게 표현해야 하는가? 우리는 여기에서 몇 가지 일치가 종합되는 것을 발견한다. 그 가운데 하나인 부분적인 술어적 일치는 주장하면서 사념되고, 충전적으로 지각되며, 따라서 스스로 주어진다.(이것이 뜻하는 것은 이미 6절에서 범주적 객관화에 대한 일반적 학설을 통해 명석하게 획득되었다.) 이것은 주어와 술어 사이의 일치이며, 술어가 주어에 적합함을 말한다.

둘째, 그렇지만 우리는 명증성의 작용에서 종합적 형식을 형성하는 일치를 갖는다. 따라서 이것은 진술의 의미지향과 사태 그 자체의 지각 사이의 총체적 합치, 당연히 단계적으로 수행되는 합치다. 여기에서 이 일치는 더 이상 중요한 문제가 아니다. 이러한 일치는 명백히 진술되지 않고, 첫 번째 일치가 판단된 사태에 속하는 것같이 대상적이지 않다. 의심할 여지없이 두 번째 일치는 항상 명증성을 지니고 진술될 수 있다. 이 일치가 진술되는 경우에 그 일치는 새로운 명증성을 입증하는 사태가 되고, 이 가운데 동일한 것은 타당하며, 이것은 계속된다. 그러나 우리는 모든 단계에서 입증하는 사태와 명증성 그 자체를 구성하는 사태를, 객관화된 사태와 객관화되지 않은 사태를 구별해야 한다.

방금 전에 구별한 것은 다음과 같은 일반적 논의로 이끈다.

명증성의 개념과 진리의 개념 관계를 서술하는 가운데, 우리는 — 지향의 기능이나 충족시킴의 기능에서 — 명증성 속에서 이것들의 엄밀한 일치를 발견하는 작용의 대상적 측면에서 사태와 그 밖의 대상을 구별하지 않았고, 이에 상응해 관계 짓는 작용 — 일치와 불일치의 작용,

술어적 작용 ── 과 관계 짓지 않는 작용 사이의 현상학적 차이를 전혀 고려하지 않았다. 따라서 관계 짓는 의미와 관계 짓지 않는 의미, 이념적으로 파악된 본질 일반 사이의 차이도 전혀 고려하지 않았다.

그런데 엄밀한 일치는 관계 짓는 지향과 아주 똑같이, 바로 관계 짓지 않는 지향도 지향을 완전히 충족시킴으로써 하나로 정립할 수 있다. 특히 표현의 분야를 부각시키기 위해 진술의 지향이나 진술의 충족시킴으로서 곧바로 판단을 문제 삼을 필요가 없으며, 명사적 작용도 일치 속에 등장할 수 있다. 어쨌든 '진리', '정당성', '참된 것'과 같은 개념은 대부분 앞에서 실행한 바와 같이 제한된 의미로 포착되며, 판단과 명제 또는 그 객관적 상관자인 사태에 관계된다. 동시에 확실하게 한정되지 않아도 주로 절대적 객체(비-사태)와 관련해 존재가 문제된다. 이 개념들을 더 일반적으로 포착하는 정당성은 논쟁의 여지가 없다. 사태 그 자체의 본성은, '진리와 거짓이라는 개념은 적어도 우선 매우 넓게 채워져 있어서 객관화하는 작용의 영역 전체를 포괄한다.'는 점을 요구한다. 이 진리의 개념과 존재의 개념의 경우, '진리의 개념 ── 애매함의 어떤 여지를 피하지만, 그 개념을 명확하게 규정하는 것에 거의 해가 되지 않고 남아 있는 ── 은 이념적으로 포착할 수 있는 작용의 계기와 이 작용 그 자체의 측면에 관계되고, 존재(참으로-있음)의 개념은 그에 속한 대상적 상관자에 관계된다.'고 세분화하는 것은 가장 적절하다.

그러므로 우리는 진리를 2)와 4)에 따라 일치의 이념으로, 하지만 객관화하는 정립과 의미의 정당성으로 정의할 수 있을 것이다. 이때 진리의 의미에서 존재는 1)과 3)에 따라 일치 속에 동시에 사념되고 주어진 대상의 동일성, 하지만 자연적인 말의 의미에 상응해 지각될 수 있는 것을 통해 입증할 수 있는, 충전적으로 충족시킬 수 있는 어떤 지향과의 규정되지 않은 관계 속에서, 충전적으로 지각될 수 있는 것 일반으로 규정될 수 있을 것이다.

그 개념들을 이러한 방식으로 〔넓게〕 포착하고 현상학적으로 확정한 다음, 우리는 관계 짓는 작용(술어화작용)과 관계 짓지 않는 작용(절대적으로 정립하는 작용)의 차이를 고려해 진리와 존재의 더 좁은 개념을 한정하는 것으로 넘어갈 수 있다. 이때 좁은 의미의 진리 개념은 관계 짓는 작용이 이에 속한 충전적 사태의 지각에 이상적으로 일치하는 것에 한정될 것이다. 마찬가지로 좁은 의미의 존재 개념은 절대적 대상의 존재와 관련되고, 이것을 사태가 '존립함(Bestehen)'과 분리할 것이다.

따라서 다음이 분명해진다. 즉 판단을 정립하는 작용 일반으로 정의하면 — 주관적으로 말하면 — 〔한편으로〕 판단의 영역과 〔다른 한편으로〕 가장 넓은 의미에서 진리와 거짓의 개념이 통합된 영역이 합치된다. 판단을 진술과 이 진술을 가능하게 충족시킴으로 정의하면, 그래서 판단으로 관계 짓는 정립의 영역만 포괄하면, 진리와 거짓에 관한 더 좁은 개념만을 기초에 놓는 한 동일한 합치가 다시 존립한다.

우리는 이제까지 일면적으로 명증성의 사례를, 따라서 총체적 합치로서 기술된 작용을 우선적으로 다루어 왔다. 그러나 모순의 상관적 사례를 고려하면, 명증성에는 지향과 유사-충족시킴 사이의 완전한 모순에 대한 체험인 불합리(Absurdität)가 상응한다. 이때 진리(Wahrheit)와 존재(Sein)의 개념에는 거짓(Falschheit)과 비존재(Nichtsein)의 상관 개념이 상응한다. 이러한 개념들의 현상학적 해명은 모든 기본적 요소를 준비한 다음에 특별한 어려움 없이 수행될 수 있다. 따라서 우선 궁극적 실망시킴의 소극적 이상을 정확하게 규정해야 할 것이다.

우리가 여기에서 기초를 놓은 명증성 개념을 엄밀하게 포착하는 경우 명백히 '그 명증성이 최근 때에 따라 어떻게 표명되었는지 하는 의문, 즉 동일한 질료 A가 어떤 사람에게는 명증성의 체험과, 다른 사람에게는 불합리의 체험과 결합될 수 없었는가 하는 의문은 불합리하다.' 그와 같은 의문이 가능할 수 있었던 것은 단지 명증성과 불합리를 판

5절 일치함의 이상. 명증성과 진리

단의 작용에 우연적으로 부착된 — 우리가 논리적으로 진리나 거짓으로 평가하는 특별한 특징을 판단의 작용에 부여하는 독특한 — 적극적이거나 소극적인 감정(Gefühl)으로 해석하는 한에서일 뿐이다. 누군가 A의 명증성을 체험하면, 어떤 두 번째 사람도 동일한 A의 불합리를 체험할 수 없다는 점은 명증적이다. 왜냐하면 'A가 명증적이다.'라는 것은 'A는 단순히 사념된 것이 아니라 그것이 사념된 것으로서 정확하게 똑같이, 또한 참으로 주어졌다.'는 것을 뜻하기 때문이다. 즉 그것은 가장 엄밀한 의미에서 그 스스로 현재에 있다. 그러나 두 번째 사람은, 사념이 'A가 참으로 주어진 비-A를 통해 참으로 배제되어 있다.'인데, 이 동일한 A를 어떻게 사념할 수 있는가? 우리는 모순율[5]이 표현된 본질의 상태(Wesens-Sachlage)가 중요한 문제임을 보게 된다.

우리의 분석을 통해 확실한 명석함으로 밝혀지는 것은, 존재와 비존재는 그 기원에 따라 판단의 질의 대립을 표현하는 개념이 아니라는 점이다. 우리가 파악한 현상학적 관계의 의미에서 모든 판단은 정립적이며, 정립은 '아니다(nicht ist)' 속에 자신의 질적 대립 개념을 발견할 '이다(ist)'의 성격이 전혀 아니다. 판단에 질적인 대립 개념은 동일한 질료에 대한 단순한 표상이다. '이다'와 '아니다'의 차이는 지향적 질료의 차이이다. 그래서 '이다'가 의미지향의 방식으로 술어적 일치를 표현하듯이, '아니다'는 술어적 모순을 표현한다.

---

5 이 항 앞에서 다룬 상관관계는 당연히 이 모순율의 다의성에 관련된다.

2장

감성과 오성

6절 감성적 직관과 범주적 직관

40 범주적 의미형식을 충족시키는 문제와 이 문제의 해결을 주도하는 생각

지금까지의 서술에서 큰 결함 하나를 반복해서 온전히 느껴 왔다. 그 결함은 범주적 객관적 형식, 또는 객관화하는 작용의 영역에서 '종합적' 기능과 관련된 것인데, 이것을 통해 이 객관적 형식이 구성되고 '직관'되며, 그에 따라 '인식'될 것이다. 그러므로 우리는 인식을 해명하는 제한된 목표로 향했던, 즉 표현하는 의미지향과 표현된 감성적 직관의 관계로 향했던 1절의 연구에 다시 연결시켜 이러한 결함을 어느 정도 메우는 시도를 감행하려 한다. 또한 잠정적으로 다시 지각 진술과 그 밖에 직관 진술의 가장 단일한 사례를 기초에 놓고, 동일한 근거에서 다음과 같은 가장 밀접한 고찰의 주제를 명확하게 표명한다.

지각 진술의 경우에서 충족되는 것은 단지 이 진술에 삽입된 명사적 표상만이 아니다. 진술의 의미는 지배를 받는 지각을 통해 충족시킴의 전체를 발견한다. 진술 전체가 우리의 지각에 표현을 부여하는 것은 실로 진술 전체에 대해서도 마찬가지다. 우리는 단순히 '나는 이 종이,

잉크병, 여러 가지 책 등을 본다.'뿐만 아니라 '나는 이 종이가 글씨로 쓰여 있는 것, 여기에 청동으로 만든 잉크병이 있는 것, 여러 가지 책이 펼쳐진 것 등을 본다.'고도 말한다. 누군가에게 명사적 의미의 충족시킴이 충분한 것으로 명석하게 나타나면, 우리는 '진술 전체의 충족시킴이, 특히 그 질료를, 즉 여기에서는 명사적 용어를 넘어서는 것에 관해 어떻게 이해될 수 있는가?' 하는 의문을 제기한다. 예를 들어, 계사를 포함해 명제의 형식 그 자체를 형성한 의미의 계기 ─ '범주적 형식'의 계기 ─ 에 무엇이 충족시킴을 제공하고 또 제공할 수 있는가?

그러나 더 자세하게 살펴보면, 명사적 의미가 고유명사의 의미와 같이 곧바로 형식이 없지 않은 한 이러한 의문은 명사적 의미로도 옮겨진다. 진술과 마찬가지로 명사도 이미 문법적 나타남 속에 자신의 '질료'와 '형식'을 갖는다. 명사가 말로 분해되면, 그 형식은 각기 부분적으로 서로 인접해 배열하는 방식, 고유한 형식의 말, 개개 말의 조어법(造語法)으로 분산되어 있다. 이때 그 말 자체는 다시 '질료'의 계기와 '형식'의 계기로 구별될 수 있다. 이와 같은 문법적 구별은 의미의 구별로 소급해 지시하고, 문법적 분절과 형식은 의미의 본질 속에 근거한 분절과 형식을 적어도 대략적으로는 표현한다. 따라서 우리는 의미 속에 매우 다른 성격의 부분을 발견하며, 그 가운데 여기에서 특히 주목하는 것은 '그것', '하나의', '몇 가지', '많은', '약간의', '둘', '이다', '아니다', '그러한 것', '그리고', '또는' 등과 같은 형식어를 통해, 나아가 각 말의 명사·형용사·단수·복수 등을 형성하는 형식으로 표현되는 부분이다.

그런데 이 모든 부분과 형식은 충족시킴 속에서 어떠한 관계에 있는가? 그것은 3절에서 공식화한 완전히 적절한 충족시킴의 이상과 올바로 유지될 수 있는가? 의미의 모든 부분과 형식에는 지각의 부분과 형식도 상응하는가? 따라서 이 경우 의미하는 사념작용과 충족시키는 직관 사이에는 표현에 대한 논의가 당연하다고 생각되는 그 평행론(Parallelismus)이 존립할 것이다. 그 표현은 비록 새로운 소재에서 만들어졌더라도 지각의 ─ 즉 곧바로 표현되어야 할 지각의 모든 부분이나 형식에 따라 ─ 상과 같은 종류의 대응물, 즉 의미작용(Bedeuten)의 소재(Stoff) 속에서 '밖으로(Aus)-밀어낸 것(druck)'〔표현〕이다.

따라서 의미작용과 직관작용의 관계에 대한 해석의 원형은 고유명사의 의미와 이에 상응하는 지각의 관계일 것이다. '쾰른'시 자체를 알고, 이에 따라 '쾰른'이라는 말의 참된 고유명사의 의미를 지닌 사람은 그때그때 현실적 의미의 체험 속에서 미리 이 체험을 확증할 지각에 상응하는 것을 소유한다. 이것은 그에 상응하는 지각과 같이, 가령 지각에 본래 대응하는 상이 아니다. 그러나 지각 속에서와 같이 그 도시 자체는 현재에(추측으로) 있고, 이전에 규명한 것에 따라 '쾰른'이라는 고유명사는 그 고유명사의 의미 속에 동일한 도시를, 그 도시가 존재하는 그대로 도시 그 자체를 '직접' 사념한다. 이 경우 단적인 지각은 이 지각 위에 구축된 이후 작용에 도움을 받지 않고 의미지향이 사념하는 대상을, 의미지향이 그 대상을 사념하는 그대로 나타나게 한다. 그로 인해 의미지향은 단순한 지각 속에 그 지향을, 완전히 적절하게 충족시키는 작용을 발견한다.

만약 직접 명명하고 형식이 없는 표현 대신 형식화되고 분절된 표현을 고찰하면, 사태는 우선 동일하게 놓여 있는 것으로 보인다. 나는 흰 종이를 보고 '흰 종이'라 말하며, 이것으로써 내가 본 것만을 정확하게 맞추어 표현한다. 완전한 판단의 경우도 마찬가지다. 나는 이 종이가 하얗다는 사실을 보고 정확하게 이것을 '이 종이는 하얗다.'라고 표현하고 진술한다.

그러나 어떤 방식으로는 정당하지만 어쨌든 쉽게 오해될 수 있는 그와 같은 논의를 통해 착각하면 안 된다. 그렇게 주장함으로써 사람들은 심지어 '이 경우 의미는 지각 속에 놓여 있다.'는 사실을 정초하려 할 수 있지만, 우리가 이미 확인했듯이, 이것은 맞지 않다. '흰'이라는 말은 확실히 흰 종이 자체에서 어떤 것을 뜻하며, 그래서 충족시킴의 상태 속에서 이 사념작용은 대상의 흰 계기와 관련된 부분적 지각과 합치된다. 그러나 이 부분적 지각과의 단순한 합치를 받아들이는 것은 충분하지 않을 것이다. 이 경우 '나타나는 흰색은 하얗다고 인식되고 명명된다.'라고 말하고는 한다. 그럼에도 인식작용에 대한 통상의 논의는 '인식된 것'으로서 오히려 주어의 대상을 표시한다. 이러한 인식작용에는 명백히 아마 그 전자의 [하얗다고 인식하는] 작용을 포함하지만, 어쨌든 이 작용과 구별되는 다른 작용이 있다. 우리가 [흰 종이'에 대한] 지각을 표현하면서 '흰 종이'라 말하는 경우, 그 종이는 '하얗게' 또는 '흰 것'으로 인식된다. '흰 것'이라는 말의 지향은 나타나는 대상이 지닌 색깔의 계기와 단지 부분적으로만 합치되며, 그 의미 속에는 그 이상의 것이 남아 있고, 나타남 자체 속에서 확인될 수 있는 그 무엇도 찾지 못하는 하나의 형식이 남아 있다. 흰 것은, 즉 하얗게 있는 종이다. 이러한 [있다'라는 계사의] 형식은, 비록 은폐되어 남아 있더라도 '종이'라는 명사에도 남아 반복되지 않는가? 단지 종이의 '개념'에서 통합된 징표의 의미만 지각 속에서 끝난다. 또한 이 지각의 경우에는 대상 전체가 종이로 인식되고, 또한 이 지각의 경우에는 비록 유일한 형식으로서는 아니지만 존재를 포함하는 보충적 형식이 인식된다. 단적인 지각의 충족시키는 작업수행은 명백히 그와 같은 형식에 도달할 수 없다.

더구나 동일한 지각에 근거해 수행된 '이 흰 종이'와 '이 종이는 하얗다.'라는 두 예에서, 표현의 차이 — 따라서 부가어적 진술형식과 술어적 진술형식의 차이 — 에는 지각의 측면에서 무엇이 상응하는지, 이 차이는 지각 자체에서 본래 무엇을 각인하는지, [진술과 지각이] 충전적으로 적합할 경우, 특별히 정확하게 무엇을 각인하는지 심문할 필요가 있다. 그러면 우리는 이러한 어려움을 알아차릴 것이다. 요컨대 형식화된 의미의 경우에는 ─ 지각과 단적으로 합치되는 관계에 있는 고유명사의 의미와 같이 ─ 사태가 단순하지 않다는 사실을 통찰하게 된다. 물론 우리는 듣는 사람이 명확하게 이해하도록 '나는 이 종이가 하얗다는 것을 본다.'라고 말할 수 있다. 그러나 이러한 발언의 사념이 '표명된 명제의 의미가 단순한 봄(bloßes Sehen)에 표현을 부여한다.'일 필요는 없다.

실로 나타나는 대상성이 스스로를 부여하는 것으로 드러나는 봄의 인식에 적합한 본질은 결합하거나, 관계 짓거나, 그 밖에 어떻게 형식화하는 어떤 작용을 정초할 수도 있다. 이 형식화하는 작용은 그 표현이 변화하는 형식과 맞추는 것이고, 이 속에서 표현은 이러한 형식에 관해서 현실적 지각에 근거해 수행되며, 형식화하는 작용에서 충족시킴을 발견한다. 이 기초 지어진 작용이나 작용의 형식을 그것을 기초 짓는 작용과 더불어 종합하면 ─ '기초 지어진 작용'이라는 명칭으로 형식적 기초 지음(Fundierung)을 통해 생기는 복합적 작용 전체를 포괄하면 ─ 다음과 같이 말할 수 있다. 즉 방금 전에 언급한 가능성의 전제 아래 평행론이 다시 수립되는데, 이것은 표현의 의미지향과 이에 상응하는 단순한 지각 사이의 평행론이 아니라, 의미지향과 지각 속에 기초 지어진 그 작용 사이의 평행론이다.

41 계속. 사례의 영역을 확장함

사례의 범위를 술어화하는 사유 분야 전체를 포괄할 정도로 매우 넓게 확대해 생각해 보면 이와 유사한 어려움이 생기며, 또한 이것을 극복할 이와 유사한 가능성이 생긴다. 이때 특히 어떤 직관을 통해 부여할 수 있는 개체적인 개별성과 특정한 관계를 전혀 갖지 않고 유적 방식으로 이념적 통일체들 사이의 관계를 표현하는 판단도 부가된다. 그와 같은 판단의 유적 의미도, 실로 그 기원이 직접적이든 간접적이든 직관 속에 놓여 있듯이, '그에 상응하는' 직관에 근거해 일어날 수 있다. 그러나 이 경우 직관적으로 개별적인 것은 사념된 것이 아니며, 이 사념된 것은 기껏해야 하나의 사례, 예이거나 사념된 것이 오직 겨냥했던 보편적인 것인 예의 단지 조잡하게 유사한 것으로 기능할 뿐이다. 그래서 예를 들어, 우리가 유적으로 '색깔', 특히 '빨간색'에 대해 이야기할 경우에 하나의 빨간 사물이 나타남은 우리에게 예증하는 직관을 제공할 수 있다.

그런데 때에 따라 이 경우 유적 진술을 곧바로 직관의 표현으로 나타낼 수도 있다. 예를 들어, '산술의 공리는 직관 속에 놓여 있는 것을 표현한다.'라고 말하는 경우나, 어떤 기하학자를 '그 기하학자는 형식적으로 연역하는 대신 그가 도형에서 본 것을 단순히 표현하고 도면에서 끌어내며 증명의 단계를 빠뜨렸다.'라고 비난하는 경우와 마찬가지다. 그와 같은 논의는 나름 충분한 의미가 있다. 그 반론이 매우 넓은 범위에서 유클리드 기하학의 형식적 추론방식에 들어맞을 때와 같이, 이러한 점에서 '표현하는 것'은 앞에서 말한 사례와 다른 것을 뜻할 뿐이다. 앞에서 말한 사례에서 표현이 직관에 단순히 대응하는 상이 아니라면, 더구나 생각의 지향이 직관적으로 주어진 나타남과 이 나타남의 직관적 속성이나 관계를 전혀 겨냥하지 않을 경우 — 실로 [기하학의] 예에서 결코 겨냥할 수 없다 — 직관에 단순히 대응하는 상이 아니다. 기하학적 의미에서 도형(圖形)은 잘 알려져 있듯이, '구체적으로(in concreto)' 결코 직관적으로 제시할 수 없는 이념적 한계(ideale Grenze)다.

그럼에도 직관 또한 이 경우 유적 영역 전반에서 표현과 그 의미에서 본질적 관계를 갖는다. 그러므로 이 표현과 의미는 직관과 관련된 보편적 인식의 체험을 형성하는데, 이것은 단순히 함께 있는 것이 아니라 느낄 수 있는 함께 속한 통일체다. 또한 여기에서 개념과 명제는 직관에 따라 방향을 정하며, 오직 이러한 점을 통해서만 그에 상응해 적합한 경우에는 명증성과 인식의 가치가 생긴다. 다른 한편, 이러한 개념과 명제에 속한 표현의 의미가 결코 직관 속에 놓여 있지 않다는 사실, 이 직관이 의미에 부여하는 것은 단지 충만한 명석함과 잘될 경우 충만한 명증성뿐이라는 사실을 통찰하기 위해서는 결코 오랜 숙고가 필요하지 않다. 비할 데 없이 많은 유적 진술, 특히 학문적 진술은 어떠한 해명하는 직관이 없어도 유의미하게 기능한다는 점, 단지 직관에 의해 완전히 조명된 극히 일부분 ― 정초된 참된 진술을 포함해 ― 만 가까이 접근할 수 있게 남아 있다는 점은 실로 매우 잘 알려진 사실이다.

개체적 분야에서와 유사하게, 유적 분야에서도 인식에 대한 자연스러운 논의는 직관적으로 기초 지어진 사유 작용에 관계된다. 직관이 전적으로 없어지면 판단은 아무것도 인식하지 못하지만, 그래도 판단은 ― 일반적으로 참된 판단일 경우 ― 결국 직관의 도움으로 인식될 것을, 적어도 판단의 순수한 생각의 방식으로 정확하게 사념한다. 그러나 인식은 충족시킴과 동일화의 성격을 갖는다. 우리는 이러한 사실을 유적 판단이 직관에서 추후 확증되는 모든 사례에서, 그 밖에 모든 인식에서와 마찬가지로 관찰할 수 있다.

유적 명제의 형식, 특히 보편성의 형식이 개체적 직관 속에서 그 형식에 적합한 요소를 쓸데없이 구하려는 여기에서 어떻게 동일화가 이루어질 것인가? 이 어려움을 해결하는 데에 위의 경우와 유사하게 기초 지어진 작용의 가능성이 제공된다. 더 자세하게 논의한 이 가능성은 가령 다음과 같이 전개될 수 있을 것이다.

유적 생각이 직관 속에 자신의 충족됨을 발견하는 곳에서 지각이나 이와 동등한 등급 및 그 밖에 나타남에 입각해 어떤 새로운 작용이 구축된다. 게다가 나타나는 대상을 그때그때 구성하는 이 직관과는 완전히 다른 방식으로 나타나는 대상에 관계하는 작용이 구축된다. 관계하는 방식의 차이는 위에서 이미 사용한 자명한 어법으로서 '이 경우 직관적 대상 그 자체는 사념된 대상으로 있는 것이 아니라, 단지 본래의 유적 사념을 해명하는 예로서만 기능한다.'고 표명된다. 그런데 표현하는 작용이 이러한 차이에 따르는 사이, 이 작용의 표의적 지향도 직관적으로 표상할 수 있는 것 대신 직관을 통해서만 단지 예증할 수 있는 보편적인 것으로 향한다. 그리고 새로운 지향이 기초를 놓는 직관을 통해 충전적으로 충족되는 경우, 그 지향은 자신의 객관적 가능성 또는 보편적인 것의 가능성이나 '실재성'을 입증한다.

42 객관화하는 작용의 영역 전체에서 감성적 소재와 범주적 형식의 차이

이러한 잠정적 고찰의 어려움을 알려 주고 극복할 수 있는 주도적 생각을 즉시 제시한 다음에, 이제 검토의 본래 본론을 살펴보자.

우리는 '표현작용이 어느 정도 상의 성격을 지녔다는 착상(Idee)은, 표현하는 의미와 표현된 직관의 관계를 기술하기 위해 형성된 표현의 경우에는 완전히 쓸데없다.'는 점에서 출발했다. 이것은 의심할 여지없이 올바르며, 이제 상세하게 규정하기만 하면 된다. 우리는 단지 무엇이 지각에서 가능한 일이며, 무엇이 의미작용의 일인지 진지하게 고찰할 필요가 있으며, '그때마다 단순한 판단의 형식에서 미리 예고될 수 있는 진술의 어떤 부분에만 직관 속에 어떤 것이 상응하는 반면, 다른 진술의 부분에는 직관 속에 전혀 아무것도 상응할 수 없다.'는 사실에 주목해야 한다.

이러한 상태를 더 자세하게 관찰해 보자.

통상 완전한 표현으로 전제되는 지각의 진술은 변화하는 형태의 분절된 화법이다. 우리는 'E는 P이다.' ─ E가 고유명사를 표시하는 경우 ─ '어떤 S는 P이다.', '이 S는 P이다.', '모든 S는 P이다.' 등 어떤 유형으로 쉽게 구별한다. 부정을 변양시키는 영향을 통해, 절대적 술어와 상대적 술어 또는 부가어의 차이를 끌어들임으로써, 연언적·선언적·한정적 경합 등을 통해 여러 가지 복잡한 유형이 성립한다. 이러한 유형의 차이에서 명확한 의미의 차이가 뚜렷이 새겨진다. 이러한 유형의 서로 다른 문자기호와 단어에는 ─ 이 유형에 속하는 현실적 진술의 의미에서 ─ 부분적으로는 항(項)들이, 부분적으로는 결합하는 형식이 상응한다. 그런데 그와 같은 '판단의 형식'에는 오직 문자의 상징을 통해 표시된 위치에만 지각 자체 속에 충족되는 의미가 있을 수 있는 반면, 보충하는 형식의 의미에 충족시킴을 부여할 수 있을 것을 직접 지각에서 찾는 것은 가망 없으며, 심지어 근본적인 오류임을 쉽게 알 수 있다.

물론 문자는 그것의 단순한 함수적 의미에 의해 복잡한 생각의 가치도 받아들일 수 있으며, 바로 매우 복잡하게 구축된 진술도 매우 단순한 판단 유형의 관점에서 파악될 수 있다. 따라서 우리가 통일적으로 '용어(Terminus)'로 주목한 경우, '소재'와 '형식' 사이의 동일한 차이가 반복된다. 그러나 결국 우리는 모든 지각의 진술에서와 마찬가지로 당연히 다른 모든 진술에서 어떤 주요한 의미로 직관에 표현을 부여하고, 용어 속에 현존하는 궁극적 요소 ─ 이것을 소재적 요소라 부른다 ─ 에 이르게 된다. 이 요소는 직관(지각이나 구상 등) 속에 직접 충족시킴을 발견하는 반면, 보충적 형식은 ─ 비록 의미의 형식에서와 마찬가지로 충족시킴을 간절하게 요구하더라도 ─ 지각과 이에 준하는 작용 속에 실로 그 형식에 적합할 어떤 것도 직접 발견할 수 없다.

우리는 이러한 기본적 차이를 그 본성에 따라 객관화하는 표상작용의 영역 전체로 확장하는 가운데 표상작용의 '형식'과 '소재' 사이의 범주적 차이, 게다가 절대적 차이라 부르고 동시에 이 차이를 방금 전 이미 함께 시사했던 — 이 차이와 밀접하게 연관된 — 상대적이거나 함수적 차이와 구별한다.

우리는 방금 전에 객관화하는 표상작용의 영역 전체에 관해, 이러한 차이를 그 본성에 따라 확장하는 것에 대해 이야기했다. 즉 의미지향의 소재적 또는 형식적 존립요소 부분에 상응하는 충족시킴의 존립요소 부분을, 마찬가지로 '소재적' 또는 '형식적' 존립요소 부분으로 파악한다. 이로써 객관화하는 작용 일반의 영역 속에 어떤 것을 소재적인 것으로, 또 어떤 것을 형식적인 것으로 간주할 수 있는지는 분명하다.

소재(또는 질료)와 형식에 대한 논의는 그 밖에 여러 가지 의미로 사용된다. 명확하게 범주적 형식과 대립된 개념인, 질료에 대한 통상의 논의는 작용의 질과 대립된 개념인 질료에 대한 논의와는 전혀 상관이 없다. 예를 들어, 의미에서 정립적 질이나 단순히 결정을 유보하는 질을 질료 — 대상성이 의미 속에서 무엇으로 사념되는지, 어떻게 규정되고 파악되어 사념되는지 말해 주는 질료 — 와 구별할 경우에 그러하다. 이 구별을 더 간단하게 하면, 우리는 범주적 대립에서 질료가 아니라 소재에 대해 이야기하고, 다른 한편으로 질료가 이제까지 의미에서 사념된 경우에는 특히 강조해 지향적 질료 또는 파악의 의미라 말한다.

43 범주적 형식의 객관적 상관자는 결코 '실재적' 계기가 아니다

이제 문제는 방금 전 지적한 차이를 명석하게 제시하는 일이다. 우리는 이러한 목적으로 이전에 들었던 예를 연결시킨다.

형식을 부여하는 어형의 변화, 부가어적 기능이나 술어적 기능에서 존재는 어떠한 지각 속에서도 충족되지 않는다. 여기에서 '있음(Sein)은 결코 실재적 술어가 아니다.'[1]라는 칸트의 명제를 상기해 보자. 이 명제가 실존적 존재, 헤르바르트[2]가 불렀듯이 '절대적 정립(Position)'의 존재와 관계되었다면, 우리는 그래도 이 명제를 술어적 존재나 부가어적 존재 못지않게 수용할 수 있다. 어쨌든 그 명제는 우리가 여기에서 설명하려는 것을 정확하게 뜻한다. 나는 색깔을 보지 색깔의 있음(Farbig-sein)을 보지 못한다. 매끈함을 느낄 수 있지만 매끈하게 있음(Glatt-sein)을 느낄 수는 없다. 음을 듣지만 음이 울려 퍼지고 있음(Tönend-sein)을 듣지 못한다. 그 있음은 결코 대상 '속에' 없으며, 대상의 어떠한 부분도 아니고, 대상에 내재하는 계기도 전혀 아니다. 그것은 질이나 강도가 아니지만 어떠한 모양이나 내적 형식 일반도 아니며, 항상 포착할 수 있는 구성적 징표도 전혀 아니다.

그렇지만 그 있음은 어떤 대상'에서(an)' 아무것도 아니며, 실재적인 내적 징표나 외적 징표와 같은 것이 아니고, 그래서 실재적 의미에서 결코 어떠한 '징표'도 아니다. 왜냐하면 그 있음은 대상을 더 포괄적인 대상으로, 색깔을 색깔의 형태로, 음을 하모니로, 사물을 더 포괄적인 사물이나 사물의 배열 ─ 정원, 길거리, 외부 세계 ─ 로 결합하는 실질적 통일의 형식과 관계하지 않기 때문이다. 오른쪽과 왼쪽, 높음과 낮음, 음의 강약 등 대상의 외적 징표는 이러한 실질적 통일의 형식에 근거하

---

1 (옮긴이 주) 칸트, 『순수이성비판』, 2부 선험적 변증론, 3장 순수이성의 이상, B. 626 참조. 여기에서 '있다'는 것은 어떤 사물의 개념에 종합적으로 첨가되는 것이 아니라 어떤 사물이나 그 규정 자체를 정립하는 것이다. 즉 판단에서 주어와 술어를 단순히 연결해 주는 계사일 뿐이다.
2 (옮긴이 주) 헤르바르트(J. F. Herbart, 1776~1841)는 헤겔의 관념론에 반대하고 칸트의 실재론 입장에서 철학을 경험에서 발생한 개념을 명석하고 판명하게 다듬는 방법으로 파악해, 이 방법론으로서의 논리학을 형이상학·인식론·심리학·윤리학·미학 등에 적용했다. 또한 페스탈로치의 실천적 교육사상도 이론적으로 심화시켜 근대 교육학의 기초를 세웠다. 저서로 『일반 교육학』(1806), 『일반적 실천철학』(1808), 『과학으로서의 심리학』(1824~1825), 『일반 형이상학』(1828~1829) 등이 있다.

6절 감성적 직관과 범주적 직관

며, 이 가운데 '이다(Ist)'와 같은 것은 당연히 발견되지 않는다.

우리는 지금 대상, 대상을 구성하는 징표, 더 포괄적인 대상을 동시에 외적 징표의 부분적 대상에서 만들어 내는 다른 대상의 실질적 연관에 대해 이야기했고, 그 '있음'에 상응하는 것은 이 가운데에서 찾아질 수 없다고 말했다. 그러나 이 모든 것은 지각할 수 있는 것이며, 이것은 가능한 지각의 범위를 모두 끌어냄으로써 "'있음'은 전적으로 지각될 수 없는 것이다.'라는 사실이 동시에 주장되고 확인된다.

그런데도 여기에서 해명하는 보충이 필요하다. 지각과 대상은 서로 그 의미를 지정하고, 서로 함께 확대되거나 좁혀지는 극히 밀접하게 연관된 개념이다. 그렇지만 우리가 여기에서 사용하는 것은 자연스럽게 한정되었지만 지극히 당연한 — 어떤 매우 좁은 의미의 지각 — 개념이나 대상 개념이라는 점이 강조되어야 한다. 잘 알려져 있듯이 사람들은 지각작용(Wahrnehmen)과 특히 봄(Sehen)에 대해 — 사태 전체에 대한 포착작용(Erfassen)과, 심지어 결국 법칙에 대한 아프리오리한 명증성('통찰함'으로서)을 자체 속에 포함하는 — 매우 확장된 의미에서도 이야기한다. 좁은 의미에서 지각된 것은 — 통속적으로 대충 이야기하면 — 우리가 눈으로 보고 귀로 듣고 어떤 '외적 감각' — 또는 '내적 감각' — 으로 파악할 수 있는 모든 대상적인 것이다. 물론 '감성적으로 지각된 것'은 보통의 언어사용에 따라, 단지 외적 사물과 사물의 결합형식 — 사물에 직접 속하는 징표를 포함해 — 을 뜻한다. 그러나 사람들은 일관된 방식으로 '내적 감각'이라는 말을 끌어들임에 따라 감성적 지각이라는 개념도 적절하게 확대해야 해, 모든 '내적' 지각도, 그리고 감성적 객체라는 명칭 아래 내적 지각에 상관적인 내적 객체의 영역 — 따라서 자아(Ich)와 그 내적 체험 — 도 포괄하게 되었다.

그런데 이렇게 이해된 감성적 지각의 영역에서, 또한 이에 상응해 감성적 직관 일반 — 우리는 감성(Sinnlichkeit)이라는 말의 이러한 범위를 고수한다 — 의 영역에서 '있음(Sein)'이라는 말의 의미와 같은 의미가 가능한 객관적 상관자를 결코 발견할 수 없으며, 그래서 그러한 지각의 작용 속에서 가능한 충족시킴을 전혀 발견할 수 없다. 있음에 대해 타당한 것은, 범주적 형식이 용어의 존립요소 부분들을 서로 결합시키든 용어 자체를 명제의 통일체로 결합시키든, 명백히 그 밖의 진술에서 범주적 형식에 타당하다. '하나', '그것', '그리고', '또는', '만약', '그러면', '모든', '어떤 것도 아닌', '어떤 것', '아무것도 아닌', '양(量)의 형식', '수(數)의 규정', 이 모든 것은 중요한 명제의 요소지만, 우리는 그 대상적 상관자 — 우리가 그와 같은 것에 이러한 대상적 상관자가 있다고 여길 경우 — 를 실재적 대상의 영역 — 이것은 실로 가능한 감성적 지각의 대상 이외에 다른 것이 아니다 — 속에서 찾았지만 실패했다.

44 존재의 개념과 그 밖에 범주의 기원은 내적 지각 분야 속에 있지 않다

그러나 우리가 명백하게 강조하듯이, 앞에서 언급한 것은 '외적' 감각의 영역뿐 아니라 '내적' 감각의 영역에 대해서도 타당하다. 문제가 되는 의미, 또는 이 의미에 상응하는 명사적으로 독립된 의미 — 존재·비존재·단일성·다수성·전체성·기수·원인·귀결 등 논리적 범주 — 는 어떤 심리적 작용에 대한 반성을 통해, 따라서 내적 감각, '내적 지각' 분야 속에서 발생한다는 주장은 로크 이래 일반적으로 보급된, 당연하다고 생각되지만 근본적으로 잘못된 학설이다. 실로 지각, 판단, 긍정과 부정, 집합과 셈, 전제와 귀결과 같은 개념 — 그러므로 이것들은 총체적으로 '감성적' 개념, 즉 '내적 감각'의 영역에 속한다 — 은 그와 같은 방식으로 발생하지만, 결코 심리적 작용의 개념이나 심리적 작용의 실재적 존립요소 부분으로 간주될 수 없는, 이전에 언급한 일련의 개념이다.

'판단(Urteil)'이라는 생각은 어떤 현실적 판단의 내적 직관 속에 충족되지만, 이 속에서 '있음(ist)'의 생각이 충족되지는 않는다. '있음(Sein)'은 결코 판단도 어떤 판단의 실재적 존립요소의 부분도 아니다. '있음'이 어떤 외적 대상의 실재적 존립요소의 부분이 아니듯, 어떤 내적 대상의 — 따라서 판단의 — 실재적 존립요소의 부분도 아니다. 의미의 계기로서 '있음(ist)'은 가령 '금'과 '노란색'처럼 단지 다른 위치와 기능에서 일어나듯이 술어화하는 판단 속에서 일어난다. '있음' 그 자체는 판단 속에 일어나지 않으며, '있음'이라는 한마디 속에 단지 의미될 뿐이다. 즉 표의적으로 사념될 뿐이다. 그러나 그것은 상황에 따라 판단에 밀착시키는 충족시킴에서, 즉 추정된 사태를 알아채는 가운데 스스로 주어지거나 적어도 추정적으로 주어진다. 이때 '금'이라는 의미의 부분 속에 사념된 것과 '노란색'이라는 부분의 의미 속에 사념된 것도 그 자체로 나타날 뿐만 아니라, '금은-노란색-이다.'가 나타난다. 이 경우 판단과 판단의 직관(Urteilsintuition)은 명증적 — 형편이 좋다면 이념적 한계의 의미에서 명증적 — 판단의 통일체로 통합된다.

판단으로 현실적 진술에 속하는 의미지향뿐 아니라 어쩌면 이것에 완전히 적합한 충족시킴도 이해한다면, '있음은 단지 판단작용 속에서만 파악할 수 있다.'라는 주장은 확실히 옳다. 그러나 이것이 '있음의 개념은 어떤 판단에 대한 반성 속에서 획득됨에 틀림없고 실로 획득될 수 있다.'를 결코 뜻하지는 않는다. 그 밖에 '반성'은 상당히 모호한 말이다. 인식론에서 그 말은 로크가 부여했던 내적 지각의 의미, 즉 적어도 비교적 명확한 의미를 갖는다. 따라서 '있음'[존재]이라는 개념의 기원을 판단에 대한 반성 속에서 찾을 수 있다고 믿는 그 학설을 해석할 경우, 우리는 단지 위에서 말한 의미에 의거할 수 있다.

그러므로 우리는 그와 같은 기원을 부정한다. 예를 들어 계사 — '있다' 등 — 와 같이 술어화를 표현하는 관계 짓는 있음(Sein)은 비자립적인 것이다. 이것을 완전히 구체적인 것으로 형성해 내면, 완전한 판단의 객관적 상관자인 그때그때의 사태가 생긴다. 이때 다음과 같이 말할 수 있다. 즉 사태와 이 사태를 다소간 적절하게 '부여하는' 알아채는 작용의 관계 ─ 우리는 단적으로 '사태와 사태에 대한 지각의 관계다.'라고 말하라는 강한 충동을 느낀다 ─ 는 감성적 대상과 감성적 지각의 관계와 같다. 그런데 감성적 대상(실재적인 것)이라는 개념이 지각에 대한 '반성'을 통해 발생할 수 없듯이 ─ 왜냐하면 이때 바로 지각이라는 개념, 또는 지각의 어떤 실재적 구성요소에 대한 개념이 그 결과로 생기기 때문이다 ─ 사태라는 개념도 판단에 대한 반성에서 발생할 수 없다. 왜냐하면 우리는 판단에 대한 반성을 통해, 단지 판단에 대한 개념 또는 판단의 실재적 구성요소에 대한 개념을 획득할 수 있기 때문이다.

전자의 경우 지각, 후자의 경우 판단 또는 판단의 직관(사태에 대한 지각)이 체험됨에 틀림없다는 사실 ─ 이로써 그때그때의 추상[개념의 획득]이 이루어진다 ─ 은 자명하다. 그러나 '반성'은 우리가 그것에 대해 반성하는 것, 즉 현상학적 체험이 우리에게 대상적이 되는 ─ 내적으로 지각되는 ─ 것, 이 대상적 내용에서 일반화할 수 있는 규정이 실재적으로 주어진다는 것을 뜻한다.

사태와 ─ 계사의 의미에서 ─ 존재[있음]의 참된 기원은 판단이나 오히려 판단을 충족시킴에 대한 '반성'이 아니라 '판단을 충족시킴 그 자체' 속에 있다. 우리가 앞에서 말한 개념들을 실현할 경우, 추상의 기반을 대상으로서 이러한 작용이 아니라 이러한 작용의 대상 속에서 발견한다. 이때 이러한 작용의 같은 형식의 변양도 당연히 적절한 추상의 기반으로서 우리에게 제공된다.

그 밖에 개념 ─ 하나의 이념, 하나의 종적 통일체 ─ 이 그 개념에 상응하는 개별성을 적어도 상상적으로 우리 눈앞에 제시하는 작용에 근거해 단지 '발생될' 수 있듯이, 즉 우리에게 스스로 주어질 수 있듯이,

'있음'의 개념도 실로 우리에게 실제적이든 상상적이든 어떤 존재가 눈앞에 제시될 경우에만 발생할 수 있다. 우리에게 존재가 술어적 '있음'으로서 문제가 되면, 따라서 우리에게 어떤 사태가 반드시 주어진다면, 이것은 물론 — 보통의 감성적 직관과 유사한 것인 — 사태를 부여하는 작용을 통해 주어진다.

이와 동일한 것이 모든 범주적 형식 또는 모든 범주에 대해 타당하다. 예를 들어, 총체는 현실적인 총괄작용, 따라서 'A와 B와 C……'라는 연언적 결합의 형식으로 표현되는 작용 속에 주어지며, 오직 이때에만 주어질 수 있다. 그러나 총체의 개념은 이러한 작용에 대한 반성을 통해 생기지 않는다. 우리는 부여하는 작용 대신 그 작용이 부여하는 것, 즉 그 작용이 '구체적으로' 나타나게 만드는 총체에 주목해야 이 총체의 보편적 형식을 보편적 개념의 의식으로 고양시킬 수 있다.

45 직관의 개념, 특히 지각과 상상의 개념을 확장함. 감성적 직관과 범주적 직관

이제 의미의 범주적 형식이 — 우리가 '감성(Sinnlichkeit)'에 대한 논의에서 잠정적으로 예시하려 시도했던 — 좁은 의미에서 지각이나 직관을 통해 충족되지 않는다면 어디에서 그 충족시킴을 발견하는가 하는 문제가 제기되면, 그 답변은 방금 전 수행된 고찰을 통해 이미 명확하게 미리 지시되었다.

우선 우리가 즉시 전제하듯이, 실제로 형식도 충족시킴을 얻는다는 사실, 또는 가령 단순한 '소재적' 의미의 계기가 아니라 이러저러한 형식을 지닌 의미 전체가 충족시킴을 얻는다는 사실은 의심의 여지 없이 충실한 지각의 진술의 모든 예를 현전화한다. 그래서 지각의 진술 전체를 지각의 표현이라 부르는 것, 파생적 의미에서 지각 속에 직관되고, 스스로 주어진 것의 표현이라 부르는 것도 설명된다. 그러나 소재적 계기와 나란히 현존하는 표현의 '범주적 형식'이 지각 — 이것이 단순한 감성적 지각으로 이해되는 한 — 속에서 한정되지 않는다면, 이 경우 지각의 표현에 대한 논의에는 다른 의미가 기초되어야 한다. 또한 단순한 감성적 지각이 소재적 의미의 요소를 수행하는 것과 마찬가지로, 범주적 의미의 요소에 동일한 일을 수행하는 작용이 어쨌든 거기에 있어야 한다. 충족시킴의 기능과 이 기능과 법칙적으로 연관된 모든 이념적 관계의 본질적인 동질성은 불가피하게 '확증하는 스스로를 제시하는 방식으로 충족시키는 모든 작용'을 지각(Wahrnehmung)으로, 충족시키는 모든 작용 일반을 직관(Anschauung)으로, 그리고 이것의 지향적 상관자를 대상(Gegenstand)으로 바로 부르게 만든다.

사실상 '범주적으로 형식화된 의미가 충족된다는 것, 이 의미가 지각 속에 확증된다는 것은 무엇을 뜻하는가?' 하는 질문에 단지 다음과 같이 답변할 수 있다. 즉 '그 의미는 대상이 범주적으로 형식화되는 가운데 대상 그 자체에 관계된다는 것만을 뜻할 뿐이다.' 이러한 범주적 형식을 지닌 대상은 — 의미가 단순한 상징적 기능을 하는 경우와 같이 — 단순히 사념되는 것이 아니라 대상이 바로 이러한 형식 자체 속에서 우리 눈앞에 제시되는 것이다. 달리 말하면, 단순히 생각되는 것이 아니라 바로 직관되고 또는 지각된다.

그에 따라 '여기에서 충족시킴에 대한 논의가 무엇을 겨냥하는지', '형식화된 의미와 이 속에 있는 형식의 요소는 무엇을 표현하는지', '이 의미에 상응하는 통일적 객관성이나 통일을 만들어 내는 객관성은 무엇인지'를 설명하려 할 때 우리는 불가피하게 '직관' 또는 '지각'과 '대상'에 직면한다. 우리는 이 말들 — 이 말들의 확장된 의미는 물론 명백하다 — 없이 지낼 수 없다. 대상이라는 말을 사용하지 못할 때, 그 밖에 우리는 비감성적인 주제의 표상 또는 감성적 형식을 포함하지 않는 주제가 표상하는 상관자를 도대체 어떻게 나타내야 하는가? 지각이라는 말을 사용하지 못할 때, 어떤 상관자가 현실적으로 '주어져 있음' 또는 '주어짐'으로 나타나는 것을 어떻게 부르는가? 그러므로 일반적으로 사용하는 논의에서 총체, 규정되지 않은 다수, 전체성, 기수, 선언지(選言肢), 술어,('올바로-있음') 사태가 '대상'으로 부르고, 이것을 통해 주어진 것으로 나타나는 작용은 '지각'이라 부른다.

넓은 개념과 좁은 개념의 지각 개념, 초감성적 — 즉 감성을 넘어서 성립되는, 범주적인 — 이거나 감성적인 지각 개념의 연관은 외면적이거나 우연적인 것이 아니라 명백히 사태 속에 근거한 것이다. 그 연관은 어떤 것이 그 속에서 '실제로', 게다가 '스스로 주어진 것'으로 나타나는 것이 특징인 다수 그룹의 작용을 통해 포괄된다. 실제적으로, 또 스스로 주어진 것으로 나타나는 — 거짓된 나타남이 충분히 일어날 수 있다 — 이 특징은 본질적으로 유사한 작용들의 차이를 통해 어디에서나 성격 지어지며, 상의 성격을 지닌 현전화의 차이와 순수한 표의적 사유의 차이를 통해 완전한 명석함을 획득한다. 현전화와 순수한 표의적 사유는, 비록 〔지향적 대상을〕 존재하는 것으로 간주하지 않아도, 현재에 존재함(Gegenwärtigsein) — '인물(persona)' 속에 나타남 — 을 배제한다. 존재하지 않는 것으로 간주하는 것에 관해서는 상의 성격의 재현함뿐 아니라 상징적 재현함도 이중의 방식으로 가능하다. 즉 상의 성격이나 상징적으로 존재하는 것으로 간주하는 정립적 방식과 — 존재하는 것으로 간주하지 않고 단순히 '상상함'이나 '상정함'으로서 — 비정립적 방식으로 가능하다.

우리가 이 책 1장에서 충분히 분석했으므로 이러한 차이를 더 이상 상세하게 규명할 필요는 없다. 어쨌든 분명히 지각 개념과 더불어 — 여러 가지 특수한 의미에서 — 상상의 개념도 반드시 그에 상응해 확장될 것이다. 우리는 초감성적이거나 범주적으로 지각된 것에 대해, 동일한 것을 '동일한 방식으로' — 따라서 단순히 감성적으로가 아니라 — 구상할 수 있는 가능성이 없다면 이야기할 수 없을 것이다. 그래서 우리는 매우 일반적인 감성적 직관과 범주적 직관을 구별하거나, 이와 같은 구별의 가능성을 제시해야 할 것이다.[3]

그 밖에 확장된 지각의 개념은 다시 좁거나 넓게 포착할 수 있다. 가장 넓은 의미에서 보편적 사태도 지각된 것 — '통찰된 것', 명증성에서 '간취된 것' — 으로 부른다. 좁은 의미에서 지각은 단지 개체적 존재, 따라서 시간적 존재에만 관계한다.

46 감성적 지각과 범주적 지각의 차이에 대한 현상학적 분석

바로 다음의 고찰에서는 최초로 개체적 지각을 검토하고, 계속해서 이와 동등한 개체적 직관을 검토하자.

'감성적' 지각과 '초감성적' 지각은 앞에서 단지 피상적으로 시사했고, 완전히 대략적 특성으로 구별했다. 외적 감각과 내적 감각에 대한 낡은 논의의 기원이 소박한 형이상학이나 인간학과 더불어 일상적 삶에 있음을 부정하지 않으며, 우리가 배척한 분야를 지시하기 위해 잠

---

3 (옮긴이 주) 통상 '직관'은 대상 그 자체를 언어와 논리, 기호나 상징 등을 통하지 않고 직접 파악하는 인식을 뜻한다. 그리고 칸트 인식론의 경우 직관은 물자체에서 촉발된 감각을 수동적으로 받아들이는 감성의 능력이며, '범주'는 이렇게 무질서하게 받아들인 것을 능동적으로 구성하는 오성의 사유 형식이다.

그러나 후설은 이러한 직관의 전통적 개념을 확장해 사용한다.(이 책 66항 참조) 즉 주어진 사태(Sachverhalt)에서 질료적 요소는 감성적 지각(직관)으로 충족되지만, 징표나 관계 등 기초지어진 비자립적 계기들인 대상성(Gegenständlichkeit)의 범주적 요소는 범주적 지각(직관)에 의해 충족된다. 따라서 후설이 강조하는 본질직관은 감성적 직관에 그치지 않고 범주적 직관, 즉 이념화작용(Ideation)으로서 자유변경을 통한 형상적 환원으로 발전해 간다.

시 이바지할 수는 있을 것이다. 그러나 감성의 영역을 실제로 규정하거나 한정하는 것은 그것으로써 수행되지 않으며, 범주적 직관이라는 개념도 여전히 기술적(記述的) 기반이 없다. 문제되는 이 구별을 확정하거나 해명하는 것은, 인식의 범주적 형식과 감성적으로 기초 지어진 질료를 구별하는 것과 같이 — 범주와 그 밖에 모든 개념에 대한 구별과 마찬가지로 — 매우 기본적인 구별이 그 지각의 구별에 전적으로 의존하기 때문에 더욱 중요하다. 따라서 감성적 지각과 범주적 지각 일반, 또는 감성적 직관과 범주적 직관 일반의 본질적으로 서로 다른 구성 속에서 우리가 몇 가지 통찰할 수 있도록 밝혀 주는, 깊이 파고드는 기술적 특성을 추구하는 것이 중요하다.

그러나 여기에 속한 현상을 끌어내 철저히 분석하는 것은 우리의 바로 다음 목표에는 필요하지 않다. 이것은 지극히 포괄적인 고찰이 요구되는 작업이다. 여기에서는 두 측면의 작용을 그들 서로의 관계 속에 성격 짓는 데 이바지할 수 있는 몇 가지 중요한 점에 주목하는 것으로 충분하다.

모든 지각에서 지각은 그 대상 속에서 스스로를, 또는 직접 파악하는 것을 뜻한다. 그러나 이 직접 파악함은 지각을 좁은 의미에서 다루는지 확장된 의미에서 다루는지에 따라, 또는 '직접' 파악된 대상성이 감성적인지 범주적인지에 따라, 달리 표현하면 그것이 실재적 대상인지 이념적 대상인지에 따라 서로 다른 의미와 성격을 갖는다. 즉 우리는 감성적 대상 또는 실재적 대상을 가능한 직관의 가장 낮은 단계의 대상으로, 범주적 대상 또는 이념적 대상을 더 높은 단계의 대상으로 성격 지을 수 있다.

좁은 의미의 '감성적' 지각에서, 지각의 작용 속에서 '단적인' 방식으로 구성되는 대상은 직접 파악되거나 스스로 현재에 있다. 그러나 이것으로써 다음과 같은 것을 사념한다. 즉 이 특정한 대상적 내용을 지니고 이렇게 지각된 것으로서의 대상은 '그 밖에 대상을 지각하는 다른 작용 속에 '기초 지어진', 관계 짓고 결합하며 어떤 방법으로 분절된 작용들 속에 구성되지 않는다.'는 의미에서 직접 주어진 대상이다. 감성적 대상은 하나의 작용의 단계로 지각 속에 현존한다. 감성적 대상은 다른 작용 가운데 그 자체만으로 미리 구성된 다른 대상에 의해, 그 자신의 대상을 구성하는 더 높은 단계의 작용 속에서 여러 가지 빛으로 구성되어야 할 필연성에 지배되지 않는다.

그런데 모든 단적인 지각의 작용은, 오직 그 자체로든 다른 작용과 함께이든, 때로는 이 지각의 작용을 포함하고 때로는 단지 전제하는 새로운 작용의 근본 작용으로서 기능할 수 있는데, 이 새로운 작용은 그 새로운 의식의 방식으로, 동시에 이전의 객관성 의식(Objektivität-bewußtsein)을 근원에서 본질적으로 전제하는 새로운 객관성 의식을 '숙성시킨다.(zeitigen)' 연언, 선언, 특정한 개별적 파악('이것'), 특정하지 않은 개별적 파악,('어떤 것'), 단적인 인식, 관계 짓거나 결합하는 인식의 새로운 작용이 일어나는 동안, 이것에 의해 생기는 것은 임의의 주관적 체험도 근원적 작용에 연결된 작용 일반도 아니라 앞에서 말했듯이 새로운 객관성을 구성하는 작용이다. 이렇게 성립하는 작용 속에서 어떤 것은 실제로 또 스스로 주어진 것으로 나타나는데, 그 나타나는 방식은 이전에 주어지지 않았고 주어질 수 없었던 것이 오직 기초 짓는 [새로운] 작용 속에서만, 그것이 여기에 나타나는 것으로서 동일한 것이 주어진다. 그러나 다른 한편, 새로운 대상성은 예전의 대상성에 근거한다. 새로운 대상성은 근본적인 작용 속에 나타나는 대상성에 대해 대상적 관계를 갖는다. 그리고 새로운 대상성이 나타나는 방식은 이러한 관계를 통해 본질적으로 규정된다. 여기에서 중요한 문제는 단지 이러한 방식으로 기초 지어진 작용 속에 '스스로'를 나타나게 할 수 있는 객관성의 영역이다.

그와 같이 기초 지어진 작용 속에는 직관작용과 인식작용의 범주적인 것(Kategoriales)이 있으며, 그것이 표현으로 기능하는 경우에 진술하는 사유는 이 작용 가운데 자신이 충족된다. 그와 같은 작용에 완전히 적합한 가능성은 진술의 정당성으로서 진술의 진리를 규정한다.

물론 이제까지는 지각의 영역만을, 이 가운데 가장 원초적인 사례만을 고찰해 왔다. 우리가 단적인 작용과 기초 지어진 작용을 구별한 것이 지각에서 모든 직관으로 전용되는 것임을 누구나 즉시 알게 된다. 부분적으로는 단적인 지각에, 부분적으로는 단적인 상상에 혼합된 방식으로 근거한, 복합적인 작용의 가능성도 이미 밝혀졌다. 더 나아가 새로운 기초 지음이 기초 지어진 직관 위에 구성되고, 따라서 서로 겹쳐진 일련의 기초 지음의 단계 전체가 구축되는 가능성도 밝혀졌다. 또한 더 낮거나 더 높은 단계의 그와 같은 기초 지음의 기준에 따라 표의적 지향이 형성되는 가능성, 이때 또다시 표의적 작용과 직관적 작용의 혼합이 기초 지음을 통해 형성되는, 즉 두 종류의 작용 위에 구축되는 기초 지어진 작용이 형성될 가능성도 밝혀졌다. 그러나 우선 중요한 것은 원초적 사례이고, 이것을 완전히 충분하게 해명하는 것이다.

47 계속. '단적인' 지각으로서 감성적 지각의 특성 묘사

따라서 우리는 감성적으로 구체적인 것과 그 감성적 존립요소의 부분이 주어진 것으로 제시되는 작용에 더 자세하게 주목했다. 그런 다음 이 작용에 대조해 완전히 다른 종류의 작용을, ── 이 작용을 통해 구체적으로 규정된 사태, 집합체, 선언지는 복합적 '사유의 객체'로서 주어진다 ── 즉 자신의 기초 짓는 대상을 내실적으로 자체 속에 포함하는 '높은 등급의 대상'으로 주목했으며, 또한 일반화나 특정하지 않은 개별적 파악과 같은 종류의 작용에 주목했다. 이 작용에서 그 대상은 더 높은 단계의 대상이지만, 이 더 높은 단계의 대상을 기초 짓는 대상을 자체 속에 포함하지는 않는다.

감성적 지각에서는, 우리가 외적 사물로 시선을 향하자마자 '외적' 사물이 단번에 우리에게 나타난다. 사물을 현재에 나타나게 하는 감성적 지각의 방식은 단적인 것이며, 이 방식은 기초 짓거나 기초 지어진 작용의 장치가 필요 없다. 물론 그 방식이 어떻게 복잡한 심리적 과정에서 발생적으로 생길 수 있는지는 이 경우 중요하지 않다.

우리는 단적인 지각의 작용에서 현상학적 내용 속에, 특히 그 통일적 지향 속에서 입증되어야 할 명백한 복합도 간과하지 않는다.

확실히 내용적으로 이러저러하게 나타나는 것으로서 사물에는 다양한 구성적 속성이 속하는데, 이 가운데 일부는 '스스로 지각되고', 일부는 단순히 지향된다. 그러나 우리는 결코 분절된 지각의 작용 모두를 체험하지 않는다. 이 지각의 작용들은 우리가 사물의 세부적인 것 모두에 ─ 더 자세하게는 '우리가 바라보는 측면'의 규정성 그 자체에만 ─ 주목할 때, 우리가 그것을 그 자체만으로 대상으로 만들 때 생길 것이다. 확실히 스스로 지각되지는 않지만 보충하는 규정성의 표상도 '성향에 따라(dispositionell) 불러일으켰고', 확실히 이 규정성에 관련된 지향은 지각으로 합류해 지각 전체의 성격을 규정한다. 그렇지만 사물이 추후 개별적 고찰이 구별할 수 있는 무수한 개별적 규정성의 단순한 총합으로서 나타남 속에 현존하지 않듯이, 또한 추후 개별적 고찰이 사물을 세부적인 것으로 분해하지 않고 항상 완성되고 통일적인 사물에만 주목할 수 있듯이, 지각의 작용도 항상 그 대상을 더 단순하고 더 직접적인 방식으로 현재화하는 동질적 통일체다. 따라서 지각의 통일체는, 마치 종합의 형식만이 기초 지어진 작용을 통해 부분적 지향이 갖는 대상적 관계의 통일성을 마련해 줄 수 있는 것처럼 독자적인 종합적 작용을 통해 생기지 않는다. 그래서 통일성을 분절하거나 현실적으로 결합할 필요가 없다. 지각의 통일성은 단적인 통일성으로서, 부분적 지향의 직접적 융합으로서, 또 새로운 작용의 지향을 부가하지 않고도 성립한다.

더 나아가 우리는 '한눈에' 만족할 수 없으며, 연속적으로 지각이 경과하는 가운데 감각을 촉진시켜 모든 측면에서 사물을 관찰할 수 있을 것이다. 그러나 이러한 경과에 속하는 각각의 개별적 지각은 이미 이 사물에 대한 지각이다. 나는 이 책을 여기에서 위나 아래에서 보든, 안이나 밖에서 보든 항상 이 책을 본다, 이 책은 항상 하나의 동일한 사태이며, 게다가 이 사태는 단순한 물리적 의미에서가 아니라 지각 그 자체의 사념에 따라 그러하다. 이 경우 — 개별적 규정성이 지배하고 각 단계에서 변화하면서 지각된 통일체인 — 사물 그 자체는 특수한 지각 속에 기초 지어진 하나의 총괄적 작용을 통해 구성되지 않는다.

어쨌든 정확하게 살펴보면, 우리는 이 사태를 마치 하나의 감성적 객체가 기초 지어진 작용, 즉 연속적으로 경과하는 지각작용 속에 제시될 수 있는 것처럼 제시해서는 안 되며, 반면 단순히 그와 같은 하나의 작용 속에 제시될 필요는 없다. 더 정확하게 분석해 보면, 연속적인 지각의 경과도 부분적 작용 속에 기초 지어진 고유한 작용으로서가 아니라, 부분적 작용에서 하나의 작용으로 융합된 것으로 입증된다.

이러한 사실을 밝히기 위해 다음과 같이 검토해 보자.

동일한 경과에 속하는 개별적 지각은 연속적으로 일체가 된다. 이 연속성은 단지 시간적으로 인접한 객관적 사실을 뜻하지 않으며, 개개의 작용의 경과는 그 개개의 작용이 융합되는 현상학적 통일의 성격을 지닌다. 이러한 통일에서 많은 작용은 일반적으로 현상학적 전체로 융합될 뿐만 아니라 하나의 작용 — 더 자세하게는 하나의 지각 — 으로 융합된다. 개개의 지각의 연속적 경과 속에서 우리는 실로 하나의 동일한 이 대상을 연속적으로 지각한다. 그런데 이 연속적 지각을 — 이것이 개개의 지각에서 구축되었기 때문에 — 이 지각 속에 기초 지어진 지각으로 불러도 좋은가? 물론 그 지각은 전체가 그 부분을 통해 지초 지어졌다는 의미에서 기초 지어져 있지만 ─ 기초 지어진 작용이 기초를 놓는 작용의 성격 속에 근거하고 ─ 이것 없이는 생각해 볼 수 없는 새로운 작용의 성격을 수립해야 하는 여기에서 우리에게 기준이 되는 의미로 기초 지어져 있지는 않다. 앞에 제시된 사례에서, 지각은 마치 단순히 연장되었고, 그 자체만으로 이미 완전한 지각으로 기능할 수 있을 부분을 저절로 단편으로 만든다. 그러나 연속적 지각으로 이끄는 이러한 지각의 통일은 ─ 새로운 객관성 의식이 구성될 것으로서 ─ 하나의 고유한 작용에 의한 통일이 아니다. 이것 대신 우리는 연장된 〔지각의〕 작용 속에 결코 새로운 것이 객관적으로 사념되는 것이 아니라, 항상 이 동일한 대상 ─ 이미 부분적 지각이 개별적으로 간주되어 사념된 대상 ─ 이 사념되는 것을 발견한다.

이제 이 동일성(Selbigkeit)에 중점을 두면, '어쨌든 통일은 동일화(Identifizierung)의 통일이다. 서로 인접한 일련의 작용의 지향은 계속 합치되고, 그래서 통일이 성립한다.'라고 말할 수도 있을 것이다. 이러한 말은 확실히 옳다. 그러나 동일화의 통일은 동일화 '작용'의 통일 ─ 이렇게 구별하는 것은 불가피하다 ─ 과 동일한 것을 뜻하지 않는다. 작용은 어떤 것을 사념하는데, 동일화 작용은 동일성을 사념하고, 이 동일성을 표상한다. 그런데 우리가 든 사례에서도 동일화가 수행되지만 어떠한 동일성도 사념되지 않는다. 연속적인 지각의 경과에서 서로 다른 작용 속에 사념된 대상은 항상 동일하며, 그 작용들은 합치를 통해 일체가 된다. 그렇지만 이러한 경과 속에 지각된 것, 이 경과 속에 객관적이 된 것은 오직 감성적 대상일 뿐이지 결코 대상의 자기 동일성은 아니다.

우리가 지각의 경과를 새로운 작용의 기반으로 삼을 때 ─ 개별적 지각을 분절하고 그 대상을 관계 지을 때 ─ 비로소 개별적 지각들 사이를 지배하는 연속성, 즉 지향의 합치를 통한 융합의 통일이 동일성

의식이 성립하는 발판으로 이바지하며, 이때 동일성 자체는 대상적이 된다. 이때 작용의 성격을 결합하는 합치의 계기는 분절된 개별적 지각 속에 기초 지어지고, '지금과 이전에 지각된 것이 하나의 동일한 것이다.'라는 것이 우리에게 지향적으로 의식되는 새로운 지각을 재현하는 내용으로서 이바지한다. 물론 이때 우리는 두 번째 그룹에 속하는 보통의 한 작용과 관계한다. 사실상 동일화 작용은 오직 하나의 기초 지어진 작용 속에서만 이러한 종류의 '스스로 파악되거나(selbst erfaßt)' '스스로 주어질(selbst gegeben)' 수 있는 대상인 새로운 '대상'으로 우리에게 나타나는, 하나의 새로운 객관성 의식이다.

어쨌든 새로운 부류의 작용과 객체를 더 자세하게 검토하기 이전에, 단적인 지각에 대한 고찰을 끝까지 수행해야 한다. 단적인 지각작용, 또는 ─ 우리가 동일한 것이라고 간주하는 ─ 감성적 지각작용의 의미를 이미 해명한 것으로 인정해도 좋다면, 이것으로써 감성적 대상이나 실재적 대상 ─ 가장 근원적인 의미에서 실재적인 ─ 의 개념도 해명되었다. 우리는 이 대상을 곧바로 단적인 지각의 가능한 대상으로 정의한다. 지각과 상상의 필연적 평행론 ─ 이 평행론에 따라 모든 가능한 지각에는 동일한 본질을 지닌 가능한 상상, 더 정확하게 말하면 일련의 전체적 상상이 상응한다 ─ 에 의해 모든 단적인 지각에도 단적인 상상이 동등하게 되며, 이것으로써 감성적 직관의 더 넓은 개념이 동시에 보증된다. 이에 따라 감성적 대상을 감성적 상상과 감성적 직관의 가능한 대상 일반으로 정의할 수 있다는 사실은, 물론 우리가 앞에서 내린 정의의 본질적 일반화를 뜻하는 것은 결코 아니다. 방금 전에 강조한 평행론에 근거해 이 두 정의는 같은 값을 지닌다.

실재적 대상 개념을 통해 **실재적 부분** 개념, 특히 **실재적 단편, 실재적 계기**(실재적 징표), **실재적 형식** 개념도 규정된다. 실재적 대상의 각 부분은 실재적 부분이다.

단적인 지각에서 대상 전체는 '명시적으로', 대상의 각 부분 ─ 가장 넓은 의미에서 부분 ─ 은 '함축적으로' 주어져 있다고 한다. 단적인 지각 속에서 명시적이거나 함축적으로 주어질 수 있는 대상의 전체성은 감성적 대상의 가장 넓게 파악된 영역을 형성한다.

　모든 구체적인 감성적 대상은 명시적 대상의 방식으로 단적으로 지각할 수 있으며, 그래서 그와 같은 대상의 모든 단편도 단적으로 지각할 수 있다. 그러나 추상적 계기의 경우에는 사정이 어떠한가? 추상적 계기는 그 자신의 본성에 따라 그 자체만으로 존재할 수 없다. 따라서 추상적 계기의 지각과 상상이, 재현하는 내용이 단순히 재현함이 유사함을 통해 일어나는 경우에도 그 자체만이 아니라 더 포괄적인 구체적인 것 가운데 체험될 수 있는 한, 비자립적인 것임은 명증적이다. 그렇지만 이것으로 직관이 기초 지어진 작용이어야만 한다는 것을 뜻하지는 않는다. 만약 추상적 계기를 파악하는 것에 필연적으로 구체적인 전체를 파악하는 것, 또는 보충하는 계기를 파악하는 것 ─ 직관적으로 주의를 향하는 작용으로서 파악하는 것 ─ 이 선행해야 한다면, 직관은 기초 지어진 작용일 것이다. 이에 반해 어떤 계기나 일반적으로 어떤 부분을 주어진 전체의 부분으로 파악하는 것, 그래서 어떤 감성적 징표를 징표로, 어떤 감성적 형식을 형식으로 파악하는 것은 참으로 기초 지어진 작용을, 〔부분을 전체에〕 관계 짓는 그와 같은 종류의 작용을 지시한다. 그러므로 이것으로써 '감성'의 영역을 떠나 '오성(悟性)'의 영역으로 들어설 것이다. 우리는 방금 전에 언급한 그룹의 기초 지어진 작용을 즉시 더 자세하게 고찰하려 한다.

48 기초 지어진 작용으로서 범주적 작용의 특성 묘사

우리는 감성적 대상을 서로 다른 방식으로 파악할 수 있으며, 물론 우선은 단적인 방식으로 파악할 수 있다. 여기에서 문제가 되는 모든 가능성과 같이, 철저하게 이념적으로 해석될 수 있는 이 가능성은 그 대상을 실로 감성적 대상으로 성격 짓는다. 이렇게 파악되면 그 대상은 마치 단일하게(einfältig) 우리 앞에 현존해 있으며, 그 대상을 구성하는 부분들은 대상 속에 있지만 단적인 작용 속에서 우리에게 명시적 대상이 되지는 않는다. 그러나 우리는 동일한 대상을 명시적 방식으로도 파악할 수 있다. 즉 분절하는 작용 속에 부분을 '부각시키고', 관계 짓는 작용 속에 부각된 부분을 — 서로에 대해서든 전체에 대해서든 — 관계 짓는다. 그리고 이 새로운 파악의 방식을 통해 비로소 결합되고 관계 지어진 항(項)들은 '부분'이나 '전체'의 성격을 획득한다. 분절하는 작용, 그리고 소급해 관계 짓는 가운데 단적인 작용은 단순히 서로 잇달아 일어남(Nacheinander) 속에서 체험되는 것이 아니라, 그 속에서 새로운 객체로서 부분의 관계가 구성되는, 그때그때 포괄하는 작용의 통일로서 현존한다.

우선 부분과 전체의 관계를, 따라서 가장 단일한 사례로 제한해 'A는 α이다.(를 갖는다)'와 'α는 A 속에 있다.'의 관계에 주목해 보자. 이러한 전형적 사태가 주어진 것으로 구성되는, 기초 지어진 작용을 증명하는 일과 방금 전에 사용된 정언적 진술의 형식을 해명하는 일, 즉 바로 그 직관적 기원으로, 그 충전적 충족시킴으로 되돌아가는 일은 같은 것이다. 어쨌든 여기에서 우리에게 중요한 것은 작용의 질이 아니라 오직 파악의 형식을 구성하는 것뿐이다. 이러한 한에서 판단의 분석으로 고찰된 우리의 분석은 불완전하다.

지각하는 작용은 A를 하나의 전체로서, 단번에 또 단적인 방식으로 파악한다. 두 번째 지각의 작용은 α, 즉 A에 구성적으로 속한 부분이나 비자립적 계기로 향한다. 그러나 이 두 가지 작용은 '연관 없는' 체험의 방식으로 단순히 동시에, 또는 서로 잇달아 수행되는 것이 아니라 하나의 유일한 작용으로 함께 결합되며, 이 작용의 종합에서 A는 비로소 α를 자체 속에 가진 것으로서 주어진다. 관계 짓는 '지각'의 거꾸로 된 '방향'의 경우에도 마찬가지로, α는 A에 속하는 것으로서 스스로 주어지게 된다.

그런데 이 문제를 더 깊게 고찰해 보자.

대상에 대한 직관적 전체의 사념작용은 α에 대한 지향을 함축적으로 포괄한다. 실로 지각은 대상 그 자체를 파악하려고 사념하며, 그래서 지각의 '파악작용'은 대상 전체 속에서, 또는 대상 전체와 더불어 자신의 존립요소의 모든 부분과 마주쳐야 한다.

물론 중요한 문제는 — 단지 대상이 그 자체 속에 현존하는 것으로서 지각 속에 나타나는 그대로 — 대상의 존립요소 부분일 뿐이지, 가령 '객관적 실제성' 속에 존재하는 대상 — 비로소 추후에 경험, 인식, 학문에 밝혀질 대상 — 에 속하는 그와 같은 존립요소 부분이 아니다.

그런데 전체적 지각을 특수한 지각에 한정하는 경우, α에 대한 부분적 지향은 A의 전체적 나타남 — 마치 그 통일이 분열되는 듯이 — 속에서가 아니라 독자적인 작용 속에서 α는 독자적인 지각의 객체가 된다. 그러나 동시에 계속 작동하는 전체적 지각작용은 그 함축된 부분적 지향에 적합하도록 특수한 지각작용과 '합치된다.' α와 관련해 재현하는 것은 그 재현하는 것과 동일하게 이중의 방식으로 기능하며, 재현하는 것이 이렇게 하면서 합치하는 두 가지 재현하는 기능의 독특한 통일로서 수행된다. 즉 이 재현하는 것을 지닌 두 가지 파악이 합치된다. 그렇지만 이제 이 통일은 그 자체로 재현함의 기능을 받아들이며, 이 경우 그 통일은 그 자체만으로 간주되는 것이 아니라 이렇게 체험된 작용들의 결합체로서 간주된다. 그 통일은 그 자체가 대상으로 구성되는 것이 아니라 어떤 다른 대상이 구성되도록 도와준다. 그 통일이 재현하는 것은 '이제 A는 α를 자체 속에 지닌 것으로 나타난다.' 또는 반대 방향에서 'α는 A 속에 존재하는 것으로 나타난다.'는 방식으로 재현한다.

'동일한 관계(Relation)'가 현실적으로 주어질 수 있는 두 가지 '아프리오리하게' 미리 지시된 가능성이 '파악하는 관점'에 따라, 또는 부분에서 전체로 혹은 역으로 '이행하는 방향'에 따라 — 이것은 관계 짓는 작용의 지향적 질료 전체에 기여하는 새로운 현상학적 성격이다 — 존재한다. 여기에서 두 가지 '아프리오리하게' 가능한 '관계(Verhältnis)'는 서로 다르지만 이념적 법칙성에 따라 필연적으로 함께 속한 객체성(Objektivität)으로서 상응한다. 이 객체성은 이미 시사한 종류의 기초 지어진 작용 속에서만 직접 구성된다. 즉 그렇게 구축된 작용 속에서만 '스스로 주어진 것(Selbstgegebenheit)'이 되어 '지각'될 수 있다.

이러한 설명은 전체와 그 부분 사이의 모든 특수한 관계에 명백하게 적합하다. 이 모든 관계는 범주적이며, 따라서 이념적 본성이다. 이 관계를 단적인 전체 속으로 집어넣는 것, 단적인 전체 속에서 분석을 통해 발견하려는 것은 전도된 일일 것이다. 부분이 모든 분절에 앞서 전체 속에 끼워져 있고, 그러한 가운데 전체는 지각하는 파악작용 속에서 함께 파악된다. 그러나 부분이 전체 속에 끼워져 있다는 사실은 그 부분과 이것이 '부분으로 있음(Teil-sein)'이 이에 상응하는 — 분절되고 기초 지어진 작용 속에서 지각될 — 우선은 단순한 관념적 가능성이다.

'A는 B의 오른쪽에 있다.' 'A는 B보다 더 크다, 밝다, 소리가 크다.' 등과 같은 종류의 술어화가 생기는 외적 관계의 경우, 사태는 명백히 유사하다. 감성적 대상 — 그 자체만으로 단적으로 지각할 수 있는 것 — 이 서로 분리되는 폐쇄성에도 불구하고 결합체로, 다소간 밀접한 통일체로, 따라서 결국은 더 포괄적인 대상으로 묶이는 어디에서나 외적 관계의 가능성이 생긴다. 이 외적 관계는 전체에서 부분과 [다른] 부분으로 관계하는 유형으로서 총체적으로 포괄될 수 있다. 또한 그것은 여기에 속하는 사태, 즉 외적 관계의 일차적 나타남이 수행되는 기초 지어진 작용이다. 실로 복합체 전체의 단적인 지각도, 그 항들에 속한 특수한 지각도 그 자체로는 이러한 복합체 속에서만 가능한 관계의 지각이 아니라는 점은 분명하다. 어느 한 항을 중심 항으로 우선시하고 그 밖의 항을 견지한 채 고찰할 때, 비로소 상관적 항들을 통해 그 중심 항의 ── 존재해 있는 통일양식의 특수성에 따라 변화하는 ── 현상적 규정되어 있음이 뚜렷이 드러난다. 이 경우 상관적 항들은 그 자체로 부각됨에 틀림없다. 또한 이 경우 일반적으로 주요 항의 선택, 즉 관계 짓는 파악의 방향은 현상학적으로 서로 다른, 상관적 방식으로 성격 지어진 관계의 형식을 규정한다. 이 관계의 형식은 그 결합의 분절되지 않은 지각 속에 ── 따라서 단적인 대상으로 나타나는 바의 결합 속에 ── 참으로 포함된 것이 아니라 단지 이념적 가능성으로서만, 즉 관련된 기초 지어진 작용을 수행할 수 있는 가능성으로서 포함되어 있다.

이러한 부분의 관계를 전체 속에 내실적으로 집어넣는 것은 감성적 또는 실재적 결합형식과, 범주적 또는 이념적 결합형식이라는 근본적으로 서로 다른 사항을 혼동시킬 것이다. 감성적 결합은 실재적 대상의 계기, 실재적 대상의 실제적 계기다. 감성적 결합은 비록 단지 함축적이더라도 이 계기 속에 현존하며, 추상적 지각을 통해 이 계기에서 부각될 수 있다.

이에 반해 범주적 결합의 형식은 작용의 종합(Akt-Synthesis)의 방식에 속하는 형식, 따라서 감성 위에 구축된 종합적 작용 속에 객관적으로 구성되는 형식이다. 외적 관계가 형성되는 경우, 감성적 형식은 이것에 상응하는 범주적 형식을 구성하는 기반을 내줄 수 있다. 이것은 우리가 포괄적인 전체 G의 직관 속에 주어진 내용 A와 B가 감성적으로 인접함을, 'A는 B에 인접해 있다.' 또는 'B는 A에 인접해 있다.'는 종합적 형식으로 파악하여 경우에 따라 표현하는 경우와 마찬가지다. 그러나 범주적 형식이 구성됨으로써 단지 '높은 단계의 대상'을 포괄하는 부류의 사태에 속하는 새로운 대상이 생기게 된다. 감성적 전체 속에서 부분 A와 B는, 이것들을 감성적으로 결합하는 인접함의 계기를 통해 통일된다. 그렇지만 이러한 부분과 계기를 부각시키는 것, A와 B 그리고 인접함에 대한 직관을 형성하는 것은 여전히 'A는 B에 인접해 있다.'라는 표상을 제공해 주지 않는다. 이러한 표상이 성립하려면, 이 표상을 장악하며 그 직관을 적절하게 형식화하고 결합하는 하나의 새로운 작용이 필요하다.

49 명사적 형식화에 관한 보충

여기에서 이제까지의 분석에 한 가지 중요한 보충을 부가한다. 그 보충은 종합적으로 결합된 표상들이 각기 그 자체만으로 겪는 형식화 (Formung)와 관련된 것이다. 특수한 부류의 사례에서 우리는 이 중요한 점을 이미 연구했는데, 제5연구에서 '어떤 진술에서 변양되지 않은 형식으로는 그 진술 위에 구축된 종합적 작용의 기반이 결코 새로운 진술의 주어 항이나 목적어 항이 될 수 없다.'고 말해 두었다. 또한 '진술은 그 진술이 나타내는 사태가 새로운 명사의 형식으로 대상화됨으로써 비로소 명사의 형식을 취한다.'[4]라고 말했다. 이러한 사실에서 우리가 여기에서 주목하는 직관적 차이가 곧바로 명확하게 나타나며, 이것은 이제까지 고찰한 가장 낮은 단계, 즉 감성 위에 직접 구축된 단계의 종합에서 관계의 항들뿐만 아니라 임의의 종류와 단계의 — 여러 가지 빛의 — 종합을 장악하는 모든 표상에 대해서도 타당하다.

우선 일반적으로 다음과 같이 말할 수 있다. 즉 순수하게 그 자체만

---

4 『논리 연구』 2-1권, 제5연구, 4절 35·36항.

객관화하는 작용과, 어떤 관계의 관계점을 구성하는 기능 속의 '동일한' 객관화하는 작용은 참으로 동일한 것이 아니며, 이것들은 현상학적으로, 게다가 우리가 지향적 질료라 불렀던 것에 관해서 구별된다. 〔이것들의〕 파악하는 의미가 변화되고, 그러므로 적합한 표현 속에서 의미가 변화한다. 이것은 마치 변화되지 않은 표상들 사이에서, 표상들을 단지 외면적으로 서로 결합하는 연대(連帶)로서 중간에 단편이 삽입된다는 것과 같은 것은 아니다. 종합적 사유의 기능(지성적 기능)은 비록 범주적 기능으로서 범주적 방식이더라도 그 표상에 어떤 것을 부가하는 새로운 형식을 부여하며, 그에 따라 이것에 의해 나타나는 대상의 감성적 내용은 변화되지 않고 남아 있다. 대상은 새로운 실재적 규정성과 더불어 나타나지 않고 동일한 대상으로 있지만, 새로운 방식으로 현존해 있다. 범주적 연관 속으로 정리하는 것은 이 연관 속에 일정한 위치와 역할을 그 대상에 부여하는데, 이것은 관계의 항, 특히 주어 항이나 목적어 항의 역할이며 현상학적으로 드러나는 차이다.

물론 직접적 표상 그 자체의 변양으로서 명확하게 밝히는 표현의 의미 변화에 주목하기가 더 쉽다. 예를 들어, 단적인 직관의 범위에서 상태는 관계 짓는 기능의 안과 밖에서 동일한 직관을 비교하는 경우에는 아주 분명하지 않다. 그래서 나는 이전 연구에서 이미 이 상태를 요구하지 않았다. 감성의 개개의 지각은 명사적으로 기능하는 작용과 동등하게 다루어진다.[5] 단적인 지각에서 대상이 우리에게 직접 마주치는 것과 유사하게, 명사적 작용의 경우 사태나 그 밖에 범주적으로 형식화된 대상도 그러하다. 대상은 이때 완성된 대상으로서 관계의 항이 되도록 점차 구성되며 ── 대상은 유지하며, 대상의 구성적 의미는 완전히 변화되지 않은 것으로 보인다 ── 수행된다.

---

5 예를 들어 『논리 연구』 2-1권, 제5연구 4절 33항.

6절 감성적 직관과 범주적 직관

그러나 '지각의 경우, 우선 지각이 관계 짓는 작용 속으로 들어감으로써 겪는 새로운 형식이 예전 파악의 의미 전체를 자체 속에 포함하고, 단지 어떤 '역할'을 하는 새로운 파악의 의미를 바로 예전 파악의 의미에 부여하기 때문에 곧바로 현상학적 변화를 우리가 보지 못한다.'라고 확실히 말할 수 있다. 지각은 지각으로 남고, 대상이 이전에 주어진 바와 같이 주어진 것은, '단지' 그 대상이 〔다른 관계의 항과〕 '관계되어 있기' 때문이다. 종합적 기능의 이러한 형식화는 대상 그 자체를 변화시키지 않으므로, 따라서 그 형식화는 단순히 우리의 주관적 작동에 속하는 것으로 간주된다. 그래서 우리는 인식을 해명하는 데 겨냥한 현상학적 반성의 경우 그 형식화를 간과한다.

그러면 우리는 일관되게 다음과 같이 말해야 한다. 즉 사태가 주어로 또 일반적으로 명사로 기능하는 경우에는 동일한 사태이며, 그 궁극적 근거에서 고립된 기능 속에 사태가 구성되었던 동일한 작용을 통해 근원적 직관 가운데 구성된다. 그렇지만 사태는 관계의 항으로 기능하는 높은 단계의 작용 속에서, 새로운 형식 ── 이른바 사태의 역할을 성격 짓는 의상 ── 에 의해 구성된다. 이 형식은 명사적 표현의 형식을 통해 적절한 표현 속에 드러난다. 여기에서는 단지 방금 착수했을 뿐인 현상학적 상태를 궁극적으로 해명하는 그 이상의 연구가 필요하다.

50 범주적 파악에서, 하지만 명사적 기능에서는 아닌 감성적 형식

이제까지는 가령 전체와 부분의 관계 항이 경험하는 형식화만을 다루었다. 그러나 외적 관계에서 우리는 감성적 형식이 어떻게 관계의 통일(관계의 술어) 속으로 들어오고, 관계의 형식이 명사적으로 자립하지 않고도 감성적으로 규정되는지를 보게 된다. 예를 들어, 'A는 B보다 밝다.' 'A는 B의 오른쪽에 있다.' 등이다.

〔한편으로〕 이른바 밝기의 형식에 단적으로 주의를 기울이면, 이때 동일한 것이, '(A와 B 사이에서) 이 밝기의 관계는 (M과 N 사이의) 그 밝기의 관계보다 더 쉽게 감지된다.'는 표현이 명사적 대상이 되는 방식의 사례다. 〔다른 한편으로〕 이와 완전히 다른 종류의 사례인 이 동일한 밝기의 형식이 위에서 언급한 'A는 B보다 밝다.'라는 표현의 방식으로 사념되는 사례에서, 현상학적 차이 — 파악하는 의미의 차이 — 는 명백하다. 후자의 경우에서 우리는 또다시 관계의 전체 속에 독특한 기능을 시사하는 범주적 형식을 발견한다. 관계의 항, 관계의 형식, 주어, 목적어와 같은 개념과 항상 판명하게 표명되지 않았고, 어쨌든 이제껏 충분히 해명되지 않은 개념은 명백히 그러한 형식의 차이 — 여기에서 또 앞의 항들에서 알게 되었던 차이 — 에서 명백하게 유래한다.

51 집합체와 분리체

이제까지 범주적 대상의 형식, 더욱이 종합적 대상의 형식의 예로서 검토해 온 것은 단지 지극히 단순한 사태의 형식 몇 가지일 뿐이다. 즉 전체적 동일성의 관계(Beziehung)와 부분적 동일성의 관계, 그리고 단일한 외적 관계(Relation)였다. 이제 그 이상의 예로서 두 가지 종합적 형식에 주목해 보자. 이 형식은 그 자체가 사태는 아니지만 사태와의 연관 속에서 큰 역할을 하는 집합체(Kollektiva)와 분리체(Disjunktiva)다. 이 둘이 주어진 것으로 구성되는 작용은 접속사 '그리고'와 '또는'의 의미에 충족시키는 직관을 제공하는 것이다.

'그리고'와 '또는', '두 가지'와 '둘 가운데 하나'라는 말에 직관적으로 상응하는 것은 — 앞에서 우리가 다소 조잡한 방식으로 이것을 표현했듯이 ─ 〔손에 잡히듯〕 명백하거나 어떤 감각으로 파악되지 않는다. 그것은 가령 그림을 그리듯 본래 상(像) 속에 제시되지 않는 것과 마찬가지다. 나는 A를 그리고 B를 그릴 수 있으며, 이 둘을 동일한 화폭의 공간 속에 그릴 수도 있다. 그러나 'A와 B' 이 '두 가지'를 그릴 수는 없다. 여기에는 우리가 두 가지 개개의 직관 작용에 근거해 접속하는(집합하는) 새로운 작용을 실행하고, 이것을 통해 객체 'A와 B'가 함께 있음(Zusammen)을 사념하는, 항상 열려 있는 하나의 가능성만 존재한다. 우리가 방금 전 예로서 상정한 상태에서 새로운 접속작용 속에 'A와 B'라는 상의 표상이 구성되는 반면, 이 총체는 지각의 방식으로 '스스로(selbst)' 주어지고, 단순히 같은 형식으로 변양된 바로 그와 같은 〔새로운 지각의〕 작용 ─ 하지만 A에 대한 지각과 B에 대한 지각 속에 기초 지어진 작용 ─ 에서만 주어질 수 있다.

우리가 논의하는 것은 이러한 지각들을 통일하는 작용이지, 어떤 결합이나 심지어 이러한 지각들이 의식 속에 함께 있음에 대한 것이 아니다. 이러한 사실은 물론 '여기에 하나의 통일적인 지향적 관계가 주어져 있고 이 관계에 상응해서 ─ 단지 표상들을 관계 짓는 결합작용 속에서만 사태가 구성될 수 있는 것과 아주 똑같이 ─ 단지 이러한 작용의 결합 속에서만 구성될 수 있는 통일적 대상이 주어진다.'는 점에 놓여 있다. 여기에서 동시에 현대 탁월한 논리학자들이 깜빡해 저지른 본질적 오류가 인식된다. 그것은 그 논리학자들이 명사나 진술의 연언적 결합에 명사적 작용과 명제적 작용이 단순히 함께 있음의 의식을 상정해도 좋다고 믿었으며, 그래서 객관적인 논리적 형식으로서 '그리고'를 포기함으로써 저지른 오류다.[6][7]

---

6 그래서 지그바르트는 『논리학』 1권(2판, 206쪽)에서 다음과 같이 주장한다. "명제와 '그리고'의 언어적 결합은 …… 우선 하나의 의식 속에 함께 있음의 이러한 주관적 사실을 진술할 뿐이며, 그래서 이 결합에는 어떠한 객관적 의미도 주어지지 않는다." 같은 책, 278쪽도 참조.

7 (옮긴이 주) 지그바르트(Chr. Sigwart, 1830~1904)는 튀빙겐대학교 교수로 독일뿐 아

또한 우리는 감성적-통일적 집합, 급수(級數), 군(群) 등에 대한 단적인 지각과 오직 다수성 의식이 그 자체로 본래 구성되는 연언적 지각을 혼동하는 것을 경계해야 한다. 나는 『산술철학(*Philosophie der Ari-thmetik*)』에서 '감성적 통일의 성격 — 이 책에서는 감성적 직관의 도형의 계기나 유사-질적인 계기라 불렀다 — 이 어떻게 감성적 다수의 표시로서 이바지하는지'를 입증하려 시도했다. 감성적 다수의 기호는 다수 그 자체의 — 그 기호를 통해 표의적으로 매개된 — 인식작용에 대한 감성적 거점으로, 또 관련된 종류의 다수로 이바지하는 것을 뜻한다. 그 인식작용은 이제 분절하는 개별적 파악과 개별적 인식이 더 이상 필요하지 않지만, 그것에 비해 집합 그 자체의 본래적 직관의 성격도 소유하지 않는다.[8]

52 보편적 직관 속에 구성되는 보편적 대상

이제까지 고찰한 단순한 종합적 작용은 단적인 지각 속에 기초 지어져서 종합적 지향은 기초 짓는 지각의 대상으로 함께 향했고, 이렇게 함으로써 대상을 동일하게 관념적으로 함께 총괄하거나('총체') 관계 짓는

니라 영국 논리학자들의 저술을 깊게 연구해 논리학과 윤리학에 큰 영향을 주었다. 그는 심리학주의를 비판해 논리학을 확실하고 보편타당한 명제에 도달할 판단의 방법을 제공하는 사유작용의 기술학(技術學)이라 규정하고, 논리학을 분석론·규범론·기술론 세 부분으로 나누었다. 저서로 『논리학』(1권, 1873; 2권, 1878), 『윤리학의 선결문제』(1886) 등이 있다.
8 그것은 바로 이러한 의문이다. 즉 어쨌든 실제 집합과 셈은 높은 단계의 분절된 작용을 전제하는 반면, 일반적으로 다수에 대한 평가와 기수에 대한 평가는 어떻게 한눈에, 따라서 기초 지어진 작용 대신 단적인 작용으로 가능한가 하는 의문은 나 스스로 직관적 통일의 성격에 주목하게 만들었다. 에렌펠스는 다소 이전에 발표한, 나와 완전히 다른 관점에서 작성한 그의 논문에서 명석하게 다루었고, 이 통일의 성격을 형태의 질이라 불렀다.(「형태의 질에 관해(Über Gestaltqualität)」《철학월보》, 1890) 내 책 『산술철학』 11절 참조.

6절 감성적 직관과 범주적 직관

통일로 이끌었다. 이것은 종합적 작용 일반의 보편적 성격이다. 이제 다른 그룹의 범주적 작용에서 예를 고찰해 보자. 이 경우 기초 짓는 작용의 대상은 기초 지어진 작용의 지향 속으로 함께 들어오지 않으며, 이 둘의 밀접한 관계는 이것들을 관계 짓는 작용 속에서 비로소 드러날 것이다. 여기에는 보편적 직관 분야가 속하는데, 물론 많은 사람에게 이것은 '나무로 만든 철(鐵)'과 같이 들릴 만한 표현이다.

일차적 직관에 근거해 추상작용이 작동되고 이와 함께 새로운 범주적 작용의 성격이 등장하는데, 이 작용의 성격 속에 새로운 종류의 객체성이 나타나며, 이 객체성은 다시 그와 같은 기초 지어진 작용 속에서만 실제로, 또는 상으로 주어진 것으로 나타날 수 있다. 물론 여기에서는 감성적 객체에서 어떤 비자립적 계기를 부각시키는 단순한 의미의 추상이 아니라 ── 비자립적 계기 대신 그 계기의 '이념' ── 그것의 보편적인 것을 의식하게 하고 현실적으로 주어져 있게 하는, 이념화하는 추상을 뜻한다. 이러한 작용은 전제되어 있으며, 그래서 하나의 동일한 종류에 속하는 다양한 개별적 계기에 대립해 이러한 종류 그 자체, 더욱이 하나의 동일한 종류로서 눈앞에 현존할 수 있는 것이다. 왜냐하면 우리는 다수의 개체적 직관에 근거해 그와 같은 작용을 반복해서 수행하는 가운데 보편적인 것의 동일성을 의식하게 되며, 이것은 명백히 모든 개별적 추상작용을 종합하는 총괄적인 동일화작용 속에서 의식되기 때문이다. 새로운 작용의 형식과 짜여 엮인 그와 같은 추상작용에 의해 이때 보편적으로 규정하는 작용, 즉 대상을 특정한 종류 A에 속하는 것으로 일반적으로 규정하는 작용이 우리에게 계속 생긴다. 이 작용 속에서 A라는 어떤 종류에 속하는, 규정되지 않은 개별적 객체 등이 표상된다.

가령 반드시 명명함에 의해 수행될 필요가 없는 추상작용 속에 보편적인 것이 우리에게 스스로 주어진다. 우리는 단순히 보편적 명사를 이해하는 경우와 같이, 단순히 표의적 방식으로 보편적인 것을 생각하는 것이 아니라 그 보편적인 것을 파악하고 간취한다.(erschauen) 따라서 여기에서 직관에 대한 논의, 더 자세하게는 보편적인 것의 지각에 대한 논의는 확실히 아주 정당한 논의다.

어쨌든 다른 측면에서 의심이 제기된다. 지각에 대한 논의는 그에 상응하는 상상의 가능성을 전제하며, 이 둘을 구별하는 것은 직관에 대한 일반적 논의에서 자연적인 의미에 속한다고 말했다.[9] 여기에서는 유감스럽게 이러한 구별을 다루지 않았다. 그것은 추상화하는 작용이 기초 짓는 단적인 직관의 성격에 따라 세분화되지 않는다는 점, 추상화하는 작용은 '이 기초 짓는 작용이 정립적인지 비정립적인지, 지각의 작용인지 상상의 작용인지'에 대해 완전히 영향받지 않는다는 점에 있다. 단순한 상상의 '빨간색', '삼각형'은 지각에서 '빨간색', '삼각형'과 종적으로 동일한 것이다. 보편성 의식은 지각에 근거해, 또 같은 형식의 구상에 근거해 아주 동등하게 형성되며, 일반적으로 형성되어 보편적인 것, '빨간색'의 이념, '삼각형'의 이념이 스스로 파악되고, 상(Bild)과 원형(Original) 사이에 어떠한 구별도 허용하지 않는 하나의 유일한 방식으로 직관된다.

그런데도 제시된 예가 곧바로 보편적인 것[보편자]에 대한 충전적 지각의 본성을 지닌 것이었음에 주의해야 한다. 보편적인 것도 여기에서 실제로 이에 상응하는 개별적 사례에 근거해 실제적으로 파악되고 주어졌다. 사태가 이러한 관계인 경우, 동일한 직관적 내용을 지닌 평행하는 상상은 ─ 충전적 지각의 모든 사례와 같이 ─ 사실상 느낄 수 있는 것으로 보인다. 〔그래서 다음과 같은 의문이 제기된다.〕 개체적 분야에서도 내용이 그 자체로 보면 어쨌든 동시에 그 자신에 대해 유사한 것으로 사념될 수 없기 때문에, 내용이 어떻게 그 자체로 유사하게 되

---

9 이 책 45항 후반 참조.

는가? 사념된 내용이 바로 체험되고 주어진 내용인 경우, 정립의 성격이 어떻게 결여되는가?

예를 들어, 수학적 분석을 통해 3차곡선의 일정한 유의 이념을 — 이러한 유의 어떤 곡선을 이전에 직관하지 않아도 — 직접 생각해 낼 경우에 사정은 다르다. 이 경우 직관적 도형, 가령 이미 잘 알려진 3차곡선의 특수한 사례가 그려진 도형인지, 단순히 상상된 도형인지와 상관없이 직관적 상, 즉 지향된 보편성과 유사한 것으로서 충분히 이바지할 수 있다. 즉 보편성 의식은 직관적 의식이지만 개체적 직관에 근거해 유사하게 만드는 의식으로서 구축된다. 그런데 보통의 조잡한 작도(作圖)를 이념적 도형과 비교해 유사하게 하면서, '보편적' 표상의 상상적 성격을 함께 제약하면서 작동하지 않는가? 마찬가지로 우리는 증기기관의 모델에 근거해 — 당연히 이 경우 충전적 추상이나 개념적 이해에 대한 논의가 있을 수 없는 — 증기기관의 이념을 직관한다. 그와 같은 사례에서 우리가 실행하는 것은, 결코 단순한 표의작용(Signifikation)이 아니라 유비(Analogie)를 통한 보편적 재현함(Repräsentation), 따라서 보편적 상상이다. 그러나 예를 들어, 어떤 모델을 직관하는 경우 일어날 수 있는 것, 즉 단순한 유비의 의식이 결여되어 있고, 비록 충전적이지 않은 지각이더라도 보편적인 것을 지각하는 사례가 이때 바로 앞에 놓여 있다.

마찬가지로 우리는 지금 이전에 놓쳐 버린 정립하는 보편성 의식과 결정을 유보하는 보편성 의식의 차이를 발견한다. 어떤 보편적 대상을 단순히 유추에 의해 상상으로 생각해 내는 경우에 우리는 그 대상을 정립적 방식으로 사념할 수 있으며, 이러한 작용은 모든 정립적 사념과 마찬가지로 그 후 적절한 지각 속에서 입증되거나 논박될 수 있다. 보편적 사념이 충전적 지각 속에, 즉 그에 상응하는 개별적 사례의 '실제적' 추상에 근거해 구성되는 새로운 보편성 의식 속에 충족될 때, 보편적 사념은 입증된다. 이때 보편적 대상은 단순히 표상되고 정립되는 것이 아니라 스스로〔그 자체로〕주어진다. 또한 우리는 보편적인 것을 — 이 보편적인 것을 정립하지 않고 — 유비적인 방식으로 표상할 수 있다. 이 경우 우리는 보편적인 것을 생각해 내지만 결정하지 않고 유보해 둔다. 직관적 근거 위에 형성된 보편적인 것에 대한 지향은 〔그 보편적인 것의〕'존재'나 '비존재'에 대해 아무것도 결정하지 않으며, 더구나 보편적인 것과 이것이 주어져 있음이 충전적 추상의 방식으로 가능한지 가능하지 않는지에 관해서도 실로 아무것도 결정하지 않는다.

7절 범주적 재현에 관한 연구

53 1장의 탐구로 되돌아가 관계함

우리가 선택한 예에서 분석한 기초 지어진 작용은 직관으로, 게다가 나타나는 새로운 종류의 대상에 대한 직관으로 간주되었다. 그 대상은 그때그때 그에 상응하는 종류와 형식을 지닌, 기초 지어진 작용 속에서만 주어질 수 있다. 직관의 개념을 이렇게 확장하여 해명하는 가치는, 명백히 '중요한 문제가 미리 주어진 개념의 영역을 임의의 이질적인 개념의 영역으로 확대하도록 허용하는 단순히 선언적인 비본질적 개념의 확장이 아니라,[1] 본질적 징표를 공유함으로써 진정한 보편화(Ver-

---

[1] α가 어떤 개념의 구성적 징표를 표상하고 β가 어떤 **임의의** 다른 개념의 구성적 징표를 표상하면, 우리는 항상 '어떤 것은 항상 α **또는** β이다.'라는 형식을 형성할 수 있다. 내가 선언적 확장이라 부른 이러한 외면적인 개념의 확장은 상황에 따라 적어도 아주 유용할 수 있다. 그러한 개념의 확장은 예를 들어, 정교한 수학적 **기술**(Technik)을 만들어 내는 데 매우 중요한 — 하지만 논리학자가 이제까지 충분히 평가하지 않은 — 역할을 한다. 물론 수학의 논리학(Logik der Mathematik)은 이제 막 시작되었을 뿐이며, 단지 몇몇 논리학자만 일반적으로 '여기에 수학과 그래서 수학적 자연과학을 이해하는 데 중대하고 근본적인 문제, 그리고 모든 어려움에도 불구하고 엄밀하게 해결할 수 있는 문제의 장(場)이 있다.'는 사실을 알아차린 것으로 보인다.

allgemeinerung)를 성립한다.

우리는 새로운 작용이 대상과의 '단적인' 관계 — 따라서 우리가 단적인 것이라고 정의한 그 특정한 종류의 '직접성'— 를 단순히 포기하는 가운데 직관의 모든 본질적 특징을 갖기 때문에, 새로운 작용을 직관이라 부른다. 그 작용이 본질적으로 동일한 **충족시킴**의 작업수행을 입증하듯이, 우리는 그 작용에서 동일한 본질적 구별을 발견한다. 이 마지막에 언급한 것〔충족시킴의 작업수행〕은 특히 중요한데, 우리의 연구 전체는 이 작업수행을 위한 것이다. 충족시킴의 통일로서 인식은 단순히 단적인 작용에 근거해 수행되지 않고, 통상 범주적 작용에 근거해 수행되며, 이에 상응해 (의미작용으로서) 사유작용에 직관작용을 대립시킬 경우, 직관작용으로 단순히 감성적 직관작용이 이해될 수는 없다.

범주적 작용을 직관으로 파악함으로써 비로소 이제까지 어떠한 인식비판도 견뎌 낼 수 있는 명석함으로 이끌지 못한 사유작용과 직관작용의 관계가 실제로 투명하게 밝혀지며, 그래서 그 본질과 작업수행에서 인식 그 자체를 이해할 수 있게 된다. 1장의 잠정적인 확정은 이러한 개념을 확장한 결과 비로소 적합하게 확증된다. 지금 언급한 가장 넓은 의미에서의 모든 직관에는 — 그 직관이 감성에 가깝거나 멀리 있더라도 — 그것의 이념적으로 가능한 대응 상으로서 〔그 직관을〕 뚜렷이 새기는 의미가 상응한다. 우리가 인식에 적합한 본질 안에서 지은 구별과, 이와 연관해 우리가 형성한 개념은 — 비록 좁은 영역에 관해서 한정되었더라도 — 넓은 영역에서도 자신의 타당성을 유지한다.

따라서 직관의 각 범주적 작용은 다음을 갖는다.

1) 그 작용의 질,

2) 그 작용의 (지향적) 질료, 즉 파악의 의미,

3) 그 작용이 재현하는 것.

이 구별은 가령 기초 짓는 작용에 속하는 구별로 환원되지 않는다.

작용 전체의 질은, 근본적 작용이 다수인 경우, 그래서 예컨대 허구적 객체와 실제적인 것으로 간주된 객체 사이의 관계를 표상하는 경우에 서로 다른 질로 될 수 있듯이, 근본적 작용의 질과는 다른 것일 수 있다.

더구나 기초 짓는 작용에서 각각은 질료를 가질 뿐 아니라 기초 지어진 작용은 독자적 질료를 가져오며, 이 경우 이 새로운 질료 또는 이 질료가 근본적 작용의 질료를 포함하는 한 새롭게 부가되는 것은 그 질료 속에, 즉 근본적 작용의 질료 속에 '기초 지어진다'는 명제는 타당하다.

결국 새로운 작용도 자신의 재현하는 것을 갖는다. 어쨌든 이 재현하는 것과 관련해 우리는, 새롭게 재현하는 것도 새로운 질료에 속하는 것으로 받아들여야 하는지, 이것은 어떤 것인지 하는 문제에 들어서자마자 심각한 어려움을 발견한다.

54 범주적 형식의 재현에 관한 문제

범주적 작용의 분석에 착수할 경우, 우선 '질을 도외시하면, 범주적 작용의 모든 차이는 이에 상응하는 차이인 범주적 작용을 기초 짓는 작용의 차이로 환원된다. 즉 범주적 기능이 끌어들이는 새로운 것은 어떠한 세분화도 허용하지 않는 내용에 부가된 것이다.'라는 반론의 여지가 없어 보이는 소견이 떠오른다. 그렇다면 어떤 집합에 대한 상상의 표상은 동일한 집합에 대한 지각과, 그 항들이 주어지는 지향적 방식 이외에 무엇을 통해 구별될 수 있는가? 사람들은 결합의 형식에서, 이 둘의 경우는 더 이상 명료한 구별을 지을 수 없다고 말한다. 그러지 않으면 ― '그리고'라는 한마디가 표명하는 ― 집합 형식은 지각으로 나타나는 방식이나 구상으로 나타나는 방식에서 세분화되는가? 그러나 이때 우리는 '상상의 나타남은 지각의 집합 형식을 통해, 지각의 나타남은 상상의 집합 형식을 통해 통일될 것이며, 게다가 서로 다른 방식으로 통일될 것이다.'라고 간주해야 할 것이다. 그러나 이것은 명백히 생각해 볼 수 없는 일이며, 정말 이해할 수 없는 일이다.

물론 사람들은 아무것도 지금 언급한 것보다 쉽지 않다고 반론할 것이다. 그런데 우리가 몇 가지 지각의 객체를 집합적으로 함께 생각하지만 — 이것으로써 다른 어떤 총체를 상상적으로 사념하는 것과, 또다시 몇 가지 상상의 나타남을 함께 생각하지만 — 단지 상상의 나타남의 이 총체를 사념하고, 따라서 이 총체를 지각하는 것을 누가 방해하는가? 확실히 이러한 점에서 우리를 방해하는 것은 없다. 그러나 이때 그 지각의 객체는 상(像)이다. 즉 집합작용은 이때 직접적으로 지각 속이 아니라 지각 위에 구축된 상상 속에 기초 지어진다. 다른 경우에도 마찬가지로, 집합되는 것은 상상 표상의 대상이 아니라 이러한 표상 자체다. 즉 집합작용은 직접적으로 상상 표상 속이 아니라 상상 표상에 관련된 내적 지각 속에 기초 지어진다. 이것은 지각된 객체에 근거한 '실제적' 집합작용과, 상상된 객체에 근거한 '구상된' 집합작용 사이에 어떠한 차이도 증명하지 않으며, 그와 같은 차이는 — 기초 짓는 작용의 차이가 아닌 한 — 결코 존립하지 않는다.

이와 동일한 것이 집합 의식이 제시할 수 있는 그 밖의 모든 변양에도 타당하다. 보편성이나 특수성, 특정한 것이나 특정하지 않은 것, 그 밖에 기초 짓는 대상의 경우, 범주적 형식에서 고찰될 수 있는 것은 집합 표상의 성격도 규정하지만 결합의 성격 속에 어떠한 현상학적 차이도 발견될 수 없어서, 그것은 항상 동일한 '그리고'다. 기초 짓는 표상의 종류에 따라 보편적 대상의 집합,(예를 들어 '빨간색과〔그리고〕파란색과 노란색'이라는 색깔의 종) 개체적 대상의 집합,('아리스토텔레스와〔그리고〕플라톤') 특정한 대상의 집합(이제까지 든 예에서와 같은)이나 특정하지 않은 대상의 집합('어떤 인간과〔그리고〕이와 다른 인간', '어떤 색깔과

7절 범주적 재현에 관한 연구

어떤 음')이 각기 우리에게 나타난다. 하지만 집합작용의 차이가 기초 짓는 작용의 차이를 통한 것 이외에 달리 어떻게 가능할 것인지는 예측될 수 없다.

바로 이때 이와 동일한 것이 관계 짓는 직관의 경우에도 즉시 분명해 보인다. 관계 짓는 작용은 항상 동일한 형식을 나타내며, 모든 변화는 그것에 기초가 되는 작용에 의존한다.

그러나 이러한 상태에서 기초 지어진 작용 속에 새롭게 부가되는 것에 관해서, 따라서 종합적 작용의 경우 그 결합 형식에 관해서, 재현하는 것과 파악의 의미 사이에서 확인할 수 있는 차이를 우리는 예상할 수 있는가? 단적인 직관의 경우에는 파악의 의미(질료)와 재현하는 것이 밀접하게 통합되었지만, 이 둘은 서로 잇달아 관계되고 변경되는 가운데에도 완전히 독립적이지 않다. 그럼에도 이 경우 이 둘은 어쨌든 서로 풍부하게 변환되었다. 파악의 의미가 변하는 경우에는 감성적으로 재현하는 것은 동일한 것으로 남을 수 있지만, 파악의 의미가 변하지 않는 경우에도 변경될 수 있다. 그래서 예를 들어, 상상 표상은 질료뿐 아니라 심지어 충족시킴의 범위에 따라 자기 동일성을 유지하지만, 어쨌든 그 생생함에 관해서는 현저하게 변할 수 있다.

그러므로 감성의 영역에서는 질료와 재현하는 것 사이의 차이가 쉽게 제시될 수 있으며, 의심의 여지가 없는 것으로 요구될 수 있다. 어쨌든 기초 짓는 작용을 도외시하면, 변경할 가능성이 전혀 없는 것으로 보이는 범주적 작용의 경우는 어떠한가? 범주적 작용은 형식에 관해 의문스러운 차이가 전혀 없으며, 기초 짓는 작용을 재현하는 것을 넘어서는 어떠한 재현하는 것도 갖고 있지 않은가? 그렇다면 기초 짓는 작용 자체가 이미 범주적 작용, 예를 들어 이념화작용인 경우에도 재현함이 없을 것이며, 재현함은 단지 궁극적으로 기초 짓는 단적인 직관 속에만 놓여 있을 것이다.

이러한 의문에 대한 어떤 태도를 취하기 위해, 무엇보다 '전체의 작용과 그 기반이 여러 가지 형태로 변화하는 데 비해 형식에 완전히 차이가 없는 것은, 위에서 설명한 것에서 아마 과장되었고 심지어 오해되었다.'는 점에 주의해야 한다. 왜냐하면 전체의 작용이 지각 표상이라면, 그 형식은 어쨌든 지각 표상의 형식으로서 상상 표상의 형식과 다른 방식으로 성격을 지니기 때문이다. 그 형식이 범주적 표상 속에 본래 새롭고 본질적인 것이라면, 그 형식은 전체에 침투되고 전체로서 그것에 속하는 각 본질적 성격과 반드시 함께 포착된다. 반성이 형식 속에 또는 적어도 종합적 작용 — 추상적 작용의 경우 52항의 고찰에서 이 문제는 이미 해결되었다 — 의 형식 속에서 파악의 의미 차이를 보여 주지 못할 때, 이것은 '파악의 성격이 종합의 계기를 부각시키고 한정하는 것이 아니라 완전하게 기초 지어진 작용을 균등하게 침투하기 때문에, 우리는 이 파악의 성격을 무의식중에 도외시하고 그 대신 모든 형태 속에, 예를 들어 집합적 종합 속에서 일어나는 공통적인 것에만 주의를 기울인다.'는 사실을 통해 충분히 설명된다. 그래서 추구되고 재현하는 것은 바로 이 공통적인 것일 수 있다.

단적인 감성적 지각에서 지각의 의미가 재현함 전체에 침투되는 동질적인 통일적 요소이듯이 — 이 통일적 요소가 재현하는 내용의 한정할 수 있는 각 부분에 일정한 관계를 갖고 어쨌든 내적 반성 속에 한정된 부분적 파악의 합성체로서 나타나지 않듯이 — 범주적 직관의 경우인 여기에서 그 파악의 의미는, 반성 속에 구별될 수 있는 재현하는 것에 따라 명확하게 한정되지 않아도 전체 작용과 그 재현함 전체에 침투된다.

그러나 우리가 이러한 해석을 인정할 경우, 위에서 설명한 서술에는 '기초 짓는 작용과 파악의 형식이 변화되는 모든 경우에, 재현하는 내용은 모

든 '종류의' 기초 지어진 작용에 대해 유일한 내용이다.'라는 중요한 진리가
놓여 있을 것이다. 단적인 감성적 직관에는 엄청나게 다양한 감각의 질
과 감각할 수 있는 형식 등을 재현이라는 목적에 마음대로 쓸 수 있다.
집합적 직관이나 동일성의 직관 등의 영역에서 '그리고-형식은 어디에
서나 동일한 것이며, 이다-형식 등도 마찬가지다.'라는 하나의 종류에
제한될 것이다. 그러나 여기에서 이러한 형식은 감성적 핵심의 유사한 것
(Analogon), 감성적 직관 속에 감각될 수 있는 것의 유사한 것으로 이해
될 것이며, 그 질과 파악의 의미는 도외시될 것이다.

  '소원은 생각의 아버지다.'라는 주장에 의혹을 품고, '재현하는 것은
결코 작용의 본질적 존립요소 부분이 아니다.'라는 결론을 이전에 우리
가 고찰한 것에서 어떻게 이끌어 내는지 주목하게 할 것이다. 표의적
작용이 재현하는 것, 정확하게는 대상 그 자체의 내용적 존립요소에 관
계하는 본래적으로 재현하는 것이 없다는 점은 실로 모든 표의적 작용
의 특징이다. 왜냐하면 표의적 작용도 비본래적으로 재현하는 것을 갖
기 때문이다. 비본래적으로 재현하는 것은 작용 속에 사념된 대상이 아
니라 다른 어떤 대상을, 즉 기초 짓는 작용의 대상을 현전화한다. 그러
나 비본래적으로 재현하는 것이 충분하면 더 이상 곤경에 처할 필요가
없다. 왜냐하면 그와 같이 재현하는 것에는 물론 우리의 사례에서 '기
초 짓는 작용이 항상 그것을 우리에게 제공해 준다.'는 점이 없지 않기
때문이다. 기초 짓는 작용이 본래적으로 재현하는 것은 ── 기초 지어진
작용을 고려해 보면 ── 비본래적으로 재현하는 것으로 파악될 수 있을
것이다.

  그럼에도 단순한 표의적 작용과 바로 비교해 보면, '기초 지어진 작
용의 경우, 더구나 범주적 형식에 관해 본래적으로 재현하는 것이 없으
면 아무것도 그럭저럭 해 나갈 수 없다.'는 점을 생생하게 깨닫게 된다.
그러한 비교가 상기시켜 주는 것은 가능한 충족시킴의 관계, 직관적 작

용이 표의적 작용에 제공하는 '충만함', 직관적 작용 안에서 변화하는 충만함을 통해 생기는 〔충족시킴이〕 상승하는 계열과 이념적 한계로서 그 궁극적 일치다. 재현하는 것은 '공허한' 표의와 '가득 찬' 직관의 차이를 형성하며, '충만함'을 부여한다. 그래서 재현하는 것은 곧바로 '충만함'이라는 말의 한 가지 의미를 규정한다.[2] 직관적 작용만 대상을 '나타나게', '직관하게', 즉 이러한 사실을 통해 파악의 형식이 그 대상의 유사한 것(Analogon)이나 그 자체(das Selbst)로서 파악하는 재현하는 것이 현존하게 된다.

이것은 충족시킴의 관계의 보편적 본질 속에 근거한 상태이며, 따라서 이 상태는 지금 문제 삼는 영역에서도 반드시 증명될 수 있어야 한다. 또한 이러한 상태에서 실로 '표의적'과 '직관적'의 대립, 즉 범주적 대상성을 표의적으로 사념하는 객관화하는 작용과, 이와 평행하는 작용인 동일한 대상성을 동일한 파악의 의미 ── '상으로'든 '그 자체로'든 ── 로 직관적으로 현전화하는 작용이 대립된다. 이 두 경우에서 지향적 질료가 동일하기 때문에, 우리는 범주적 직관의 측면에서 새로운 것을 다시 '범주적 직관이 바로 재현하는 것이며, 대상적인 것을 내용적으로 우리에게 제시하고, 그 내용을 사념된 대상의 재현하는 것으로 파악한다.'는 점만을 포착한다. 그러나 재현은 기초 지어진 작용에서만 수행될 수 있는 것이 아니며, 현전화되는 것은 단순히 이 기초 지어진 작용의 객체가 아니라 사태 전체, 총체 전체 등이다.

---

2 이 책 22항 참조.

예를 들어, 어떤 관계의 경우는 단지 관계의 점만 현전화되며, 새로운 것은 이 두 가지 나타남을 결합하는 단순한 심리적 성격 속에 놓여 있다고 잠시 생각할 수 있을 것이다. 그러나 작용들의 결합은 실로 그 즉시 객체들의 결합이 아니며, 작용들의 결합은 기껏해야 객체들의 결합이 나타나는 것을 도울 수 있을 뿐이다. 작용들의 결합 그 자체는 어쨌든 객체들의 결합 속에 나타나는 결합이 아니며, 작용들 사이의 심리적 연대(Band)는 수립될 수 있고 이 연대를 통해 대상적 관계가 나타나는 반면, 이 관계는 ─ 비록 이 관계가 실제로 실존하는 객체들을 하나로 통합하더라도 ─ 결코 존립하지 않는다. 예컨대 통상의 산술적 판단을 하는 경우와 같이 우리가 판단된 사태를 직관적으로 현전화하지 않고 표의적으로 판단하면, 그 작용의 관계 짓는 통일은 분절된 통일이며, 이 통일은 그에 상응하는 직관의 경우와 전적으로 유사한 것과 심리적 결합 형식을 갖는다. 그러나 그 사태는 적확하게 말하자면 '나타나지' 않고 단순히 의미될 뿐이다.

이에 반해 우리가 지각되거나 기억을 통해 다시 현전화된 두 가지 표면의 색깔을 동일시하는 경우나, 가령 두 가지 상상 표상 속에 제시된 인물을 동일시하는 경우와 같이, 직관적 현전화의 경우를 생각해 보면 동일성이 또다시 사념되지만, 대상을 부여하는 지각의 방식으로 또는 대상을 상으로 만드는 상의 성격 방식으로 사념한다. 그렇다면 무엇이 그와 같은 차이를 가능하게 하는가? 그 전체의 차이는 기초 짓는 작용 속에 놓여 있는가? 그러나 이에 대해 '예를 들어, 표의적 동일화에서 의미된 대상의 동일성은 체험되지 않고 이 동일성은 단순히 추측된다.' 나아가 '대상을 직관하는 경우, 그 동일성은 지각되거나 상상된 동일성이지만, 단지 일치의 경우 속에서만 완전하고 엄밀한 의미에서 주어지고 체험된 동일성이다.'라는 의혹이 제기될 것이다.

따라서 종합을 수립하는 심리적 연대는 사념이며, 그 자체로 다소간 충족된다. 이 사념은 전체 사념의 단순한 비자립적 존립요소 부분이고 표의적 사념의 표의적 존립요소 부분, 직관적 사념의 직관적 존립요소 부분이다. 그럼에도 이 사념은 그 자체로 사념의 성격을 공유하고 그래서 충만함의 차이도 공유하는 존립요소 부분이다. 이에 따라 우리가 그 상태를 '이 존립요소 부분도 재현의 기능을 한다.'라고 해석하는 것은 결코 부당하지 않다. 현실적 — 즉 본래의, 직관적 — 동일화작용이나 집합작용 등에서 체험되는 심리적 연대를 우리는 서로 다른 사례를 비교하는 고찰에서, 또 위에서 검토한 어디에서나 공통적인 것으로 환원될 수 있는 가능성의 방식으로 믿는다. 이 공통적인 것은 질과 파악의 의미에서 분리되어 생각될 수 있으며, 이러한 환원 속에 특히 범주적 형식의 계기에 속하는 재현하는 것을 산출한다.

57 기초 짓는 직관을 재현하는 것은 종합적 형식을 재현하는 것을 통해 직접 결합되지 않는다

당연히 여기에서 아주 중요한 몇 가지 소견을 첨부한다.

객관적으로 고찰해 보면, 예를 들어 동일성의 종합, 부가어적 관계의 종합 등 종합은 기초 짓는 객체에 속한다. 가령 동일성은 인물의 동일성이고, 부가어적 관계는 가령 '나무'라는 주어와 '열매를 맺는'이라는 술어 사이의 관계다. 결합된 객체들은 이제 그 자신의 재현하는 것에 의해 나타나며, 그래서 '결합이 — 또는 종합적 연대를 통해 재현하는 것의 방식과 마찬가지로 — 형식으로서 나타나는 종합적 연대는 기초 짓는 객체의 그 재현하는 것을 현상학적으로 단순하게, 또 직접 서로 결합시킨다고 생각할 수도 있다.

그러나 우리는 이러한 생각에 반대해 '종합의 계기는 근본적 작용에 속하는, 재현하는 것의 직접적 결합을 결코 수립하는 것이 아니라, 예를 들어 동일화의 현상학적 형식은 본질적으로 기초 짓는 작용 그 자체 속에 근거하며, 따라서 이 작용이 그 자신의 재현하는 내용을 넘어서 있고, 이 내용을 포함하는 것 속에 근거한다.'는 점을 확인한다.

만약 체험된 동일성의 계기, 심리적 성격이 감성적으로 재현하는 내용의 직접적 연대 — 실로 기초 짓는 작용이나 객체가 감성적인 가장 단순한 사례에 충분히 한정할 수 있다 — 라면, 이러한 계기를 통해 수립된 통일도, 예를 들어 관련된 감성적 내용을 다른 곳에서 여전히 정초하는 공간적 형태나 질적 형태, 그 밖에 종류의 통일과 아주 똑같이 감성적 통일일 것이다. 그러나 모든 감성적(실재적) 통일은, 이미 〔2-1권의〕제3연구에서 상론했듯이, 감성적인 것의 내용의 유(類) 속에 기초 지어진 통일이다. 물론 구체적 내용은 다면적이고 서로 다른 추상적 계기를 자체 속에 지니며, 변화와 결합의 여러 가지 가능성을 정초한다. 따라서 우리는 여러 가지 종류의 결합을 이러저러한 계기로 환원한다. 그렇지만 그때그때의 통합이 그것의 완전한 종적 내용에 따라 항상 복합적 전체의 유 속에 기초 지어지지 않을 경우, 그럼에도 어쨌든 그때그때 전체 계기에 상응하는 원초적 유 속에 기초 지어진다.

이에 반해 범주적 작용의 형식이 그 자신이 기반하는 감성적 내용에 실질적으로 관계가 없다는 것은 '이러한 감성적 내용의 유가 제한 없이 변경 가능하다.'는 점, 달리 말하면, '모든 종류의 범주적 작용의 기반 속에 기초 지을 수 없을 어떠한 내용의 유는 '아프리오리하게' 불가능하다.'는 점을 입증한다. 범주적인 것은 재현하는 감성적 내용이 아니며 게다가 필연적으로 '대상'에 속하는데, 이 경우 어쨌든 대상의 감성적(실재적) 내용에 따라 그 대상에 속하는 것은 아니다. 그러나 여기에는 '범주적 형식이 구성되는 심리적 성격은 현상학적으로 대상이 구성되는 '작용'에 속한다.'는 사실이 함축되어 있다. 이러한 작용에는 재현하는 것으로서 감성적 내용이 현재에 있는데, 물론 이러한 한에서 그 감성적 내용도 대상을 구성하는 작용에 함께 속한다.

그렇지만 감성적 내용은 작용에 특유한 본질을 형성하지 않으며, 그 내용을 최초로 재현하는 것으로 만드는 파악이 없어도 존재할 수 있다. 이때 그 내용은 존재하지만 그것과 더불어 나타나는 것은 아무것도 없으며, 그 결과 결합될 수 있을 것, 주어나 술어 등 범주적 방식으로 포착될 수 있을 것은 아무것도 현존하지 않는다. 종합적으로 기초 지어진 작용의 범주적 계기가 결합하는 것은 기초 짓는 작용의 이러한 비본질적 요소가 아니라, 기초 짓는 작용과 기초 지어진 작용의 양 측면에 본질적인 것이다. 범주적 계기는 모든 상황에서 그 지향적 질료를 결합하고, 참된 의미에서 그 질료 속에 기초 지어진다.

그래서 우리는 위에서 이미 '모든 범주적 작용에서 기초 지어진 작용의 질료는 기초 짓는 작용의 질료 속에 기초 지어진다.'라고 일반적으로 표명했다. 예를 들어, 동일성은 직접적으로 감성적 내용의 통일 형식이 아니라 동일한 대상에 대한 이러저러한 ── '반복된' 또는 내용상 서로 다른 ── 의식 속에 근거한 '의식의 통일'이다. 그리고 이것은 어디에서나 마찬가지다. 그런데 물론 단적인 직관이든 범주적 직관이든 모든 종류의 직관은 그 종류에 따라 동등하게 범주적으로 형식화될 수 있다. 그러나 이것으로써 '현상학적으로 범주적 형식화는 객관화하는 작용의 보편적인 것 속에 기초 지어진다.' 또는 '그것은 본질적으로 객관화하는 작용의 유에 적합한 것에 결합되는 기능이다.'라고 주장할 뿐이다. 이러한 유에 속하는 체험만 범주적 종합을 허용하며, 그 종합은 직접 지향적 본질을 결합한다.

특히 개체적 직관 속에 직접 기초 지어진 충전적인 종합적 직관의 경우에 '마치 적어도 범주적 종합의 이 가장 낮은 단계에서 어떤 기초 짓는 작용의 감성적으로 재현하는 것에서, 다른 기초 짓는 작용의 감성적으로 재현하는 것으로, 직접적인 현상학적 결합이 계속 이어진다.'고 착각하는 가상을 경계해야 한다. 전체적 작용의 일치(명증성)가 기초 짓는 직관 일체에서 함수적으로 의존함으로써, 상태는 여기에서 실로 다음과 같은 형태를 띤다. 즉 그 상태가 기초 짓는 작용이 충전적이므로 재현하는 내용은 재현되는 대상과 합치한다는 형태다. 그런데 그와 같은 기반 위에서 어떤 관계, 예를 들어 부분과 전체의 관계가 직관되면 관계 짓는 작용도 명증성의 성격을 띤다. 즉 관계는 참으로 주어진 내용과 더불어 그 자체로〔스스로〕참으로 주어진다. 그러므로 여기에서 감성적 내용과 객체에서 관계로서 파악된 관계 짓는 심리적 연대는 직접적 연대의 방식으로 체험된 이 감성적 내용들과 결합한다.

우리는 이에 대해 결코 반론을 제기할 수 없을 것이다. 여기에서 관계 작용의 통일을 기초 짓는 것은 감성적 내용이 아니라 이러한 내용의 충전적 직관이다. 어디에서나 마찬가지로, 이 경우 관계 짓는 작용을 수행하기 위해, 전체로서 이 내용을 부분으로서 그 내용과 관계 짓기 위해 대상을, 재현하는 동시에 재현되는 그 감성적 내용을 주시해야 한다. 관계는 주어진 대상에 근거해서만 주어질 수 있다. 그러나 대상이 우리에게 주어지는 것은 그 자신에 맹목적인 단순한 체험작용이 아니라, 오직 유일하게 지각작용을 통해, 여기에서 예를 든 경우에는 더 이상 자기 자신을 넘어서서 재현하지 않는 체험된 내용을 통해서다.

이것으로써 우리가 기초 지어진 작용으로서 범주적 작용을 도입한 것이 확증되었다. 모든 지성적인 것이 구성되는 이 범주적 작용은 본질적으로 단계적으로 수행된다.〔높은 단계의〕객관화는〔낮은 단계의〕객관화에 근거해 수행되며, 확장된 지성적 의미에서 대상 —— 높은 등급의 대상 —— 으로서, 오직 그와 같이 기초 지어진 작용 속에서만 나타날 수 있는 대상을 구성한다. 그렇지만 이것은 종합적 작용의 경우, 그것이 단적인 직관의 모든 재현하는 것을 통합하듯이 재현하는 것의 직접적 통일을 배제한다. 이때 위에서 시도된 지극히 신중한 검토가 필요한 해석이 올바를 경우, 전체적인 종합적 직관은 기초 짓는 작용을 결합하는 심리적 내용이 기초 지어진 대상의 객관적 통일체로, 대상의 동일성 관계로, 부분의 전체에 대한 관계로 파악되는 방식으로 성립한다.

58 외적 감각과 범주에 대한 감각 같은 내적 감각, 이 두 가지 구별의 관계

이 2장의 고찰을 바로 시작할 때 도입한[3] 그 두 가지 구별, 즉 한편으로는 외적 감각과 내적 감각의 구별, 다른 한편으로는 단적인 작용과 범주적 작용의 구별 관계를 궁극적으로 명석하게 밝히는 것은 지극히 중요하다.

심리적 체험으로서 표상은 단적이든 기초 지어졌든, 따라서 감성적이든 범주적이든 상관없이 '내적 감각'의 영역에 속한다. 그렇지만 여기에 어떤 모순이 포함되지는 않은가? 어떤 작용을, 게다가 어떤 기초 지어진 작용을 — 예를 들어 '2+1=1+2'의 동일성을 현실적으로 통찰하는 것을 — '반성하는' 내적 지각은 '당연히' 기초 지어진 지각, 따라서 비감성적 지각이 아닌가? 이러한 지각의 작용 속에는 그 작용을 기초 짓는 작용을 포함해, 기초 지어진 작용이 가장 엄밀한 의미에서 주어지며, 기초 지어진 작용은 지각의 내실적 존립요소에 속한다. 이때 기초 지어진 작용을 향하는 한, 지각은 그 작용에 관계하므로, 따라서 그 자체가 기초 지어진 지각이다.

---

3 앞의 43항 중간과 46항 이하.

명백히 우리는 '어떤 작용 ─ 어떤 성질의 작용이든 작용의 계기나 작용의 복합이든 ─ 을 지각하는 것은, 그것이 단적인 지각작용이기 때문에 감성적 지각작용이다.'라고 말해야 할 것이다. 이것은 의심할 여지가 없다. 왜냐하면 지각된 작용에 대한 지각하는 작용의 관계는 기초 지음의 관계가 아니며, 심지어 기초 지어진 작용을 지각된 작용으로 받아들일 경우에도 기초 지음의 관계가 아니기 때문이다. 어떤 작용이 기초 지어져 있음은 '그 작용이 어떤 의미든 상관없이 다른 작용 위에 구축되었다.'는 것을 뜻하지 않으며, '기초 지어진 작용은 그 본성상 ─ 즉 그 유에 따라 ─ 기초 짓는 작용의 유에 속하는 작용 위에 구축된 것으로서만 가능하다.'와 '그 결과 기초 지어진 작용의 대상적 상관자는 어떤 보편적인 것, 즉 어떤 형식을 갖는데 이것에 의해 대상은 일반적으로 그 형식을 지닌 유에 속하는 기초 지어진 작용 속에서만 직관적으로 나타날 수 있다.'는 것을 뜻한다. 그래서 직관적인 보편성 의식은 기초에 놓여 있는 개체적 직관 없이는 존립할 수 없으며, 동일화는 동일화된 객체와 관련된 기초에 놓여 있는 작용 없이는 존립할 수 없다 등등.

　　그러나 기초 지어진 작용을 향한 지각작용은 이와 정확하게 마찬가지로 기초 지어지지 않은 작용에, 그리고 말이나 색깔 등 외적 감각의 임의의 객체로 향할 수 있다. 지각작용의 질료 ─ 그 파악의 의미 ─ 는 지각된 작용의 질료와 어떠한 필연성의 연관도 없다. 오히려 이 지각된 작용의 현상학적 내용 전체는 재현하는 것의 단순한 성격을 지니며, 지각의 파악 형식에 따라 대상적으로, 즉 이러한 작용 그 자체로서 해석된다.

　　이러한 이유에서 내적 감각 위에, 가령 어떤 기초 지어진 작용을 주시함 속에서 구축된 모든 추상은 감성적 추상이다. 이에 반해 어떤 기초 지어진 작용 그 자체 위에 구축된 추상은, 이 기초 지어진 작용 그 자체가 비록 범주적 직관이더라도 직관의 성격을 소유하는 한, 범주적 추상이다. 만약 동일화의 직관적 작용, 즉 동일성에 대한 직관을 주시하고, 이 경우 동일화하는(Identifizieren) 계기를 도외시하면 감성적 추상을 수행한 것이다. 그러나 동일화 속에 살아가면서 객관적 동일성을 주시하고, 이 동일성을 추상의 기반으로 삼으면 범주적 추상을 수행한 것이다.[4] '동일성'의 객관적 계기는 결코 작용이나 작용의 형식이 아니라 대상적인 범주적 형식이다.

다른 한편, 이에 대립해 기초 지어진 작용들을 현상학적으로 통합하는 동일화하는 계기는 감성적이거나 범주적인 작용의 형식이다. 동일한 차이의 본질에는 그 밖에도 어떤 직관적 작용에 대한 반성에 근거한 개념과 이러한 직관적 작용 그 자체에 근거해 형성된 개념으로 분리된다. 〔가령〕 나는 어떤 집을 지각하고 이 지각에 대해 반성하면서 '지각'이라는 개념을 형성한다. 그러나 내가 단순히 그 집을 주시하면, 따라서 이 지각에 대한 지각 대신 이 지각 자체를 추상을 기초 짓는 작용으로 사용하면 '집'이라는 개념이 성립한다.

그에 따라 우리가 '내적 지각 속에 감성적으로 주어진 — 그래서 내적 지각 속에 감성적으로 재현하는 것으로 기능하는 — 동일한 심리적 계기가 범주적 지각이나 범주적 상상의 성격을 지닌, 기초 지어진 작용 속에서 범주적 형식을 구성할 수 있으며, 그래서 이 경우 〔감성적 재현과〕 완전히 다른 범주적 재현을 지닌다.'라고 주장할 경우 전혀 이상한 것이 아니다.

범주적 형식의 형식으로서 비자립성은 내적 감각의 분야 속에 '어떤 범주적 형식이 구성될 수 있는 계기 — 이 계기는[5] 모든 형식에 대해 좁게 한정되어 있어서 모든 형식의 종에는 그와 같은 계기의 유일한

---

4 이 책 60항의 자세한 설명 참조.
5 55항의 서술에 따라.

종이 상응한다 — 가 작용의 성격 속에 기초 지어진 비자립적인 심리적 내용을 제시한다.'는 점으로 반영된다. 그러나 모든 작용의 성격은 궁극적으로 외적인 감성적 내용 속에 기초 지어지기 때문에,[6] 우리는 감성 분야에 본질적인 현상학적 구분이 존립한다고 말해 둔다. 우선 다음과 같은 것이 규정된다.

1) '반성의 내용'은 그 자체가 작용의 성격이거나 작용의 성격 속에 기초 지어진 내용이다.

2) '일차적 내용'은 모든 반성의 내용이 그 속에서 직접적이거나 간접적으로 기초 지어진 내용이다.

후자는 '외적' 감각의 내용일 것인데, 외적 감각은 여기에서 안과 밖의 차이 — 하나의 형이상학적 차이로서 — 의 관계를 통해 정의되는 것이 아니라 그 재현하는 것의 본성을 통해, 궁극적으로 기초 짓는 것으로, 현상학적으로 체험된 내용으로 정의된다. 일차적 내용은, 비록 여러 가지 작용으로 분열되더라도, 유일한 최고류(最高類)를 형성한다. 반성의 내용이 일차적 내용을 통해 기초 지음을 겪는 방식은 명백히 생각해 볼 수 있는 가장 느슨한 방식, 즉 반성의 내용이 일차적 내용의 좁은 유와 결코 결합되지 않는 방식이다.

이때 직관의 순수한 감성적 객체와 순수한 범주적 객체의 차이에는 재현하는 내용의 차이가 상응하는데, 반성의 내용은 오직 순수하게 범주적으로 재현하는 것으로서만 기능할 수 있다.

그런데 범주의 개념도 '그 개념이 파악의 소재가 아니라 파악의 형식에서 유래하는 모든 대상적 형식을 자체 속에 포괄한다.'고 정의하려 시도할 수 있을 것이다. 물론 이러한 시도에 대해 '그러면 감성적 직관도 — 이

---

6 물론 외적인 감각적 내용의 **특수한** 유가 아니라 그와 같은 내용 일반의 **전체** 유 속에.(그 다음 서술 참조)

것이 대상성의 형식을 구성하는 한 —— 범주적 작용의 성격을 갖는가?'
하는 의혹이 생긴다. 지각된 것은 지각 속에 존재할 뿐만 아니라 지각
속에 대상으로 주어진다. 그럼에도 대상이라는 개념은 지각이라는 개
념과의 상관관계 속에서 구성되며, 따라서 추상의 작용뿐만 아니라 관
계의 작용도 전제한다. 이러한 한에서 대상이라는 개념도 이제까지와
동일한 의미에서 범주적 개념이다.

8절 본래적 사유와 비본래적 사유의 아프리오리한 법칙

59 항상 새로운 형식으로 복합. 가능한 직관의 순수한 형식론

감성적으로-직관된 단적인 대상 대신 범주적으로 형식화되고 종합적으로 결합된 대상이 구성되는, 기초 지어진 작용의 서로 다른 형식은, 범주적 통일체가 언제든지, 게다가 아프리오리한 종류의 어떤 범주적 법칙성에 근거해 관계 짓거나 이념화하여 새롭게 결합하는 작용의 대상이 될 수 있는 한, 여러 가지 복합체를 새로운 형식으로 허용한다. 그래서 예를 들어 보편적 대상을 집합적으로 결합하고, 이렇게 형성된 집합체를 같은 종류나 다른 종류의 집합체에 다시 집합적으로 결합할 수 있으며, 이것은 '무한히' 계속될 수 있다. 무한히 복합할 수 있는 가능성은 이 경우 '아프리오리'하며 명증적이다.

이와 마찬가지로 사태를 — 비록 법칙의 한계 안이지만 — 새로운 사태에 통합할 수 있고, 일반적으로 또 무한히 모든 가능한 통일체 사이에서 내적 관계나 외적 관계를 찾아낼 수 있으며, 이렇게 확인해 낸 성과를 다시 새로운 관계의 객체로 사용할 수 있다 등등. 물론 그 복합은 항상 높은 단계의 기초 지어진 작용으로 수행된다. 이 복합을 지배하는 법칙성은 순수논리적인 문법적 법칙성에 직관적으로 대응한다. 또한 여기에서 중요한 것은 서로 다른 단계로 표상된 대상의 참된 존재를 판정하려는 법칙이 아니다. 어쨌든 이 법칙은 충전적으로 충족시킬 가능성의 이념적 조건에 관해 아무것도 직접적으로 말하지 않는다.

여기에서 의미의 순수형식론에는 직관의 순수형식론이 상응하는데, 이 형식론에서 직관적 일반화(Generalisation)를 통해 단일한 직관과 복합적 직관의 원초적 유형이 가능한 것으로 밝혀지며, 그 직관이 항상 새롭고 복잡한 직관으로 연속적으로 복합되는 법칙성이 반드시 규정될 것이다. 충전적 직관 그 자체가 직관의 한 유형을 제시하는 한, 직관의 순수형식론은 일반적으로 충전적 직관의 형식에 관련되는 모든 법칙도 포괄한다. 그리고 이 법칙은 이때 표의적 지향이나 이미 직관적인 지향을 충전적으로 충족시킬 법칙과 특별한 관계를 갖는다.

60 질료와 형식의 상대적인 또는 기능상 차이. 순수한 오성 작용과 감성과 혼합된 오성 작용. 감성적 개념과 범주

소재(Stoff)와 형식(Form)의 상대적인, 단순히 기능적인 차이는 '범주적 직관 그 자체가 다시 새로운 범주적 직관의 기반이 되며, 이때 이에 상응하는 표현이나 의미로도 표현되는 가능성과 연관된다. 우리는 이 차이를 위에서[1] 이미 간략하게 시사했다. 기초 짓는 감성은 그것 위에 구축된 범주적 형식의 작용에 대해 절대적인 의미에서 소재를 제공하는데, 기초 짓는 작용의 객체는 일반적으로 상대적인 의미에서 소재, 즉 기초 지어진 작용 속에서 그 객체에 새롭게 생기는 범주적 형식과 상대

---

1 이 책 42항 후반 참조.

8절 본래적 사유와 비본래적 사유의 아프리오리한 법칙

적인 소재를 형성한다.

우리가 이미 범주적인 두 가지 객체를, 예를 들어 두 가지 사태를 관계 지으면, 이 두 가지 사태는 이 둘을 하나로 정립하는 관계의 형식에 상대적인 소재다. 소재와 형식이라는 개념의 이러한 규정성을 진술할 경우, 질료(Materie)와 형식의 전통적 구별은 정확하게 상응하며, 이 용어들은 바로 '관계 짓는 표상작용' 전체의 기초 짓는 작용을 표현한다. 또는 동일한 말이지만, 그 용어들은 기초 짓는 대상을 명명하고, 그로 인해 감성의 기여를 찾아낼 수 있는 유일한 장소를 제시한다.[2] 그러나 기초 짓는 대상이 그 자체로 이미 범주적인 종류일 수 있고, 명백히 이때 단계적으로 일련의 기초 지음을 우리에게 가져다주는 작용의 연쇄 속에서 충족시킴이 수행된다. 왜냐하면 이 경우 어쨌든 간접적 표상이 본질적 역할을 하기 때문에, 이 역할을 정확하게 규명하는 것은 인식하는 사유의 복잡한 형식을 해명하는 데 매우 중요한 과제일 것이다.

단적인 직관의 작용을 감성적 작용이라 부르고, 직접적이든 간접적이든 감성으로 환원하는 기초 지어진 작용을 범주적 작용이라 한다. 그럼에도 범주적 작용의 영역 안에서 '순수범주적' 작용인 '순수오성'의 작용과, 감성과 '혼합된', 감성과 '관련된' 오성의 작용을 구별하는 것이 중요하다. 궁극적으로 모든 범주적인 것이 감성적 직관에 의거한다는 점, 실로 기초 짓는 감성(Sinnlichkeit)이 없는 범주적 직관, 따라서 오성 (Verstand)의 통찰 — 최고의 의미에서 사유 — 은 이치에 어긋난 것이라는 점이 사태의 본성 속에 함축되어 있다. 모든 '감성의 능력'에서 완전히 벗어난 순수한 사유 — 여기에서는 범주적 작용 — 의 '능력'으로 해석된 '순수지성(Intellekt)'이라는 이념은 명증적으로 폐기할 수 없는 인식의 존립요소에 따라 인식을 기본적으로 분석하기 이전에만 상정될 수

---

2 이 책 42항 중간 참조.

있다.

그럼에도 앞에서 지적한 구별, 따라서 순수범주적 작용의 개념, 그리고 이와 관련한 순수오성의 개념은 충분한 의미가 있다. 즉 우리가 이념화하는 추상의 특징을, 게다가 필연적으로 개체적 직관에 의거하는 것 — 하지만 그로 인해 이 직관의 개체적인 것을 사념하지는 않는 것 — 으로 고찰하면, '이념화하는 추상이 개체성(Individualität) 대신 보편성〔일반성〕(Generalität)을 구성하는 새로운 파악의 방식이다.'라는 점에 주목하면 모든 개체적인 것뿐만 아니라 모든 감성적인 것을 그 자신의 지향적 내용에서 배제하는 보편적 직관이 가능하다. 달리 말하면, 우리는 〔한편으로〕 감성적 개념 — 게다가 순수한 감성적 개념이나 범주적 형식과 혼합된 감성적 개념 — 을 우리에게 부여하는 '감성적 추상'과 〔다른 한편으로〕 우리에게 '순수범주적 개념'을 부여하는 '순수범주적 추상'을 구별한다. 예컨대 색깔·집·판단·소원은 순수감성적 개념이고, 색깔의 성격(색깔이-있음)·덕목·평행의 공리 등은 범주적으로 혼합된 개념이며, 단일성·다수성·관계·개념은 순수범주적 개념이다. 단적으로 범주적 개념에 대해 이야기할 경우는 언제나 순수범주적 개념을 뜻한다.

그런데 감성적 개념은 자신의 직접적 기반을 감성적 직관이 주어져 있음 속에서 발견하지만, 범주적 개념은 범주적 직관이 주어져 있음 — 게다가 범주적으로 형식화된 객체 전체의 범주적 형식과 관련해 주어져 있음 — 속에서 발견한다. 예를 들어, 어떤 관계의 직관이 추상의 기초가 되면, 그 추상의 의식은 아마 '종에 있어(in specie)' 관계의 형식으로 향할 것이고, 관계의 기반에 있는 모든 감성적인 것이 배제되어 남아 있는 방식으로 향할 것이다. 이렇게 해서 '범주'가 생기지만, 그 명칭은 — 적확한 의미로 이해하면 — 여기에서 예시한 원초적 개념들을 단순히 포괄한다.

방금 전에 개념과 종(Spezies)을 동일시했는데, 이것은 우리가 논의한 것의 의미 전체 속에 함축되어 있다. 어쨌든 개념으로 보편적 대상 대신 보편적 표상 — 보편적 직관이든 이에 상응하는 보편적 의미이든 — 을 이해하면, 그 구별은 즉시 종(種)에도 적용된다. 즉 종 A가 감성적인 것을 포함하거나 이에 반해 배제할 수 있는 점을 고려해 '하나의 A(ein A)'라는 형식의 표상으로 적용된다. 그에 따라 '모든 S는 P이다.' '어떠한 S도 P가 아니다.' 등과 같은 모든 논리적 형식(Form)과 정식(Formel)은 순수범주적이다. 왜냐하면 S, P 등의 문자는 '어떤' 특정하지 않은 '임의의' 개념에 대한 단순히 간접적인 표시이므로, 따라서 그 정식의 전체 의미 가운데 이 표시에는 순수하게 범주적 요소에서 구축된 복합적 생각이 상응하기 때문이다. 순수논리학 전체와 마찬가지로 순수산술 전체, 순수다양체이론, 요컨대 가장 포괄적인 의미에서 '순수수학(reine Mathesis)'은 그 이론적 존립요소 전체 속에 어떠한 감성적 개념도 포함하지 않는다는 의미에서 '순수하다.'

61 범주적 형식화는 결코 대상을 실재적으로 변형시킨 것이 아니다

마지막 일련의 고찰에서 명백해지듯이, 우리는 범주적 형식에 대한 논의를 이중 의미로 사용하는데, 이 이중 의미는 작용과 대상을 일관되게 구별할 경우에는 해가 되지 않는 자연스러운 것이다. 한편으로 우리는 그 논의에서 단적인 직관의 작용, 심지어 이미 기초 지어진 직관의 작용에 형식을 부여하고, 그 작용을 새로운 객관화하는 작용(Objektivation)으로 바꾸는 기초 지어진 작용의 성격을 이해한다. 이 객관화하는 작용은 기초 짓는 작용과 비교해 독특한 방식으로 변양된 대상성을 구성하고, 근원적 대상은 이제 이것을 새로운 방식으로 포착하고 결합하는 어떤 형식으로 제시되며, 이것은 제2의 의미, 즉 대상적 의미에서 범주적 형식이다. 통일적 작용으로서 대상의 범주적 통일 — '이 둘 모두'의 총체 — 을 뜻하는 연언적 결합 'A와 B'를 예로 들 수 있다.

'A와 B'라는 표현은 특히 '그리고'의 의미에 관해서 그 밖에 범주적 형식에 대한 논의의 넓은 의미를 — 그 결과 기초 지어진 작용의 성격 속에 충족될 수 있는 표의적 형식도 — 예시해 준다. 이것은 범주적 형식, 더 신중하게 말하면 비본래적 의미에서 범주적 형식이라 부른다.

이러한 사실을 전제해서 우리는 이미 표명한 명제, 즉 '범주적 기능은 감성적 대상을 형식화하는 가운데 그 실재적 본질에서 그 대상에 아무런 영향도 끼치지 않는다.'는 본래 자명한 명제를 우리가 서술한 것 전체의 중요성을 위해 완전히 명석하게 밝히려 한다. 대상은 지성을 통해, 특히 인식 — 실로 인식 그 자체가 하나의 범주적 기능이다 — 을 통해 지성적으로 포착되지만 변조되지는 않는다. 이러한 점을 판명하게 밝히는 것은 이미 지나가는 길에 언급한 〔한편으로는〕 대상적 의미로 이해된 범주적 통일과, 〔다른 한편으로는〕 예를 들어 어떤 사물의 부분들의 통일이나 가로수 길의 나무들의 통일과 같은 실재적 통일의 차이를 상기시킨다. 심리적 체험의 내실적 존립요소 부분들의 통일과 개인의 의식 속에 공존하는 모든 체험의 통일도 실재적 통일에 속한다. 이 모든 통일은 — 전체적으로 고찰해 보면 — 그 부분들과 마찬가지로 일차적인 단적인 의미에서 대상이며, 가능한 단적인 직관 속에 직관될 수 있는 것이다. 그것은 바로 단순히 범주적으로 통합되지 않고, 집합·양자택일·관계 지음 등을 통해 단순히 함께 고찰하는 가운데 구성되지 않으며, '그 자체로' 통합되어 실재적 통일의 계기가 되는 — 따라서 실재적으로 규정되는 — 방식으로 그 전체에서 지각할 수 있는 통일 형식을 갖는다. 이 통일 형식은 결합된 항들의 일부와 이 항들의 내적 규정성이 지각될 수 있는 것과 동일한 의미에서 지각될 수 있다.

범주적 형식의 경우, 사정은 이와 완전히 다르다. 범주적 형식이 만들어 내는 범주적 대상은 일차적인 근원적 의미에서 대상이 아니다. 범주적 형식은 이것에서 감성적으로 지각할 수 있는 하나의 실재적 전체가 생기도록 그 부분들을 접착하고 결합하며 조립하지 않는다. 그것은 도공(陶工)이 〔도자기의〕 형태를 만들어 내는 의미에서 형식화하지 않는다. 그렇지 않으면 감성적 지각이 근원적으로 주어진 것은 그 고유한 대상성으로 변양될 것이고, 관계 짓고 결합하는 사유작용과 인식작용은 존재하는 것의 사유작용과 인식작용이 아닌 다른 것으로 형태를 변조할 것이다.

그러나 범주적 형식은 일차적 대상을 변화시키지 않는다. 범주적 형식은 일차적 대상에 대해 아무것도 할 수 없으며, 대상 자신의 그 무엇도 변화시킬 수 없다. 왜냐하면 이때 그 결과 생기는 것은 일차적인 실재적 의미에서 새로운 대상인 반면, 범주적 작용 — 가령 집합 작용이나 관계 짓는 작용 — 에서 생기는 것은 명증적으로 단지 그와 같이 기초 지어진 작용 속에서만 주어질 수 있는 일차적으로 직관된 것이기 때문이다. 또한 일차적으로 직관된 것은 객관적으로 포착함에 존립하는데, 그래서 형식화된 것의 단적인 지각에 대해, 또는 그 밖에 단적인 직관작용 속에 형식화된 것이 주어져 있음에 대해 생각하는 것은 이치에 어긋나기 때문이다.

62 미리 주어진 소재의 범주적 형식화에서 자유와 그 제한. 순수범주적 법칙('본래적' 사유법칙)

외적이든 내적이든 실재적인 감성적 통일의 형식은 결합될 수 있는 부분들의 본질적 본성을 통해 법칙적으로 규정되며, 이 부분들이 완전히 개체화되는 경우 절대적으로 규정된다. 모든 통일은 법칙성을 지시하며, 실재적 통일은 실재적 법칙성을 지시한다. 실재적으로 하나인 것도 반드시 실재적으로 통합된다. 우리가 자유롭게 통합하는 것 또는 통합하지 않는 것에 대해 이야기하는 경우, 바로 그 내용을 공간적-시간적 규정성에 함께 속하는 완전한 실재성으로 받아들이지 않는다.

이러한 종류에서 실재적 내용의 의식, 특히 단적인 직관작용은 '당연히' 그 내용의 실재적 결합이나 형식의 의식인 반면, 범주적 형식에 관해서는 사정이 완전히 다르다. 실재적 내용에 의해 이 내용에 적합할 수 있는 범주적 형식 가운데 어떤 것도 필연적으로 주어지지 않으며, 여기에는 결합하고 관계 짓고 일반화하고 포섭하는 등의 충분한 자유가 있다. 우리는 감성적으로 통일적인 그룹을 자의로, 또는 여러 가지 방식의 부분적 그룹으로 분해할 수 있으며, 여러 가지로 구별할 수 있는 부분적 그룹을 자의로 배열하고 동일한 단계에 서로 잇달아 결합하거나 두 번째, 세 번째…… 단계의 집합을 서로 겹쳐 구축할 수 있다. 그래서 동일한 감성적 소재에 근거해 집합적으로 형식화할 많은 가능성이 생긴다. 마찬가지로 우리는 하나의 동일한 감성적 복합체에 속하는 임의의 각 항을, 그 밖에 항들 가운데 이러저러한 항과 비교하거나 구별할 수 있다. 이 경우 모든 항을 주어의 항이나 — 관련된 관계를 자의로 뒤집어 — 목적어의 항으로 만들 수 있다. 이때 우리는 이 관계 그 자체를 서로 관계 짓고 집합적으로 결합하며 분류할 수 있다.

그러나 범주적으로 통합하고 형식화할 자유가 매우 크기 때문에 어쨌든 그 자유에는 **법칙적 제한**이 필요하다. 또한 여기에는 통일과 법칙이 서로 분리될 수 없다. 범주적 형식이 기초 지어진 작용의 성격 속에, 단지 이러한 작용의 성격 속에서만 구성된다는 점에는 이미 어떤 필연적 연관이 포함되어 있다. 그렇지 않고 각각의 임의의 소재가 각각의 임의의 형식 속으로 들어오고, 따라서 기초 짓는 단적인 직관이 범주적 성격과 임의로 함께 결합된다면 어떻게 범주적 지각과 범주적 직관에 대해 논의할 것인가? 예를 들어 전체와 부분의 관계를 직관하는 경우, 이 관계를 통상 뒤집을 수 있지만, 가령 실재적 내용이 변화되지 않는 경우에는 부분을 전체로, 또는 전체를 부분으로 직관할 수 있듯이 뒤집을 수는 없다. 이러한 관계를 총체적 동일성이나 총체적 배제함의 관계로 파악하는 등의 자유도 우리에게는 없다. 물론 모든 종류의 관계 점들 사이에 놓인 모든 종류의 관계를, 일반적으로 각 소재에 근거해, 즉 단순한 표의의 의미에서 모든 종류의 형식을 '생각해 볼' 수 있다. 그러나 모든 기반에 근거해 기초 지음을 실제로 수행할 수 없으며, 감성적 소재를 임의의 범주적 형식 속에서 직관할 수 없다. 특히 지각할 수 없으며, 무엇보다 충전적으로 지각할 수 없다.

확장된 지각의 개념을 특징짓는 가운데 '당연히' 어떤 구속성이 드러나는데, 그것은 마치 지각의 성격이 감성적 내용에 내실적으로 결합된 것은 아니다. 지각의 성격은 결코 그러하지 않은데, 왜냐하면 이것은 지각되지 않은 채 존재하거나 반드시 지각되는 것은 아무것도 존재하지 않는다는 점을 뜻하기 때문이다. 그러나 지각될 수 없는 것은 정말 아무것도 존재하지 않는다. 그렇지만 여기에는 '곧바로 이러한 소재에 근거해, 더 정확하게 말하면 단적인 직관에 근거해 현실적 작용을 현실적으로 수행하는 것은 이념적 의미에서 가능하다.'라는 점이 함축되어 있다. 이념적 가능성 일반과 마찬가지로, 이 가능성은 — 어떤 불가능성, 이념적 양립 불가능성이 법칙에 적합하게 그 가능성에 나란히 나타나는 한 — 법칙적으로 제한된다.

이러한 가능성과 불가능성의 연관을 규제하는 이념적 법칙은 '종에 있어' 범주적 형식에 속하며, 따라서 객관적 의미에서 범주에 속한다. 이 법칙은 '특정하지만 임의의 소재의 동일성이 전제된 경우, 미리 주어진 어떤 범주적 형식의 어떤 변경이 가능한지'를 규정하며, 동일하게 남아 있는 소재에 근거해 범주적 형식의 변환과 변형의 이념적으로 완결된 다양성을 한정한다. 이 경우 소재가 문제되는 것은 단지 소재가 자기동일성에서 지향적으로 확보되어야만 할 경우뿐이다. 그러나 소재의 종(種)이 완전히 자유롭게 변경할 수 있고, 그때그때 미리 받아들인 형식을 지닌 것으로 기능할 수 있는 자명한 이념적 조건에 적합한 한에서만, 지금 문제 삼고 있는 법칙은 완전히 순수한 분석적 법칙의 성격을 띠며, 소재의 특수성에서 완전히 독립적이다. 그래서 그 법칙의 일반적 표현은 소재의 종에 관해 아무것도 포함하지 않으며, 그 밖에 임의의 어떤 — 하지만 자기동일성을 유지할 수 있는 — 소재 일반의 특정하지 않은 일반적 표상을 지닌 것으로서 단지 대수의 상징〔기호〕을 이용할 뿐이다.

그러므로 이러한 법칙을 통찰하는 데 그 자신의 소재를 실제로 직관하게 하는 범주적 직관을 현실적으로 수행할 필요는 없으며, 관련된 범주적 형태화의 가능성을 명시하는 어떤 범주적 직관으로 충분하다. 이 가능성 전체를 일반화하는 추상 속에 법칙에 대한 통일적인 직관적 '통찰'이 수행되며, 이 통찰은 우리가 주장한 의미에서 충전적인 유적 지각의 성격을 띤다. 이 지각 속에 스스로 주어진 보편적 대상은 범주적 법칙이다. 우리는 '범주적 직관 일반의 가능성에 대한 이념적 조건은 이와 상관적으로, 범주적 직관의 대상에 대한 가능성과 범주적 대상 그 자체의 가능성에 대한 조건이다.'라고 말할 수 있다. 범주적으로 이러저러하게 형식화된 대상성은 가능하며, 이것은 실로 '어떤 범주적 직관, 즉 단순한 구상인 그러한 종류의 대상성을 완전히 적절하게 눈앞에 제시할 수 있다.'는 점, 달리 말하면 '관련된 범주적 종합과 그 밖에 범주적 작용은 관련된 기초 짓는 직관──그것이 구상이더라도──에 근거해 실제로 수행될 수 있다.'는 점과 본질적 상관관계에 있다.

그러나 지각적이든 상상적이든 상관없이 임의의 미리 주어진 소재는 '사실상' 어떤 범주적 형식화를 허용하는지, 즉 그 소재를 구성하는 감성적 직관에 근거해 어떤 범주적 작용이 실제로 수행될 수 있는지에 관해서는, 지금 문제 삼는 이념적 조건인 분석적 법칙은 아무것도 말하지 않는다. 이러한 점에서 무제한의 임의(任意)가 지배하지 않는다는 사실, '실제로' 수행할 수 있는 것은 경험적 실제성의 성격이 아니라 이념적 가능성이라는 사실을 위에서 든 예가 가르쳐 준다. 그 예는 소재의 그때그때 특수성이 가능성을 한정한다는 사실도 가르쳐 주며, 그래서 예를 들어 'G는 실제적으로 g의 전체이거나, γ는 실제적으로 G의 성질을 지녔다.' 등을 말할 수 있다. 물론 이 경우 범주적 형식은 실재적 형식과 달리 — 마치 그 형식이 다른 유 일반의 내용에 전혀 문제되지 않는 듯이 — G, g, γ 등 내용의 유에 제한되지 않는다.

이에 반해 명증적으로 모든 유의 내용은 모든 범주를 통해 형식화될 수 있다. 범주적 형식은 — 위에서[3] 이미 상론했듯이 — 바로 소재의 내용 속에 기초 지어지지 않는다. 따라서 그 순수법칙은 주어진 소재가 어떤 형식을 받아들일지를 지정할 수 없다. 단지 '그 소재 — 임의의 소재 일반 — 가 어떤 형식을 받아들였거나 받아들일 수 있을 경우, 그 소재는 확고하게 한정된 범위 이상의 형식을 이 동일한 소재에 마음대로 받아들인다.'는 사실, 또는 '그때그때 적용된 형식이 항상 새로운 형식으로 변형될 가능성을 갖는, 이념적으로 완결된 범위가 존재한다.'는 사실만 가르쳐 줄 뿐이다. 동일한 소재에 근거한 새로운 형식의 이념적 가능성은 이러한 '아프리오리한' 전제 아래 이미 언급한 '분석적' 법칙을 보증한다.

이것은 그 순수범주적 형식에 따라 범주적 직관의 법칙으로 이해된 '본래적 사유'의 순수법칙이다. 범주적 직관은 바로 이론적 사유 속에서 실제적이거나 가능한 의미를 충족시킴, 또는 의미를 실망시킴으로 기능하며, 그 기능에 따라 진술에 진리나 비진리라는 논리적 가치를 부여한다. 따라서 순수한 표의적 사유이든, 표의적으로 희미해진 사유이든 사

---

3 이 책 57항 전반부 참조.

유를 규범적으로 규제하는 것은 방금 논의한 법칙에 의거한다.

어쨌든 사태를 더 정확하게 설명하고 '본래적' 사유의 법칙에 대한 구별 짓는 논의를 해명하기 위해, 의미의 영역 또는 의미지향의 영역에 대해 더 상세하게 주시할 필요가 있다.

63 표의적 작용과 표의적으로 희미해진 작용의 새로운 타당성 법칙(비본래적 사유법칙)

우리가 이제까지 고찰한 범주적 작용은 표의적 요소가 전혀 없는, 따라서 인식하거나 명명하는 어떠한 작용도 기초 짓지 않고 수행된 것이다. 어떠한 선입견에서도 벗어난 분석자는 '우리가 예를 들어, 총체나 많은 종류의 원초적 사태를 명사나 명제의 형식으로 표현하지 않고도 직관할 수 있다.'는 점을 확실히 인정한다. 그런데 우리는 단순한 직관의 경우와 단순한 표의의 경우를 대비시키고, '범주적으로 형식화된 대상을 지닌 범주적 직관의 모든 작용에는 순수한 표의적 작용이 상응할 수 있다.'는 점에 주목한다. 이것은 명백히 아프리오리한 가능성이다. 가능한 의미 형식이 상응하지 않을 이러한 종류의 작용 형식은 결코 존재하지 않는다. 모든 의미는 실로 상관적 직관이 없어도 수행될 수 있다. 논리적으로 적합한 언어의 이상(理想)은 모든 가능한 소재와 범주적 형식에 일의적 표현을 제공할 언어의 이상이다. 이때 그 말에는 '그에 상응하는' 직관, 즉 당연히 충족시키는 직관이 없는 경우에도 소생할 수 있는 어떤 표의적 지향이 명백하게 속한다. 그러면 모든 가능한 일차적이고 기초 지어진 직관에는, 이 직관을 — 가능한 방식으로 — 표현하는 일차적이고 기초 지어진 의미의 체계가 평행하게 경과한다.

8절 본래적 사유와 비본래적 사유의 아프리오리한 법칙

그러나 의미 분야는 직관 분야보다, 즉 가능한 충족시킴의 분야 전체보다 훨씬 더 포괄적이다. 왜냐하면 의미의 측면에는 '실재성'이나 '가능성'이 결여된, 무한하게 다양한 복합적 의미가 여전히 부가되기 때문이다. 이 복합적 의미는 통일적 의미로 합류되지만, 어떠한 가능한 통일적 충족시킴의 상관자도 상응할 수 없는 통일적 의미로 합류되는 의미 형성물이다.

그에 따라 범주적 유형, 또는 범주적 직관의 유형과 의미의 유형 사이에는 어떠한 완전한 평행론도 성립하지 않는다. 낮은 단계나 높은 단계의 모든 범주적 유형에는 하나의 의미 유형이 상응한다. 하지만 우리가 그 유형을 표의적인 복합적 유형으로 자유롭게 결합하는 경우에는 상응하고, 그렇게 생긴 모든 유형에는 범주적 대상성의 유형이 상응하지 않는다. 우리는 'A가 아닌 A', '모든 A는 B이고 어떤 A는 B가 아니다.' 같은 분석적 모순의 예를 기억한다. 모든 원초적 의미 일반이 그에 상관적인 직관의 충만함 속에 자신의 '기원'을 갖기 때문에, 오직 원초적 유형에 관해서만 그 평행론은 성립할 수 있으며 성립해야 한다. 더 판명하게 표현하면, 복합된 것이나 복합하는 것의 영역에서만 양립 가능성이나 양립 불가능성이 문제되기 때문에, 단일한 것의 표현인 단일한 의미는 결코 '상상적'일 수 없다. 그래서 이것은 모든 단일한 의미 형식에도 들어맞는다. 'A인 동시에 A가 아닌 존재하는 것'이 불가능한 반면, 'A 그리고 B'는 가능하며, '그리고-형식(Und-Form)'은 단일한 형식으로서 하나의 실재적 의미를 갖는다.

'범주적'이라는 용어를 의미 분야로 옮기면, 대상적 의미에서 범주적 형식이든 이것에 속하는 직관의 범주적 형식이든 — 즉 범주적으로 대상적인 것은 이 직관의 형식 속에 지각적이거나 상상적으로 구성된다 — 모든 본래의 범주적 형식에는 고유한 표의적 형식이나, '종에 있어' 고유한 의미 형식이 상응한다. 집합체나 분리체, 동일성이나 비동일성 등에 대한 표의적 사념작용은 표의의 이러한 형식 속에서 수

행된다. 본래적 표상과 비본래적 표상의 대립에 대해 이야기하면, 우리
는 ── 때에 따라 일어나는 것이 '충전적'과 '비충전적'이라는 다른 대립
을 겨냥하지 않는 한 ── 통상 '직관적(intuitiv)'과 '표의적(signifikativ)'의
대립에 주목한다. 따라서 지금 문제 삼는 사례는 '비본래적' 집합, 분리
〔선언〕, 동일화, 추상 등의 사례일 것이다.

술어적 표의로서, 판단이 자신의 충만함과 결국 자신의 인식의 가치
전체를 부여하는 이 모든 범주적 작용을 '사유작용'이라는 명칭으로 포
괄하면, 본래적 사유작용과 비본래적 사유작용을 구별해야 할 것이다. 비
본래적 사유작용은 진술의 의미지향일 것이고, 자연스럽게 확장해 포착
해 보면 그와 같은 술어적 지향의 부분으로 가능하게 이바지할 수 있
는 모든 표의적 작용일 것이다. 그러나 저절로 밝혀지듯이, 모든 표의적
작용에 이바지할 수 있다. 〔다른 한편〕 본래적 사유작용은 그에 상응하는
충족시킴, 그래서 사태의 직관, 사태의 직관에 가능한 부분으로 기능할
수 있는 모든 직관일 것이다. 모든 직관도 일반적으로 이러한 기능을
할 수 있다. 특히 사태의 형식에 존립요소 부분이 될 수 없을 어떠한 범
주적 형식도 존재하지 않는다. 기호적 판단(진술의 의미)의 형식에 대한
일반적 이론은 의미의 형식 일반(순수논리적-문법적 형식)에 대한 일반적
이론을 포함한다. 마찬가지로 사태의 직관의 순수형식(또는 순수한 사태의
형식)에 대한 일반적 이론은 직관 일반의 범주적 형식(또는 객관적인 범주
적 형식)에 대한 일반적 이론을 포함한다.

종종 일어나듯이, 사유작용과 판단작용을 동일시하면, 본래적 판단작
용과 비본래적 판단작용이 구별될 수 있을 것이다. 이때 판단의 개념은
진술의 지향과 진술의 충족시킴에 공통적인 것을 통해, 따라서 질과 지
향적 질료의 통일체인 지향적 본질을 통해 규정될 것이다. 당연히 판단
의 작용뿐만 아니라 판단의 모든 가능한 부분적 작용도 더 넓은 의미에
서 사유작용으로 간주되어야 하므로, 우리는 앞에서 한정한 사유작용

8절 본래적 사유와 비본래적 사유의 아프리오리한 법칙

이라는 개념과 같은 값을 지니고 한정하는 것으로 되돌아갈 것이다.

비본래적 사유, 즉 단순한 표의의 영역에서 우리는 범주적 법칙의 모든 제한으로부터 벗어나 있다. 그 영역에서 각각의 모든 것은 통일될 수 있으며, 어쨌든 정확하게 살펴보면, 이러한 자유도 어떤 제한을 받는다. 이에 대해서는 이 책 제4연구에서 논의했다. 우리는 복합과 변양의 법칙으로서 의미(Sinn)와 무의미(Unsinn)의 영역을 구별하는 '순수논리적-문법적' 법칙을 언급했다. 의미를 무의미하게 뭉쳐 모으지 않는 한, 우리는 비본래적인 범주적 형식화와 변형을 자유롭게 할 수 있다. 그러나 형식적으로 이치에 어긋난 것(Widersinn)과 실재적으로 이치에 어긋난 것도 배제하려면 비본래적 사유, 즉 표의적으로 결합할 수 있는 것의 지극히 넓은 영역이 현저하게 제한된다. 그런데 중요한 것은 복합적 의미의 객관적 가능성, 따라서 그 복합적 의미가 그것을 전체로서 통일적으로 충족시키는 직관에 적합할 가능성이다. 의미의 타당성, 즉 의미가 적절하게 직관화될 이념적 가능성에 대한 '순수'법칙은 본래적인 범주적 형식의 결합과 변형을 규제하는 순수법칙과 명백하게 평행해 간다.

의미의 타당성의 순수법칙에서 중요한 것도 '임의의 미리 주어진 의미의 타당성을 읽어 낼 수 있을 법칙'이 아니라, '임의로 미리 주어진 모든 사례에서 '진리를 손상하지 않고(salva veritate)', 즉 의미를 충족시킬 가능성이 처음부터 일반적으로 존립하는 한, 의미를 충족시킬 가능성을 조금도 해치지 않고 수행될 수 있는 의미의 결합과 의미의 변화에 대한 순수하게 범주적으로 규정된 가능성'이다. 예를 들어 'g는 G의 한 부분이다.'라는 진술이 타당하면, 'G가 g의 전체다.'라는 형식의 진술도 타당하다. 'b인 어떤 a가 존재한다.'가 참이면, '어떤 a는 b이다.'나 '모든 a가 b는 아니다.' 등도 참이다.

이러한 종류의 명제에서 그 소재적인 것은 제한 없이 변경될 수 있으므로, 우리는 모든 소재의 의미를 간접적이고 완전히 특정되지 않고 의미하는 대수의 기호로 대체한다. 그러나 이 명제는 이렇게 함으로써 분석적 명제로서 성격 지어진다. 이러한 상태의 경우, '그 소재가 지각 속에 구성되는지 구상 속에 구성되는지'는 또한 중요하지 않다. 그 가능성과 불가능성은 임의의 소재의 기반 위에 의미 형식을 적절하게 직관화하는 작용을 수립해 내는 것에 관계한다. 요컨대 중요한 것은 완전히 적절한 표의 일반의 가능성에 대한 순수한 조건이고, 이 조건은 자신의 측면에서 범주적 직관 일반의 가능성에 대한 순수한 조건을 소급해 지시한다. 그래서 물론 의미의 이 타당성 법칙은 그 자체로 본래적인 범주적 법칙과 동일하지 않지만, 의미지향과 의미충족의 연관을 규제하는 법칙성에 근거해 이 법칙을 충실하게 따른다.

　방금 전 수행한 고찰 전체는 당연하고 자명하게 확장될 필요가 있다. 우리는 단지 이 두 가지 극단을 검토하고, 한편으로는 철저하게 직관적인 — 따라서 실제로 수행된 — 범주적 작용의 형성물과, 다른 한편으로는 순수하게 표의적인 — 따라서 본래적으로 결코 수행되지 않지만 가능하게 충족시키는 과정 가운데 비로소 실현될 수 있는 — 작용의 형성물을 서로 대조함으로써 이 상태를 단순화했다. 그러나 통상의 사례에서 그 둘은 혼합되어 있다. 즉 사유는 많은 구간에서 직관적으로 경과하고, 많은 구간 구간에서 표의적으로 경과한다. 여기에서는 범주적 종합·술어화·일반화 등이 실제로 수행되며, 거기에서는 직관적으로 표상된 항이나 단지 언어로만 표상된 항에 그와 같은 범주적 종합을 향한 단순한 표의적 지향이 부착되어 있다.

　이렇게 해서 생긴 복합적 작용은, 전체로서 보면 비본래적인 범주적 직관의 성격을 띠며, 그 전체적인 대상적 상관자는 실제로 표상되는 것이 아니라 단지 '비본래적으로' 표상될 뿐이다. 그 복합적 작용의 '가능성'이나 그 상관자의 객관적 가능성은 보증되지 않는다. 따라서 '비본래적 사유'의 영역은 그것이 이 혼합된 작용의 형성물을 받아들일 수 있을 만큼 넓게 해석되어야 한다. 우리가 상론한 모든 것은 이렇게 확대해 해석하는 전제 아래, 이때 '적절하게 변화시켜(mutatis mutandis)' 타당하다. 이때 우리는 단순한 의미나 단순한 기호적〔상징적〕판단 등의 타당성 법칙 대신 표의적으로 희미해진 표상이나 판단의 타당성 법칙에 대해 이야기해야 한다. 단순한 기호적〔상징적〕사유에 대해 이야기하는 경우에도 대부분 이러한 혼합을 염두에 둔다.

64 단순한 인간의 오성 일반의 법칙이 아니라 모든 오성 일반의 법칙인 순수논리적-문법적 법칙. 이 법칙의 심리학적 의미, 그리고 비충전적 사유에 관한 이 법칙의 규범적 기능

물론 다른 법칙과 마찬가지로 이 법칙은 이념적 본성을 지닌다. 어떤 감성적 질료가 단지 일정한 형식으로만 포착되고, 단지 일정한 형식에 따라서만 결합되는 것, 그 형식의 변화가 소재적인 것이 자유롭게 변경될 수 있는 동일한 순수법칙에 지배되는 것, 그래서 표현하는 의미도 그 의미가 자신의 고유한 표현 능력을 상실하지 않을 경우, 일정한 형식만을 받아들이거나 미리 지정된 유형에 따라서만 그 형식을 변화시킬 수 있는 것 — 이 모든 것은 의식이 경과하는 경험적 우연성에, 보편적-인간적 조직(Organisation)이라도 우리의 지성적 조직의 경험적 우연성에 있지 않다. 오히려 그것은 관련된 종류에 작용하는 종적 본성에, 그 작용의 지향적이고 인식에 적합한 본질에 있다. 그것은 곧바로 우리의 — 개체적이거나 보편적-인간적 — 감성의 본성에 속하는 대신 곧바로 우리 오성의 본성, 즉 감성 일반과 오성 일반의 이념에 속한다.

순수논리적 법칙 이외에 다른 법칙을 지닌 오성(Verstand)은 오성이 없는 오성일 것이다. 우리는 오성을 감성과 대조적으로 '범주적 작용의 능력', 게다가 기껏해야 '이 범주적 작용을 향하고, 따라서 이때 '올바른' 표현작용과 의미작용의 능력'이라 정의한다. 그래서 범주적 작용의 종(種) 속에 근거한 유적 법칙은 오성을 정의하는 본질에 속한다. 〔인간과〕 다른 존재자는 다른 '세계' 속을 들여다볼 수 있으며, 우리와 다른 '능력'을 지닐 수도 있다. 다른 존재자가 일반적으로 심리적 존재자이고, 여기에서 문제되는 모든 차이, 즉 지각작용과 구상〔상상〕작용, 단적인 직관작용과 범주적 직관작용, 의미작용과 직관작용, 적절한 인식작용과 부절절한 인식작용 사이에서 차이를 지닌 지향적 체험을 일반적으로 가졌다면 그는 감성뿐만 아니라 오성도 가졌고, 이에 속한 법칙에 '지배를 받는다.'

그러므로 물론 본래적 사유의 법칙도 인간적 의식의 존립요소에, 보편적-인간적 '심리의 조직'에 함께 속한다. 다른 한편, 그 법칙은 이러한 심리의 조직에 대해, 그 고유한 특성에 관해서 특징적이지 않다. 우리는 이 법칙이 일정한 작용의 순수한 종적인 것(Spezifisches) 속에 근거한다고 말했으며, 이것은 그 작용이 바로 인간의 조직 속에 함께 모이는 한, 그 법칙은 이 작용과 바로 관계하지 않는다는 점을 함축한다. 본래적 사유의 법칙은 오히려 그와 같은 종류의 작용에서 구축될 수 있는 모든 가능한 조직 일반에 속한다. 심리적 조직의 그때그때 유형을 세분화하는 특성, 예를 들어 인간의 의식 그 자체를 자연사의 본성 방식으로 명확하게 한계 짓는 모든 것은 사유법칙과 같은 순수법칙에 의해 전혀 영향을 받지 않는다.

'우리의' 심리적 조직이나 — 보편적 인간의 의식으로 이해된 — '의식 일반'과의 관계는 순수하고 진정한 '아프리오리(Apriori)'가 아니라 현저하게 왜곡된 '아프리오리'를 정의한다. '보편적인 심리적 조직'이라는 개념은 어쨌든 '물리적 조직'이라는 개념과 마찬가지로 단순한 경험적 의미, 단순한 '사실의 문제(matter of fact)'의 의미를 갖는다. 그러나 순수법칙은 바로 '사실의 문제'에서 순수하고 실재적인 것의 이러저러한 영역에서 일반적 관습인 것을 뜻하지 않으며, 그것이 존재하는 것의 본질적으로 구비된 장치에 속하기 때문에 실재성의 영역에 따라 모든 관습과 모든 한정에서 전적으로 벗어나 있다. 그러므로 진정한 논리적 '아프리오리'는 오성 일반의 이념적 본질(Wesen)에 속하는 것, 오성 작용의 종류와 작용 형식의 본질(Essenz)에 속하는 것, 따라서 오성이나 오성을 정의하는 작용이 그 자신의 본질을, 그 개념적 본질을 동일하게 유지하면서 이러저러한 성질을 띠는 한, 폐기될 수 없는 것에 속하는 것, 이 모든 것에 관계한다.

그에 따라 논리적 법칙, 우선 첫째로 '본래적' 사유의 이념적 법칙도 어느 정도 심리학적 의미를 주장하며, 또한 그 법칙은 분명히 사실적인 심리적 사건의 경과를 어느 정도 규제한다. 어떤 종의 본성에 근거한 통합 가능성과 통합 불가능성을 표현하는 모든 진정한 '순수'법칙은, 심리적으로 실현될 수 있는 내용의 종에 관계할 경우, 심리학적(현상학적) 공존과 계기의 경험적 가능성을 제한한다. '종에 있어' 양립 불가능한 것으로 통찰되는 것은 경험적인 개개의 사례 속에 통합될 수 없으므로, 따라서 양립 가능할 수 없다. 경험적인 논리적 사유에서 완전히 압도적인 대부분이 비충전적이고 표의적으로 수행되는 한, 우리는 '참으로 ― 즉 본래적 사유의 방식으로 ― 단순히 추측된 종합을 실제로 수행하는 방식으로 결코 통합될 수 없는 많은 것'을 생각하고 추측한다.

그리고 바로 그로 인해 본래적 사유작용과 본래적 표현작용의 아프리오리한 법칙은 단순히 추측하는 비본래적인 사유작용이나 표현작용의 규범이 된다. 달리 표현하면, 실천적 규범으로도 정식화될 수 있는 새로운 법칙은 '본래적' 사유법칙에 근거하고, 이 법칙은 표의적 표상작용이나 표의적으로 희미해진 표상작용의 영역에 적용되며, 가능한 진리 일반 — 정당성 일반 — 의 이념적 조건을 표명한다. 즉 표의적으로 희미해진 추측작용의 이러한 범위 안에서 '논리적' — 가능한 일치에 관련되었기 때문에 — 양립 가능성의 이념적 조건을 표명한다. 심리학적으로 '비본래적' 사유의 법칙은 다시 '비본래적 사유의 생성과 변화에 대한 경험적 법칙'이 아니라, '이러저러하게 형식이 부여된 비본래적 사유작용이 이에 상응하는 본래적 사유작용에 일치하는, 순수하게 이념적으로 기초 지어진 가능성이나 불가능성'으로 평가된다.

65 논리적인 것의 실재적 의미가 이치에 어긋난 문제

그런데 우리는 '왜 세계의 경과가 일찌감치 논리적 법칙 — 본래적 사유의 그 분석적 법칙이나 이 법칙 위에 구축된 비본래적 사유의 규범 — 으로 부정될 수 있는지, 또는 경험, 즉 감성의 '사실의 문제' — 이 논리적 법칙을 우선 정초해야 하고, 정초할 수 있으며, 그것에 그 타당성의 한계를 지정해야 하고 지정할 수 있는지 하는 문제 — 가 이치에 어긋난 것일 뿐인지'도 완전히 이해한다. 우리는 개연성을 사실에 입각해 정초하는 것도 바로 정초하는 것이지만, 이것은 — 우리가 예견하듯이 — '본래적' 개연성의 체험 속에 그 자신의 종적 존립요소에 따라, 또한 유적 법칙으로 기초 지어진 법칙인 그 자체로 이념적 법칙에 지배를 받는다는 점을 도외시한다. 여기에서는 오히려 '이른바 사실의 사실적인 것(Tatsächliches)은 감성에 속한다.'는 점, '순수한 범주적 법칙, 그 자신의 의미에 따라 모든 감성과 사실성을 배제하고, 가능한 정당성이나 진리 일반의 형식으로서 단순히 범주적 형식에 관해 순수한 본질을 진술하는 법칙을 감성의 도움으로 정초하려는 생각은 지극히 명백한 '다른 유로의 기초이동(metabasis eis allo genos)'[4]을 나타낸다.'는 점을 지적해야 한다. 어떠한 사실도 사념하지 않는 법칙은 어떠한 사실을 통해서도 확인되거나 논박될 수 없다. 따라서 위대한 철학자가 매우 진지하고 신중하게 논의한 '논리적인 것(Logisches)의 실재적 의미나 형식적 의미'[5]의 문제는 이치에 어긋난 문제다. 자연의 경과와 '오성'에 '타고난' 법칙성의 조화를 설명하기 위해서는 어떠한 형이상학 이론이나 그 밖의 이론도 필요하지 않다. 필요한 것은 설명(Erklärung) 대신 의미작용, 사유작용, 인식작용과 이 속에서 생기는 이념과 법칙에 대한 단순한 현상학적 해명(Aufklärung)이다.

세계는 하나의 감성 통일체로서 구성되고, 의미상 실제적이거나 가능적인 단적인 지각의 통일체다. 그러나 세계는 그 참된 존재에 따라 어떠한 완결된 지각의 과정 속에서도 무조건, 심지어 충전적으로 주어진 적이 없다. 우리에게 세계는 항상 '일부는 단적인 직관과 범주적 직관을 통해, 일부는 표의를 통해 완전히 비충전적으로 추측된 이론적 탐구의 한 통일체'일 뿐이다. 우리의 앎이 증진될수록 세계의 이념은 더 적절하고 풍부하게 규정되며, 그 이념에서 양립 불가능한 것도 그만큼 더 제거된다. '세계가 우리에게 나타나는 것처럼 실제로 그러한지, 그때그때 이론적 학문 속에서 그러한 세계로 추측되고 정초된 확신 속에 그러한 세계로 간주하는지' 하는 의문은 충분한 의미를 갖는다. 왜냐하면 귀납적 학문〔과학〕은 그 학문이 아무리 우리〔의 앎〕를 증진시키더라도 세계의 표상을 결코 충전적으로 형성할 수 없기 때문이다.

하지만 '세계의 실제적 경과, 세계 그 자체의 실재적 연관이 사유의 형식과 충돌을 일으킬 수 있지 않은가?' 하는 의심도 이치에 어긋난 일

---

4 (옮긴이 주) 이 '기초이동'에 대한 후설의 비판은 『논리 연구』 1권(특히 7절 40항)의 핵심적 논점이다.

5 (옮긴이 주) 후설은 로체(R. H. Lotze)가 형이상학에 대해 비판한 것이 잘못된 문제제기라고 지적하며, 이 책에서 다룬 논점을 밝히고 있다.(『형식논리학과 선험논리학』(54항 b), 130쪽 참조)

이다. 왜냐하면 '가정해 상정된 특정한 감성, 즉 ─ 무한한 지각의 과정에서 관념적으로 완결된 다양성 속에 ─ 세계 그 자체를 충전적으로 스스로 제시하도록 이끌 감성은 범주적 형식을 받아들일 능력이 있겠지만, 이러한 형식들에 그 형식의 보편적 본질을 통해 유적으로 배제된 통합을 강제할 것이다.'라는 점이 함축되어 있기 때문이다. 그러나 그 통합이 〔그 형식의 보편적 본질에서〕 배제된다는 사실, 범주의 법칙이 무엇보다 감성의 소재를 도외시하는 순수법칙, 감성의 소재를 무제한으로 변경해도 전혀 영향을 받을 수 없는 순수법칙으로 간주된다는 사실을, 우리는 단순히 사념하는 것이 아니라 이러한 사실을 통찰하며, 이 사실은 지극히 완전한 일치〔충전함〕 속에 주어진다. 통찰은 주관적으로 당연히 어떤 우연적인 경험적 직관에 근거해 수행되지만 그 통찰은 순수하게 형식에 관련된 유적 통찰이다. 그 추상의 기반은 다른 곳에서와 마찬가지로, 여기에서 도외시된 이념의 이념적 가능성과 타당성에 대한 어떠한 전제도 포함하지 않는다.

추가로 여전히 다음과 같은 점을 지적할 수 있다. 즉 논리에 반대되게 세계가 경과할 가능성이 표의적 사유 속에 상정되고, 그래서 이러한 가능성이 허용되어야 한다는 주장을 제기하면 ─ 이른바 모든 가능성 일반과 마찬가지로 이 가능성에 타당성을 부여하는 법칙을 단숨에 폐기하면 ─ 여기에 불합리성이 내포되어 있다는 점이다. 더 나아가 어쨌든 지각될 수 있는 것, 직관될 수 있는 것, 의미될 수 있는 것, 인식될 수 있는 것의 상관관계(Korrelation)는 존재 일반(Sein überhaupt)의 의미(Sinn)에서 분리될 수 없다는 점, 그래서 '종에 있어' 이러한 가능성에 속하는 이념적 법칙은 그때그때 존재하는 것 자체의 우연적 내용을 통해서는 결코 폐기될 수 없다는 점도 지적할 수 있다. 아무튼 결국은 하나의 동일한 상태에 대한 표현 방법에 불과하며, 이미 '서론'〔『논리 연구』 1권〕에서 이끌었던 논증으로도 충분하다.

66 '직관작용'과 '사유작용'을 통상 대비시키는 경우에 혼동되는 지극히 중요한 차이를 구별함

많이 이용되었지만 거의 해명되지 않은 '사유작용'과 '직관작용'의 관계는, 앞에서 제시한 연구를 통해 그 일반적 특징에 관해 만족스럽게 밝혀질 수 있다. 여기에서는 다음과 같은 대립을 총괄한다. 이 대립의 혼동은 인식론적 탐구를 현저하게 혼란시켰는데, 이를 구별하는 것은 우리에게 완전히 판명하게 된다.

1) 직관과 표의의 대립. 지각이나 상상 — 범주적이든 감각적이든, 충전적이든 비충전적이든 상관없이 — 으로서 직관은 단순한 표의적 사념작용으로서 단순한 사유작용과 대립된다. 위에서 괄호 속에 제시된 차이는 물론 통상적으로 무시되지만, 우리는 이 차이를 지극히 중시하며 특히 강조한다.

2) 감각적(Sensual) 직관과 범주적 직관의 대립. 따라서 우리는 통상의 단적인 의미에서 직관작용인 감성적 직관작용과 확장된 의미의 직관작용인 범주적 직관작용을 대립시킨다. 범주적 직관작용을 특징짓는 기초 지어진 작용은 이제 감성적 직관을 지성화(知性化)하는 '사유'로 간주된다.

3) 비충전적 직관과 충전적 직관의 대립. 더 일반적으로 말하면, 직관적 표상작용과 표의적 표상작용을 총괄하는 가운데 충전적 표상과 비충전적 표상의 대립. 비충전적 표상에서 우리는 '그것이 그러하다.' — 그것이 그렇게 보인다 — 로 단순히 생각하며, 충전적 표상에서 상태 그 자체를 간취하고, 그 상태를 상태 자신의 완전한 자기다움(Selbstheit)에서 비로소 직관한다.

4) 개체적 직관작용 — 통상 또 명백하게 정초되지 않은 좁은 의미에서 감성적 직관작용으로 파악된 — 과 보편적 직관작용의 대립. 이러한 대립의 기준에 따라 직관에 대한 새로운 개념도 규정된다. 즉 그 직관

은 일반화(Generalisation)에 대립하고, 이때 또다시 일반화를 함축하는 범주적 작용과, 또 이것과 애매하게 혼동되어 바로 이러한 작용의 표의적 대응물과 대립한다. 지금 말하듯이, '직관작용'은 단순한 개별적인 것을 부여하고, '사유작용'은 보편적인 것을 향하며, '개념'을 통해 수행된다. 우리는 통상 여기에서 '직관과 개념'의 대립에 대해 이야기한다.

이러한 대립이 서로 뒤섞여 합류하는 경향이 얼마나 큰지는 이러한 대립을 명확하게 구별하지 못함으로써 그 전체적 특징이 규정되는 칸트의 인식론에 대한 비판이 밝혀 줄 것이다. 칸트의 사유에서는 범주적(논리적) 기능이 중요한 역할을 하지만, 그는 지각과 직관의 개념을 범주적 분야를 넘어서서 근본적으로 확대하지 못했다. 게다가 그것이 가능하게 구별되지만 통상 혼동되는 직관과 표의의 큰 차이를 정당하게 평가하지 못하고, 그래서 의미작용이 직관작용에 비충전적으로 적합함과 충전적으로 적합함의 차이를 완전히 분석하지 않았기 때문에 그 개념을 확대하지 못했다. 그러므로 그는 보편적인 말의 의미로서 개념과 본래의 보편적 표상작용의 종(種)으로서 개념도 구별하지 않았고, 보편적 대상으로서 개념, 즉 보편적 표상의 지향적 상관자로서 개념 역시 구별하지 않았다.

칸트는 인식 자체, 논리 이전의(vorlogisch) 객관화작용(Objektivieren)과 논리적 사유가 수행되는 작용의 영역 전체를 해명하는 본질을 분석하고 비판하며 원초적인 논리적 개념과 법칙을 그 현상학적 기원으로 환원하기 이전에, 수학, 자연과학과 형이상학을 비판적으로 '구출할 것'을 겨냥함으로써 처음부터 형이상학적 인식론의 길에 빠져들었다. 칸트가 ― 우리는 그럼에도 칸트를 매우 가깝게 느낀다 ― 가장 좁은 의미에서 순수논리적 분야를 모순율이 지배하는 분야로 간주해 언급한 것은 숙명적인 일이었다. 칸트는 그 자신이 명확하게 정의해 내린 의미에서 논리법칙이 어디에서나 분석적 명제의 성격을 얼마나 갖지 않는지 전혀 깨닫지 못했을 뿐만 아니라, 분석적 사유의 작업수행을 해명하는 데 분석적 명제의 명증적 원리를 지적함으로써 획득되는 것이 얼마나 적은지 전혀 보지 못했다.

첨부

궁극적으로 칸트의 인식비판에 원리적으로 명석하지 않은 모든 점은 칸트가 순수한 '이념화작용(Ideation)'의 특징, 즉 개념적 본질과 본질법칙적인 보편타당성을 충전적으로 간취하는 특징을 결코 분명하게 이해하지 못했다는 사실, 따라서 그에게는 현상학적으로 진정한 아프리오리(Apriori)의 개념이 결여되었다는 사실과 연관된다. 그러므로 그는 엄밀한 학문적 인식비판에서 유일하게 가능한 목표를, 즉 지향적 체험으로서 작용을 ── '참된 존재(wahres Sein)'를 객관화하는 의미를 부여하고, 충족시켜 구성하는 그 작용의 모든 양상에 따라 ── 규제하는 순수한 본질법칙을 결코 탐구할 수 없었다. 오직 이러한 본질법칙을 통찰하는 인식을 통해서만 '인식의 가능성'에서 유의미하게 제기되게 이해하는 모든 물음은 절대적으로 충분한 답변을 찾을 수 있다.

3장

'들어가는 말'에서 제기된 문제의 해명

9절 외견상 의미를 충족시킴인 객관화하지 않는 작용

67 모든 의미작용이 인식작용을 포함하는 것은 아니다

매우 일반적인 문제와 연관해 의미와 이에 상응하는 직관의 관계, 따라서 동시에 본래적 표현작용과 비본래적 표현작용의 본질을 충분히 탐구한 다음, 이러한 연구의 입구에서 우리를 불안하게 하고 그 연구에 최초의 자극을 주었던 어려운 문제가 완전히 성공적으로 해명되었다.

우리는 무엇보다 앞에서[1] 이미 언급했고 중요한 인식론적 연관 속에서 언제나 다시 끈질기게 떠오르는 사유의 과정이 자체 속에 지닌 유혹, 즉 표현의 의미작용이 어떤 방식으로 하나의 인식작용으로, 게다가 분류작용으로 간주되어야 한다는 유혹에 더 이상 빠질 수 없을 것이다. 사람들은 '표현은 어쨌든 말하는 사람의 어떤 작용에 표현을 부여한다.'고 말한다. 그러나 이렇게 되기 위해 이 작용은 적절한 논의형식을 발견하여 그에 적절한 방식으로 통각되고 인식되어야 한다. 더 상세하게 말하면, 표상은 표상으로서, 부가어는 부가어로서, 부정은 부정으

---

1 이 책 1항 전반부 참조.

로서 등으로 통각되고 인식되어야 한다.

이에 대한 우리의 답변은 다음과 같다. 즉 인식에 대한 논의는 사유작용과 충족시키는 직관의 관계와 관련된다. 그러나 사유작용이 진술과 부분적 진술 속에, 예를 들어 사유작용이 다시 사유되고 인식되는 것을 통해 명사 속에 표현되지는 않는다. 그렇지 않으면 이 새로운 사유작용은 의미를 지닌 것일 것이며, 우선 이것은 표현될 것이고, 따라서 다시 새로운 사유작용이 필요하여 이것은 '무한히' 계속될 것이다. 내가 이 직관적 대상을 '시계'로 명명하면 ── 나는 명명하는 가운데 하나의 사유작용과 인식작용을 수행하지만 ── 그 시계를 인식하지 인식작용을 인식하지는 않는다. 물론 의미를 부여하는 모든 작용의 경우 사정은 마찬가지다.

표현하는 논의의 맥락 속에서 내가 '또는'을 말하면, 나는 선언(選言)을 수행하지만 사유 ── 그 일부가 선언하는 작용이다 ── 가 관계하는 것은 선언하는 작용이 아니라, 선언지(選言肢)가 사태의 통일성에 속하는 한, 선언지다. 이 선언지는 인식되고 대상적으로 표시된다. 그에 따라 '또는'이라는 한마디는 결코 명사가 아니며, 선언하는 작용을 표시하는 어떠한 비자립적 기호도 아니고, 이러한 작용을 단지 통지한다. 물론 이것은 판단 전체에 대해서도 타당하다. 내가 진술하면, 나는 사태에서 '그 사태가 이러저러한 상태에 있음'을 생각하며, 이것을 표현하면 경우에 따라 이것도 인식한다. 그러나 나는, 마치 내가 판단작용 역시 대상으로 만들어 심지어 판단으로 분류하고 표현의 형식을 통해 명명할 것처럼, 그 판단작용을 생각하고 인식하지 않는다.

그렇지만 표현이 표현될 수 있는 작용에 문법적으로 적합함은 이러한 적합함이 그 속에서 실행되고 인식하는 어떤 작용을 시사하지 않는가? 확실히 어떤 방식으로, 또는 어떤 경우에, 즉 표현에 대한 논의의 의미 ── 이 제6연구를 시작할 때 숙고했던 그 의미 ── 가 적용되는 경우에는 언제나 인식하는 어떤 작용을 시사한다. 그러나 표현작용과 더불어 단순히 통지하는 작용이 중요한 경우, 그에 따라 의미를 부여하는 모든 종류의 작용이 말 — 말의 소리 — 을 통해 표현된 것으로 간주되는 경우에는 그렇지 않다. 또한 표현작용이 의미작용과 마찬가지를 주장하고 표현된 것이 동일한 의미인 경우에도 그렇지 않다. 단순히 표의적 진술이든 직관적으로 충족된 진술이든 모든 진술은 후자의 이중적 의미에서 어떤 것을, 즉 판단(확신)이나 '판단의 내용' — 동일한 명제의 의미 — 을 표현한다. 그런데 최초로 지적한 의미에서 직관적으로 충족되었거나 충족될 수 있는 진술만 어떤 것을 표현하며, 이 경우 말의 소리가 아니라 이미 의미에 생기를 불어넣은 논의가 이에 상응하는 직관에 '표현'을 나타낸다.

〔논의에〕의미를 부여하는 기능은 우선 첫째로, 또 모든 경우에 말에 속하는 표의적 지향을 통일적으로 복합시킨다. 충족시키는 어떠한 직관이 그 지향에 결여된 경우, 이러한 지향은 단순히 표의적 판단작용을 형성하며, 표의적 지향 전체가 '표현하는' — 또는 표현한다고 추정하는 — 일치나 불일치의 종합은 여기에서 '본래적으로' 수행되지 않고 단지 표의적으로 사념될 뿐이다. 그렇지 않고 일치와 불일치의 종합이 이렇게 본래적으로 수행된다면, 이때 '본래적' 종합은 비본래적 종합 — 표의에서 종합 — 과 합치된다. 이 두 종합은 동일한 하나의 의미를 제시하는, 단지 표의적으로 판단되었든 직관적으로 판단되었든 동일한 하나의 판단을 제시하는 동일한 지향적 본질 속에서 하나다. 단지 개개의 말의 지향이 직관적 충만함으로 이해되는 경우에는 유비적인 것이 명백히 모든 사례에 적용된다.

그런데 표의적 작용은 직관적 작용과 마찬가지로, 그 충만함이 없어도 동일한 사념을 포함한다. 즉 표의적 작용은 사념을 단순히 '표현한다.' 그 비유는, 직관적 작용이 없어짐에 따라 표의적 작용도 직관적 핵

9절 외견상 의미를 충족시킴인 객관화하지 않는 작용

심이 없는 공허한 껍데기처럼 지향의 의미를 보존하면, 그만큼 더 적절하다. 이제 합치의 통일은 직관적 판단작용의 경우에는 실제적 인식의 통일 ─ 비록 관련된 인식작용의 통일은 아니더라도 ─ 이지만, 우리는 '인식의 통일에서 충족시키는 작용 ─ 따라서 여기에서는 '본래적' 판단의 종합 ─ 은 결코 인식된 것이 아니라 그 객관적 상관자인 사태다.'라는 점을 안다. 사태를 직관하는 가운데 판단하는 종합, 즉 '그것은 이러하다.'나 '그것은 이러하지 않다.'라는 직관의 종합을 수행한다. 사태를 직관하는 이러한 작용에 연상된 말의 소리를 지닌 표현하는 지향 ─ 따라서 문법적 표현 ─ 이 적합함을 통해 직관된 사태의 인식작용이 수행된다.

68 객관화하지 않는 작용이라는 표현에 대한 독특한 문법적 형식을 해석하는 것에 관한 논쟁

이제 사소해 보이지만, 자세히 살펴보면 중요하고도 어려운 논쟁의 문제[2]를 최종적으로 검토해 보자. 그 문제는 '소원, 의문, 의지의 사념 ─ 일반적으로 말하면, 객관화하는 작용의 부류에 속하지 않는 작용 ─ 을 표명하는, 언어적으로 확정된 잘 알려진 문법적 형식이 이 작용에 관한 판단으로 간주될 수 있는지' 또는 '단순히 객관화하는 작용이 아닌 이러한 작용 자체도 '표현된' 작용, 즉 의미를 부여하고 의미를 충족시키는 작용으로 기능할 수 있는지' 하는 것이다. 따라서 중요한 것은 'π가 초월수인가?', '하늘이시여, 저희를 도와주소서!'와 같은 명제다.

---

2 이 책 1항 이하 참조.

문제의 곤혹스러운 점은 '아리스토텔레스 이래 가장 뛰어난 논리학자들이 이 문제에 결론을 내리는 데 일치될 수 없었다.'는 점에서 분명해진다. 이미 아리스토텔레스는 그와 같은 명제를 진술과 대등하게 다루는 데 이의를 제기했다. 진술은 어떤 것이 존재하거나 존재하지 않는다는 것을 표명하는 표현이며, 어떤 것을 주장하며 어떤 것에 관해 판단한다. 진술의 경우에만 참과 거짓이 문제가 되지 소원, 의문은 아무 것도 주장하지 않는다. 이 경우 '네가 말하는 것은 거짓이다.'라고 말하는 사람에게는 반론할 수 없으며, 말하는 사람은 그 이의를 이해하지도 못할 것이다.

　　그런데 볼차노는 이러한 논증을 인정하지 않으려 했다. 그는 다음과 같이 주장한다.

　　예를 들어 '원의 직경은 그 원주와 어떤 비례관계에 있는가?' 하는 의문은 물론 그 의문이 묻는 것에 관해 아무것도 진술하지 않는다. 그러나 그로 인해 그 의문은 그럼에도 여전히 어떤 것을 진술한다. 즉 우리가 질문하는 대상에 관해 어떤 가르침을 받을 우리의 요구를 진술한다. 그 질문은 실로 둘, 즉 참과 거짓일 수 있다. 그 요구가 질문을 통해 부당한 것으로 알려질 때, 그 질문은 거짓이다.[3]

　　그러나 볼차노가 여기에서 두 가지, 즉 '생각에 대한 표현 —— 이 경우 말의 소리 —— 이 적합함이나 부적합함'과 '생각의 내용과 생각이 사태에 적합함에 관계하는 참이나 거짓'을 뒤섞어 혼동하지 않았는지 하는 의심이 생긴다.

　　어떤 표현 —— 말의 소리로서 —— 이 생각에 부적합함에 대해서는 이

3　볼차노, 『학문 이론』 1권 22항, 88쪽.

중의 의미에서 이야기할 수 있다. 즉 하나는 부적합한 논의의 의미인데, 말하는 사람은 충족시키는 생각의 표현에 통상 언어의 의미가 이 생각과 충돌하는 말을 선택해 사용하는 경우다. 다른 하나는 불성실한 논의, 즉 고의적으로 속이고 거짓을 말하는 논의인데, 말하는 사람은 현실적으로 그를 충족시키는 생각을 표현하려는 것이 결코 아니라 다른 어떤 생각, 자신의 생각과 충돌하고 단지 자신이 표상한 생각을 표현하려는 경우다. 게다가 그는 이 생각을 마치 그 생각이 자신을 충족시키는 것과 같은 방식으로 표현하려 한다.

어쨌든 참에 대한 논의는 이러한 것과는 전혀 관계없다. 적절하고 성실한 표현은 그 표현이 자신의 의미를 통해 존재하는 것을 표현하는지, 존재하지 않은 것을 표현하는지에 따라, 즉 동일한 것을 뜻하지만 자신의 의미를 가능한 충전적 지각을 통해 충전적으로 충족시킬 수 있는지 실망시킬 수 있는지에 따라 여전히 참과 거짓 양쪽을 진술할 수 있다.

그런데 볼차노에 대해 다음과 같이 반론을 제기할 수 있을 것이다. 즉 성실함이나 불성실함, 일반적으로 적합함이나 부적합함은 모든 표현의 경우에 균등하게 문제가 될 수 있다. 그러나 참과 거짓은 진술의 경우에만 문제가 된다. 따라서 진술하는 사람에게는 여러 가지가 반론으로 제기될 수 있다. 즉 '네가 말하는 것은 참이 아니다.' —— 이것은 실질적인 이의다. 그리고 '너는 성실하게 말하지 않는다.'나 '너는 너 자신을 부적절하게 표현한다.' —— 이것은 불성실한 논의와 비충전적 논의에 대한 항의며, 질문하는 사람에게는 후자의 종류[비충전적 논의]에 대한 항의만 할 수 있을 뿐이다. 그는 아마 [모르는 척] 가장하거나, 자신의 말을 잘못 사용하고 그가 실제로 말하려 하는 것과 다른 것을 말할 것이다. 그렇지만 그가 바로 어떠한 사태도 주장하지 않기 때문에, 사람들은 그에게 어떠한 실질적인 이의도 제기하지 않는다.

한편 표현의 부적합에 관련된 이의를 '의문문이 어떤 판단 — 즉 '나는 ……인지 질문한다.'는 형식으로 완전히 표현될 판단 — 을 진술한다.'는 것에 대한 증명으로 간주하려 한다면 당연히 모든 표현 일반에 일관된 방식으로 같게 처리해야 할 것이고, 따라서 임의의 모든 진술의 경우에도 '나는 ……라고 진술한다.'는 논의의 형식으로 자신의 적절한 표현을 발견할 의미를, 그 진술의 본래적 의미로 인정해야 할 것이다. 그러나 동일한 것이 변형된 논의에도 당연히 적용되어야 하므로, 우리는 무한소급에 빠질 것이다. 이 경우 '항상 새로운 진술이 몰려오는 홍수는 단순한 말의 홍수가 아니라 근원적인 진술과 같은 값을 지니지 않으며, 하물며 의미가 동일하지도 않은 변양된 진술을 제공한다.'는 사실을 쉽게 통찰할 수 있다. 그렇다면 이치에 어긋난 일관성은 서로 다른 두 명제의 형식 사이에서 본질적인 차이를 인정하도록 우리를 강요하지 않는가?[4]

그러나 여기에서 여전히 두 가지 입장[견해]을 취할 수 있다. 그 하나는 다음과 같이 주장한다. 즉 성실함에 관한 의문은 모든 논의에 들어맞는다. 따라서 모든 논의 그 자체에는 판단, 즉 말하는 사람이 통지할 수 있는 체험에 관련된 판단이 속한다. 말하는 사람은 어떤 것을 통지하고, 이것에는 통지하는 판단이 상응한다. 그러나 통지된 것과 표현된 것은 서로 다르다. 의문문에서 의문, 명령문에서 명령, 진술[서술]문에서 판단은 통지된 것과 표현된 것이다. 따라서 각 진술문에는 이중의 판단, 즉 이러저러한 사태에 관한 판단과 말하는 사람이 자신의 체험으로서 이러한 판단을 내리는 두 번째 판단이 함축되어 있다.

이러한 견해는 지그바르트의 입장인 것으로 보인다. 그는 다음과 같

---

4 어떻게 이 차이가 실제로 포착될 수 있는지에 관해서는 바로 다음의 69항(최종 단락 참조)이 가르쳐 줄 것이다.

9절 외견상 의미를 충족시킴인 객관화하지 않는 작용

이 주장한다.

물론 명령법(Imperativ)도 어떤 주장을 포함한다. 즉 말하는 사람은 자신이 요구하는 행위를 지금 바로 행할 것을 주장하고, 소원법(Optativ)도 말하는 사람이 자신이 표명한 것을 소원하기를 주장한다. 그러나 이러한 주장은 논의하는 사실 속에 있지, 표명된 것의 내용 속에 있지 않다. 마찬가지로 'A는 B이다.'라는 형식의 모든 진술문도 실로 논의하는 사실을 통해 '말하는 사람이 그가 말한 것을 생각하고 믿는다.'라는 주장을 포함한다. 자신이 논의하는 사실 속에 놓여 있고 자신이 성실하다는 전제 아래 타당한, 말하는 사람의 주관적 심리상태에 관한 이러한 주장은 모든 논의에 같은 방식으로 따라오며, 따라서 서로 다른 문장의 어떠한 차이도 정초할 수 없다.[5]

그렇지만 다른 하나의 견해는 다음과 같이 주장한다. 통지하는 판단은, 그래서 진술문의 경우에는 판단의 이중화(二重化)를 '단지 예외적으로만 생기고 그 밖에는 기술적인 반성을 통해 비로소 나타나는 우연적인 복합물'로서 배척한다. 반면 '그때그때 생략되지 않은 적절한 논의의 모든 경우에 표현된 것은 본질적으로 하나이고, 게다가 의문문에서는 의문, 소원문에서는 소원, 진술문에서는 판단이 표현된 것이다.'라는 점을 가르치는 입장일 것이다. 이 연구를 철저하게 수행하기 이전에 나 자신은 이러한 입장을 — 다른 현상학적 사실과 통합하기 매우 어려운 것으로 보이는 — 불가피한 것으로 간주한다. 나는 내가 적절한 비판을 가하는 다음과 같은 논증을 통해 나 자신이 속박된 것으로 간주한다.

---

5 지그바르트, 『논리학』 1권(제2판) 17쪽 이하 주해.

69 아리스토텔레스의 견해에 대한 찬성과 반대 논증

1) 아리스토텔레스에서 벗어난 학설에 따르면, 예를 들어 어떤 질문을 표명하는 사람은 질문하는 사태와 관련해 다른 사람에게 자신의 소원이 알려지기를 전달할 것이다. 말하는 사람의 현실적 체험에 관련된 이러한 전달은 다른 모든 전달과 마찬가지로, 하나의 진술이라 한다. 그런데 질문의 형식 자체에서는 물론 '나는 ……을 질문한다.'라고 명백하게 표현되지 않으며, 단순히 질문을 질문으로서 표시할 뿐이다. 논의는 바로 그때그때 생략된 것이며, 논의가 표명되는 상황은 실로 그때 질문하는 사람이 바로 논의하는 사람 자신이라는 점을 즉시 이해시켜 준다. 따라서 문장의 완전한 의미는 문장 자체가 그 문언(文言)에 따라 의미하는 것 속에 있지 않고, 적당한 기회를 통해, 즉 순간적으로 논의하는 인물과의 관계를 통해 규정된다.

이에 대해 아리스토텔레스의 견해를 지지해 여러 가지 반론이 제기된다.

a) 어쨌든 논증은 진술문 못지않게 들어맞을 것이다. 그래서 'S는 P이다.'라는 표현을 '나는 'S는 P이다.'라고 판단한다.'라는 새로운 표현으로, 그때그때 생략된 것으로 해석해야 하며, 이것은 무한히 계속될 것이다.

b) 그 논증은 의문문이 표현된 의미가 실제 의미와는 다른 의미라는 점에 의거한다. 진술문의 경우에 판단과 판단하는 사람의 관계가 표명되는 것과 같이, 의문문과 소원문 자체의 경우 소원과 소원하는 사람의 관계가 반드시 명확하게 표명되지 않는다는 점도 실로 부정될 수 없다. 그러나 이러한 관계가 문장이 표현된 의미가 아니라 단지 그때그때 변화하는 의미에만 있다면 우리가 소원할 수 있는 많은 것이 실로 인정될 수 있다. 표현된 의미는 상황에 따라 변양될 수 있지만, 어쨌든 표현

　9절 외견상 의미를 충족시킴인 객관화하지 않는 작용

된 의미가 정확하게 지향된 의미인 상황도 존재할 것이다. 이 경우 단순한 질문 ─ 단순한 소원, 단순한 명령 등도 마찬가지로 ─ 은 바로 완전히 적절한 방식으로 표현된다.

c) 아리스토텔레스의 견해를 지지해 통상의 진술문과 더 자세하게 비교해 보자. 의사소통하는 논의에서 진술문은 어떤 판단을 통지하며, 판단 그 자체를 명확하게 표명하는 것은 진술문의 문법적 형식이다. 그러므로 그와 같은 문법적 형식에 대한 논의를 표명함으로써 '말을 듣는 사람은 말하는 사람을 판단하는 사람으로 파악한다.'라는 효과가 즉시 결합된다. 그러나 이러한 효과는 표현의 의미를 구성할 수 없다. 왜냐하면 표현은 어쨌든 의사소통하는 논의와 마찬가지로 혼자 하는 논의[독백]에서도 동일한 것을 의미하기 때문이다. 의미는 오히려 동일한 판단의 내용으로서 판단의 작용 속에 놓여 있다.

그런데 의문문에서도 동일한 것이 적용될 수 있다. 의문문의 의미는 문제가 자신에게 묻는 것이든, 다른 사람에게 묻는 것이든 동일한 것으로 남아 있다. 말을 듣는 사람과 말하는 사람의 관계는 우리가 비교하는 진술문의 경우와 마찬가지로, 의문문에서도 단순한 의사소통 기능에 속한다. 전자의 경우는 '판단의 내용'이, 따라서 내용적으로 이러저러하게 규정된 판단의 어떤 종적(種的) 성격이 그 진술문의 의미를 형성하듯이, 후자의 경우는 질문의 내용이 의문문의 의미를 형성한다. 이두 가지 경우에 통상 의미는 그때그때 변양을 겪을 수 있다. 우리의 일차적 지향[의도]이 관련된 사태를 전달하는 것이 아니라, '우리가 이러한 확신을 가졌고 그 확신을 주장한다고 생각한다.'는 사실을 전달하는 것일 경우에 우리는 진술문을 표명할 수 있다. 이러한 지향은 아마 이질적인 문법적 수단(강조, 제스처)을 통해 지지되고 이해될 것이다. 여기에는 표현된 판단에 관련된 하나의 판단이 그 기초가 된다. 마찬가지로 의문문과 소원문의 경우에도 일차적 지향은 단순한 소원 대신 '우리가 듣는 사람에게 소원을 표현하려 한다.'는 사실 속에 놓여 있을 수 있다. 물론 이러한 해석이 어디에서나 들어맞을 수는 없다. 그러한 해석은 예를 들어, 열렬한 소원이 자발적으로 마음에 생길 경우에는 들어맞을 수 없다. 이때 표현은 소원과 밀접하게 하나가 되며, 이 둘은 단적으로 또 직접적으로 밀착된다.

비판. 더 자세하게 주시해 보면, 이러한 논증을 통해서만 '의사소통 관계에 관련된 생각은 모든 문장의 의미에 속할 수 없다.'라는 사실이 입증된다. '모든 표현은 전달하는 것이고, 전달하는 모든 것은 말하는 사람의 내적인(통지된) 체험에 관한 판단이다.'라는 틀린 가정에 입각해 구축된 반대논증은 논박된다. 그러나 그 논제(These)는, 적어도 적절하게 변양되지 않았을 경우 논박되지 않는다. '소원문, 기원문, 명령문 등 문제 삼는 문장은 그것으로 인해 어쨌든 관련된 체험에 관한 판단, 즉 소원·기원·의지의 작용에 관한 판단이며, 그 문장이 이 체험을 적절하게 표현할 수 있는 것이라는 점을 통해서만 판단이다.'라는 가능성은 배제되지 않는다. 술어화 ── 물론 아리스토텔레스는 문제 삼는 문장을 술어화로 간주했다 ── 의 좁은 의미에서 판단이 인정되지 않으면, 정립적 객관화작용 일반의 넓은 의미에서 판단도 인정되지 않을 것이다.

논점 a)에 대해 우리는 진술에서, 예를 들어 질문에서 상태가 어쨌든 동일하지 않다는 점을 여전히 말해 둔다. 'S는 P이다.'라는 문장을 '나는 'S는 P이다.'라고 판단한다.'라는 문장이나, 어떤 판단하는 사람과의 관계가 여전히 명확하게 표현되지 않은 어떤 유사한 문장으로 변형될 경우, 우리가 획득하는 것은 단순히 변경된 의미가 아니라 근원적 의미와 같은 값을 가진 적이 결코 없는 의미다. 왜냐하면 단적인 문장〔'S는 P이다.'〕은 참이고 주관화된 문장〔'나는 'S는 P이다.'라고 판단한다.'〕은 거짓일 수 있으며, 이와 거꾸로일 수도 있기 때문이다.

비교하는 경우에는 사정이 이와 완전히 다르다. 비교하는 경우에는 참과 거짓을 말하는 것을 거부할 수 있으며, 근원적인 의문문, 소원문 등과 같이 '본질적으로 동일한 것을 말하는' 진술을 어쨌든 항상 발견할 것이다. 예를 들어 'S는 P인가?', '나나 사람들이 S가 P인지 알기 원한다.' 등은 동일한 것이다. 따라서 그러한 문장 형식에서 말하는 사람과의 관계가 특정되지 않거나 단지 부수적으로 함께 의미된 관계라도 함축되어 있지 않은가? 진술문으로 변형되는 경우, '본질적 사념'을 유지하는 것은 '의미를 부여하는 작용이 적어도 판단과 동일한 부류에 반드시 속한다.'는 점을 시사하지 않는가? 이러한 점을 통해 논점 b)도 해결된다. 그 의미에 대해 문제가 되는 것은 단순한 소원이나 의지의 체험이 아니라, 이 체험에 대한 내적 직관 — 이 직관에 적합한 표의 — 이다. 어쨌든 바로 이러한 견해는 다음의 논증에 영향을 끼친다.

2) 문제 삼는 표현의 형식을 판단으로 해석하려고 여전히 다른 방식으로 시도할 수 있을 것이다. 혼자 하는 논의[독백]라 하더라도 어떤 소원을 표명함으로써 우리는 그 소원과 소원된 내용을 말로 포착하며, 따라서 그 소원과 그 소원을 구성하는 것을 표상한다. 그러나 소원은 단순히 표상된 임의의 소원이 아니라 방금 전 지각된 생생한 소원이다. 그리고 우리는 그 소원에 대해 그러한 것으로서 통지하려 한다. 그 결과 표현되는 것은 단순한 표상이 아니라 내적 지각 — 그에 따라 실제로 하나의 판단 — 이다. 물론 그것은 어떤 것에 관해 술어로 진술하는 통상적인 종류의 진술 판단은 아니다. 단지 그래서 소원을 표현하는 데 중요한 것은 단적으로 정립함에서 내적으로 지각된 체험을 개념적으로 — 의미에 적합하게 — 포착하고, 그 체험의 단적인 현존재를 뚜렷하게 표시하는 것이지만, 체험에 관해 관계 짓는 술어화 — 그 체험을 체험하는 주관에 관계 짓는 술어화 — 를 수행하는 것은 아니다.

이러한 견해에 반대해 '진술된 판단에 대한 상태는 이와 다르게 표현된 모든 체험에 대한 상태와 정확하게 동일한 것이다.'라는 반론이 제기된다. 우리는 진술함으로써 판단한다. 그리고 말로 판단에 기초가 되는 표상뿐만 아니라 판단 그 자체 ─ 즉 진술의 형식으로 ─ 도 포착한다. 그래서 우리는 여기에서 당연히 '판단은 내적으로 지각된 것이며, 진술의 의미는 이렇게 지각된 것에 관한, 즉 판단에 관한 단적인 정립적 판단 속에 놓여 있다.'라고 추론할 것이다. 진술의 경우, 아무도 이러한 해석을 받아들일 수 없는 것으로 알게 되면, 그 해석은 진술 이외의 자립적인 문장에서도 진지하게 문제가 될 수 없다. 앞의 68항에서 상론한 것을 기억해 보자.

표현된 체험에 연결된 표현은 명사나 명사와 유사한 것으로서 그 체험에 관계될 수 없다. 마치 표현된 체험이 최초로 대상적으로 표상되고 이때 개념적으로 포착되듯이, 그러므로 새롭게 등장하는 각각의 말에 의해 포섭함과 술어화도 일어나듯이 그 체험에 관계될 수 없다. '금은 노랗다.'라고 판단하는 사람은 '그가 금이라는 말과 함께 갖는 표상이 금이다.'라는 것을 판단하지 않으며, '그가 '이다'라는 한마디로 수행하는 판단의 방식이 '이다'라는 개념에 포함된다.' 등을 판단하지 않는다. 사실 '이다'는 판단을 표시하는 어떠한 기호도 아니며, 사태에 속하는 존재를 표시하는 기호다. 또한 '금'은 어떤 표상의 체험을 표시하는 명칭이 아니라 어떤 금속을 표시하는 명칭이다. 표현이 체험을 표시하는 명칭인 것은 반성하는 가운데 체험이 표상이나 판단의 대상이 되는 경우뿐이다. 동일한 것이 모든 단어에, 또한 그 단어가 명칭으로서 명명하지 않더라도 본성상 그 명칭을 표시하는 대상적인 것과 맺는 관계를 지닌 공의어[6]에도 적용된다.

따라서 표현은 우리를 그때그때 가득 채우는 작용 ─ 우리가 그 작

---

6 (옮긴이 주) '공의어(synkategorematisches Wort)'는 다른 언어와 결합해야만 비로소 의미를 지니는 언어의 표현을 뜻한다.

9절 외견상 의미를 충족시킴인 객관화하지 않는 작용

용을 반성적으로 판단하지 않고 그 속에서 살아가는 작용 ── 에 명사적 기호의 방식을 부가하지 않으며, 오히려 작용 그 자체의 구체적 존립요소에 속한다. 〔표현으로〕 명백하게 판단하는 것은 판단하는 것이고, 〔표현으로〕 명백하게 소원하는 것은 소원하는 것이다. 어떤 판단이나 소원을 명명하는 것은 판단하거나 소원하는 것이 아니라, 바로 명명하는 것이다. 명명된 판단은 명명하는 사람에 의해 결코 판단될 필요가 없고, 명명된 소원은 명명하는 사람에 의해 결코 소원될 필요가 없다. 그 반대의 경우에도 명명하는 것은 판단이나 소원의 표현이 아니라 판단이나 소원과 관련된 표상의 표현이다.

비판. 이러한 반론에도 무엇보다 매우 밀접한 앞에서 말한 논증의 약점이 드러난다. 이미 앞에서 고찰한 것과 동일한 것에 따라, '모든 표현이 그 자체로 어떤 판단이나 통지된 체험을 대상으로 만드는 그 밖의 작용을 전제하지 않는다.'는 사실은 확실하다. 그러나 이것으로써 논제 자체가 논박되지는 않으며, '어쨌든 문제가 되는 문장의 형식은 그때그때 소원의 체험, 의심의 체험, 기원의 체험에 관한 판단이나 말하는 사람이 이 체험의 단적인 현존재에 대해 표현하는 것이 아니다.'라는 사실이 증명되지 않는다. 확실히 어떤 소원을 명명하는 것〔말로 표명하는 것〕은 그로 인해 여전히 소원하는 것이 아니다. 그런데 어떤 소원이 체험되고 이와 일치해 그 소원을 명명하면 어쨌든 이것 역시 소원하는 것이 아닌가? 그러므로 명백하게 표현된 소원하는 사항이 필연적으로 명명하거나 진술해 소원하는 것이라 해도, '명백하게 표현된 소원하는 사항은 바로 소원하는 것이지 단순히 명명하는 것이 아니다.'라는 명제는 타당하다.

3) 문제가 되는 표현은 문장의 형식과 상황에 따라 주어와 술어를 지닌 정언적 명제의 형식을 갖는다. 이것에서 분명해지는 것은 그러한 표현도 내용적으로 술어화 ── 게다가 항상 동일하지만 숨겨진 주어인 '나'와의 관계에서 곧바로 술어화는 아닌 ── 로서 포착될 수 있다는 점

이다. 예를 들어 '신이여, 황제를 보호하소서!', '프란츠는 당연히 자신의 몸을 소중히 해야 한다.', '마부는 당연히 마차에 말을 매야 한다.' 등의 문장에서 어떤 소원이나 당위가 진술되었고, 관련된 주어는 그 요청이나 의무를 받아들이는 것으로 파악된다.

이제 다음과 같이 반론할 수 있을 것이다. 즉 당위가 객관적 술어로 간주되고 사실상 객관적 술어로서 부가되는 경우, 그 당위문은 소원이나 명령의 의미를 갖지 않거나 이 의미만 갖지 않는다. 어떤 객관적 의무가 실로 타당한 것으로 진술될 수 있는 데에는, 진술하는 사람 자신이 현실적인 의무의 의식을 형성하는 종류의 어떤 작용을 체험할 필요가 없다. 내가 어떤 사람의 의지가 그의 직무에, 또는 관례나 도덕에 구속된 것을 안다면, 나는 그가 무엇을 당연히 해야 하고 반드시 해야만 하는지를 판단할 수 있다.

그러나 이것으로써 나는 생생한 소원, 욕구나 당위를 전혀 표현하지 않는다. 물론 당위의 진술도 그때그때 기능에서 예를 들어, '요한은 당연히 마차에 말을 매야 한다!'와 같은 종류의 작용을 표현하는 데 이바지할 수 있다. 여기에서 〔요한의〕 객관적 의무뿐 아니라 〔그 말을 하는〕 나의 의지도 표현된다는 점은 분명하다. 나의 의지는 말 자체에서 표현되지 않았지만 그 말씨와 상황을 통해 충분히 표현되었다. 그와 같은 상황에서 확실히 술어적 형식은 아주 종종 소원이나 명령의 형식을 대신한다. 즉 어구 속에 있는 당위의 술어화는 전혀 수행되지 않거나 부차적인 일이 된다. 결국 술어적 해석도 유일한 경우에만 어떤 모습을 띤다는 점 역시 명백하다. 그런데 의문의 경우는 아니며, 일반적으로 그 밖에 술어적 해석에 동조한 에르트만과 같이, 의문의 경우에는 술어적 해석이 권장되지 않는다.[7]

---

7 에르트만, 『논리학』 1권(제1판), 45항 271쪽 이하 참조.

9절 외견상 의미를 충족시킴인 객관화하지 않는 작용

비판. 이러한 반론이 과연 충분한지는 의심스럽다. 당위의 술어가 빈번히 어떤 객관적 의미와 가치를 갖는다는 점은 의심할 여지가 없다. 그러나 이러한 일이 일어나지 않는 경우, 아무것도 술어화되지 않고 어쨌든 판단되지 않는다는 점은 입증되지 않는다. '우리가 누군가에게 어떤 명령을 할 때, 예를 들어 마부 요한에게 '너는 당연히 마차에 말을 매야 한다.'라고 명령할 때, 그는 우리에게 우리의 의지를 따르는 사람으로 간주되며, 그는 그러한 사람으로서 우리에게 파악되어, 그에 따라 표현의 형식으로 표명된다.'고 말할 수 있을 것이다. 우리는 '요한, 마차에 말을 매라!'라고 말한다. 그는 여기에서 '당연히 마차에 말을 매야 할 사람'으로 술어화되고, 물론 '그는 그러한 사람으로서 나에게 간주된다.'는 이러한 사실을 단순히 확인하기 위한 목적에서가 아니라, 그에 상응하는 실천적 성과를 기대하는 가운데 술어화된다.

그런데 명령의 표현은 상대적인 표현이다. 우리는 특정한 방식이든 그렇지 않든, 명령하는 사람을 함께 표상하지 않고는 누구도 명령을 받는 사람으로 표상할 수 없다. 우리 자신에게 명령하는 경우, 우리는 우리 자신을 명령하는 사람으로 파악한다. 그러나 이에 관해 자명한 것으로서 어떠한 명백한 표현도 필요 없다. '나는 ……을 명령한다.'라는 번잡한 형식 대신, 우리는 그 자신의 형식을 통해 의사소통 관계를 시사하는 간략한 명령법을 사용한다. 당위 ― 그리고 의무 ― 를 지닌 논의의 형식은 근원적으로 명령하는 사람이 ― 그와 마주 서 있는 ― 명령을 받는 사람에게 현실적 의지의 사념으로 사용하는 것이 아니라, 그 자신이나 다른 사람의 의지의 사념을 더 객관적으로 표현하는 것이 중요한 경우 어디에서나 사용한다. 그래서 예를 들어, 명령을 전달하는 제3자가 사용하거나, 법조문 속에 입법자의 의지를 표현하는 것으로 사용한다. 명령하는 사람과 명령을 받는 사람 사이의 의사소통 이외에, 게다가 명령하는 사람의 의식 상황에 적합한 명령법은 바로 그것을 적용할 가능성을 상실한다.

　이러한 해석은 어디에서나 실행된다. 사람들은 '소원법에서 소원된 사항은 소원된 것으로 표상되고 명명되며, 이때 어쨌든 진술된다.'라고 말할 것이다. 마찬가지로, 기원문에서 기원된 사항은 기원된 것으로, 질문 형식에서 질문된 사항은 질문된 것으로 표상되고 명명되며 진술된다. 이러한 작용은 표상에 적합하게 그 자신의 지향적 대상에 관계하며, 그래서 그 자신에서는 반성의 술어로서 대상적이 된다.

　의사소통 관계 속에서 명령과 같이 문제되는 다른 많은 표현은 본질적인 우발적 표현의 방식으로, '말하는 사람은 통지된 작용 —— 기원·축복·조의(弔意) 등의 작용 —— 을 듣는 사람인 그와 지향적 관계 속에 수행한다.'는 것을 듣는 사람에게 말하는 기능을 갖는다. 모든 종류의 표현이 그 표현으로 다른 사람에게 전달하려는 소원을 통지하고, 자신의 확신·의심·희망 등을 다른 사람에게 통지하는 것을 완전히 깨달을 수 있는 한, 그 표현은 모두 이러한 내적 체험에 대한 반성작용 —— 더 자세하게 말하면, 이 내적 체험이 나와 내가 말을 거는 사람을 관계 짓는 그 직관작용 —— 을 수반한다. 그러므로 이것은 의사소통 진술에도 타당하다. 그러므로 반성하고 관계 짓는 이러한 작용은 여전히 진술과 그 밖에 모든 표현의 의미에 일반적으로 포함되지 않는다. 그러나 이것은 문제되는 부류[확신·의심·희망 등]의 표현, 말하는 사람의 내적 체험을 향한 것으로서 표현에 대해 말하는 것은 아주 당연하다.

　자기 혼자만의 영혼 삶 속에 —— 자기 자신에게 말하고 스스로 질문하며 소원하고 명령하는 예외적 경우를 제외하고 —— 말을 건 사람과의 관계는 없어지며, 이때 여전히 적용될 수 있는 주관적 표현은 자아와 다소간 판명한 관계를 지닌 내적 체험의 단적인 존재에 대한 표현이다. 독백의 질문은 '나는 ……인지 (나에게) 질문한다.'를 뜻하거나, 자아에 대한 고려가 완전히 없으며, 질문의 표현은 단순한 명사가 되거나 결국

　9절 외견상 의미를 충족시킴인 객관화하지 않는 작용

그런 적조차 없다. 왜냐하면 통상의 기능은 명사에 대해 술어적 관계나 부가어적 관계 가운데 어떤 위치를 지정하지만, 여기에서는 이에 대해 전혀 논의하지 않기 때문이다.

표현이 인식의 방식에서 직관된 내적 체험과 하나로 정립됨으로써, 자체 속에 완결된 현상의 성격을 지닌 어떤 복합체가 생긴다. 이러한 복합체 속에 질문이 '우리가 그 속에 주로 살아가는 반면, 표현은 그 질문작용에 서술하는 작용으로서만, 그 작용을 분절하는 작용으로서만 밀착되는' 작용인 한 우리는 그 복합체 전체를 질문이라 부른다. 이 경우 인식은 이론적으로 기능하지 않는다. 인식은 술어화(述語化)되는 가운데에서만 이론적으로 기능하는 반면, 여기에서는 술어화되지 않고, 질문은 인식되고 표현되지만 주어화(主語化)되지 않으며, 술어적 작용의 주어나 목적어가 되지 않는다. 의문문의 직접 표명된 이러한 의미는 명백히 술어적 의문문의 존립요소 부분 또는 변경된 상황에 상응하는 의미의 존립요소 부분이다.

70 결론

판단을 술어화로 이해하면 — 이러한 고찰에 따라 — 문제되는 문장들은 모든 경우에 판단의 표현이 아니다. 그럼에도 이 경우에 넘어설 수 없는 심연이 아리스토텔레스에 연결된 논리학자들과 우리를 분리시킨다. 이 논리학자들에 따르면, 명사, 진술, 소원문, 의문문, 명령문 등은 같은 등급의 표현 형식이며, 게다가 '명사는 표상에, 진술은 판단에, 소원문은 소원 등에 표현을 부여한다.'는 의미에서 같은 등급의 표현 형식이다. 표상·판단·소원·질문 등 요컨대 모든 종류의 작용이 의미를 부여하는 작용과 정확하게 동일한 방식으로 기능할 수 있다. 왜냐하면 '작용이 표현을 부여한다.'는 것은 여기에서 어디서나 동일한 것을 뜻하기 때문이다. 즉 이러한 작용 가운데 그 표현의 의미를 발견하기 때문이다.

이에 반해 우리는 명사와 진술을 문제되는 그룹의 표현과 비교하는 경우, '명사와 진술 속에 '표현된' 표상하거나 판단하는 작용은 의미를 부여하지만 ─ 또는 의미를 충족시키지만 ─ 바로 그로 인해 그 작용이 명명하는 작용과 술어화하는 작용 속에 대상적이 되는 것이 아니라, 대상을 구성하는 것이라는 사실을 뜻하는 것은 아니다.'라는 점에서 근본적인 차이를 발견한다. 다른 한편으로, 또 이에 곧바로 대립해 문제되는 모든 표현의 경우에 '표현된' 작용은 ─ 표면상 의미를 부여하는 작용이더라도 ─ 우리에게 대상적이 된다는 사실을 발견한다. 그러나 이미 인식했듯이, 이와 같은 일은 한편으로는 '이러한 작용에 반성적으로 향하는 내적 직관'에 의해 또한 대부분 '이러한 직관 속에 기초 지어진 관계 짓는 작용'에 의해 일어나며, 다른 한편으로는 어쩌면 단지 부분적인 방식으로만 표명된 어떤 표의에 의해 일어난다. 이 표의는 내적 직관과 맺는 관계를 인식작용의 방식으로 밀착시켜서 그 대상이, 따라서 질문하고 소원하며 명령하는 등의 작용이 명명되거나 그 밖에 방식으로 의미된 대상, 경우에 따라서는 술어화된 사태의 존립요소 부분이 된다.

그런데 이 객관화하는 작용 속에서 문제되는 표현의 참된 의미가 놓여 있다. 객관화하는 작용에서 중요한 것은 근본적으로 새로운 유의 의미를 부여하는 작용이 아니라, 하나의 유일한 유의 의미지향이 우연적으로 특수화된 것이다. 마찬가지로 의미를 충족시키는 작용도 서로 다른 유에 속하지 않고 직관이라는 하나의 유일한 유에 속한다. 문법적 형태와 그 표의를 통해 표현되는 것은 소원 그 자체, 명령 그 자체 등이 아니라, 충족시킴으로 이바지하는 이러한 작용의 직관이다. 진술문과 소원문을 비교할 경우, 우리가 서로 동등하게 다루어야 할 것은 판단과 소원이 아니라 사태와 소원이다.

그에 따라 다음과 같은 결과가 생긴다.

표면상 객관화하지 않는 작용의 표현은 객관화하는 작용의 진술이나 그 밖의 표현에 우연적인 특수한 형태이지만 실천적이며, 특히 의사소통적이고, 지극히 중요한 것이다.

그러나 우리가 다룬 쟁점의 문제에 근본적으로 중요한 점은 다음과 같은 사실에 있다. 즉 '지향과 충족시킴 속에 모든 의미작용이 하나의 유, 즉 표의적 작용과 직관적 작용으로 근본적으로 구별되는 객관화하는 작용의 유다.'라는 학설을 지지할 수 있는지, 오히려 '모든 유의 작용은 의미를 부여하는 작용이나 의미를 충족시키는 작용으로 인정해야 한다.'라고 결심해야만 하는지를 해결하는 데 달려 있다. 또다시 이 쟁점의 문제는 그것이 '표현된 작용'이라는 애매한 논의의 기본적인 3중의 성격 — 우리의 연구는 이것을 분석하는 데 착수했다[8] — 에 최초로 주목하게 만든다는 사실은 앞의 문제 못지않게 중요한 의미가 있다. 그에 따라 '표현된 작용'이라는 말로 다음과 같이 생각해 볼 수 있다.

1) 표의적 작용. 이것은 표현 일반에 의미를 부여하고 그 표의적 방식으로 어떤 대상성을 사념하는 작용이다.

2) 직관적 작용. 이것은 종종 표현의 표의적 사념을 충족시키며, 따라서 표의적으로 사념된 대상을 직관적으로, 게다가 하나의 동일한 직관적 '의미' 속에 현전화하는 작용이다.

3) 어떤 표현이 말하는 사람 자신의 순간적 체험을 표현하는 — 즉 2)의 의미에서 표현하는 — 모든 경우에, 표의의 대상과 동시에 직관의 대상인 작용. 이 작용이 객관화하는 작용에 속하지 않는다면 이 작용은 그 본성상 위의 1)과 2)에서 지적한 기능을 결코 수행할 수 없다.

그러나 모든 어려움의 근거는 '표현이나 표현된 작용을 직관적으로

---

8 이 책 2항 참조.

파악된 내적 체험에 직접 적용할 경우에 표의적 작용은 그 작용에 속한 내적 직관을 통해 완전히 충족되며, 따라서 이 둘[표의적 작용과 내적 직관]은 지극히 밀접하게 융합된 반면, 그 직관은 동시에 내적 직관으로서 의미된 작용의 단적인 직접적 제시(Präsentation)로 해소된다.'는 사실에 놓여 있다.

마지막으로 언급해야 할 것은 위에서[9] 볼차노에 반대해 구별된 차이, 즉 — 표현의 성실함이나 적합함에 관련된 — 단지 주관적인 이의만 될 수 있는지 또는 — 객관적 참과 거짓을 겨냥한 — 실질적인 이의도 될 수 있는지를 정확하게 살펴보는 것이 여기에서 논의되는 문제와 본질적으로 연관되지 않는다는 점이다. 왜냐하면 그 차이는 '직관적으로 파악된 그 자신의 작용의 체험에 관계하는 표현'과 그렇게 관계하지 않은 표현의 차이에 아주 일반적으로 해당되기 때문이다.

그런데 전자의 경우에는 반론의 여지가 전혀 없는 많은 술어화작용이 있다. 그래서 '나는 ……인지 질문한다.', '나는 ……라고 명령한다.', '나는 ……을 소원한다.' 등과 같은 형식의 모든 진술이 있다. 특히 주의해야 할 것은 그렇게 형식화된 주관적 판단의 경우에도 실질적인 이의가 전혀 제기될 수 없다는 점이다. 주관적 판단은 참이거나 거짓인데, 하지만 여기에서 진리(Wahrheit)는 성실함(Wahrhaftigkeit)과 일치한다. '객관적인 것(Objektives)'에 관계하는 다른 진술 스스로를 표명하는 주관이나 주관의 체험에 관계하지 않는 다른 진술의 경우, 실질적인 의문은 의미에 관계한다. 그런데 성실함에 대한 의문은 본래 정상적으로 의미하는 작용이 없을 경우에는 외견상 진술하는 가능성과 연관된다. 이러한 진술의 경우 결코 아무것도 판단되지 않으며, 진술의 의미는 착각하는 지향과의 연관 속에 표상된다.

---

9 (옮긴이 주) 이 책 68항 전반부.

9절 외견상 의미를 충족시킴인 객관화하지 않는 작용

외적 지각과 내적 지각.
물리적 현상과 심리적 현상

외적 지각과 내적 지각. 물리적 현상과 심리적 현상

1 외적 지각과 내적 지각에 대한 통속적 개념과 전통적 철학의 개념

'외적 지각과 자기지각', '감성적 지각과 내적 지각'이라는 개념은 소박한 사람에게는 다음과 같은 내용을 지닌다. 외적 지각은 외적 사물, 그 사물의 성질과 관계, 그 변화와 상호작용에 대한 지각이다. 자기지각은 각자가 자기 자신의 자아와 그 속성, 상태, 활동을 가질 수 있는 지각이다. '이렇게 지각된 자아가 도대체 누구인가?' 하는 물음에 대해 소박한 사람은 자신의 신체적 나타남을 지적함으로써, 자신의 과거와 현재의 체험을 열거함으로써 답변할 것이다. '도대체 이 모든 것은 자기지각 속에 함께 지각되는가?' 하는 그 이상의 물음에 그는 당연히 '지각된 외적 사물이 많은 속성을 갖고 순간적으로 '지각되지 않는' 변화의 흐름 속에 많은 속성을 가졌던 것과 아주 똑같이, 지각된 자아에 대해서도 그에 상응하는 것이 타당하다.'라고 답변할 것이다. 예를 들어, 집을 지각하는 경우에는 때에 따라 외관이나 내부를, 때에 따라 이러저러한 측면이나 부분을 외적으로 지각하는 것과 마찬가지로, 자아의 경우에는 상황에 따라 이러저러한 표상, 감정, 소원, 신체적 활동 등을 변화하는 자기지각의 작용 속에서 포착한다. 물론 그래서 어쨌든 후자의 경우 자아가, 전자의 경우 집이 지각된 대상일 것이다.

소박한 사람에게는, 두 번째 개념의 쌍인 감성적 지각과 내적 지각이라는 개념의 쌍이 방금 전에 규명한 외적 지각과 자기지각이라는 개념의 쌍과 완전히 일치하지 않는다. 감성적으로 지각된 것은 눈과 귀, 후각과 미각, 요컨대 감각기관을 통해 지각된 것이다. 모든 사람에게는 외적 사물뿐만 아니라 그 자신의 신체와 걷고 먹으며 보고 듣는 것과 같은 신체적 활동도 이러한 영역에 속한다. 물론 다른 한편, 내적으로 지각된 것으로 주로 생각하고 느끼며 욕구하는 것과 같은 '정신적' 체험 — 이와 마찬가지로 외부 기관에 관계하지 않고 신체의 내부에 장소를 잡는 이와 같은 모든 것도 — 이 포함된다.

철학적 언어의 사용에서 이 두 종류의 용어는 — 통상 '내적 지각과 외적 지각'의 쌍이 우선적으로 다루어졌다 — 단지 한 가지 개념의 쌍을 표현한다. 데카르트가 '정신(mens)'과 '물체(corpus)'를 확연하게 구별한 다음, 로크는 '감각(sensation)'과 '반성(reflexion)'이라는 명칭으로 이에 상응하는 두 부류의 지각을 근대철학에 도입했다. 이러한 구별은 오늘날까지 결정적으로 영향을 끼치고 있다. 로크에 따르면, 외적 지각은 물체에 대한 우리의 지각이며, 내적 지각은 우리의 '정신'이나 '영혼'이 자신의 활동 — 이것은 데카르트의 의미에서 '사유작용(cogitationes)'이다 — 을 소유한 지각이다. 그래서 지각의 구별은 지각하는 객체의 구별을 통해 규정된다. 동시에 이 구별에는 성립하는 방식에서 차이가 분류된다. 어떤 경우에 지각은 물리적 사물이 감각기관에 의해 정신에 끼치는 영향에서 생기며, 다른 경우에는 정신이 이미 감각을 통해 획득한 '관념'에 근거해 수행하는 활동에 대한 반성에서 생긴다.

2 그 전통적 구별을 심화시키는 인식론적 동기와 심리학적 동기. 브렌타노의 견해

최근에는 아주 조잡하고 모호한 로크의 규정을 적절하게 변양시키고 심화시키기 위한 많은 노력이 있었다.

그렇게 하기 위해 한편으로는 일반적인 인식론적 관심이 추진되었다. 우리는 두 종류의 지각에 대한 상대적인 인식의 가치에 대해 예전부터 내렸던 평가, 즉 '외적 지각은 기만적이며, 내적 지각은 명증적이다.'라는 평가를 기억한다. 이러한 명증성에는 어떠한 회의도 흔들 수 없는 인식의 근본적 기초 가운데 하나가 놓여 있다. 또한 내적 지각은 지각의 작용에 그 대상이 참으로 상응하는, 실로 그 작용에 내재하는 유일한 지각이다. 따라서 적확하게 말하면, 내적 지각은 그 명칭에 걸맞는 유일한 지각이다. 그러므로 지각의 이론에 대한 관심에서 외적 지각과 구별되는 내적 지각의 본질을 더 정확하게 탐구해야 한다.

다른 한편으로는 심리학적 관심이 고찰될 것이다. 중요한 문제는 많은 논쟁을 일으킨 경험적 심리학의 영역을 확정하는 것, 특히 경험적 심리학에 고유한 현상의 영역을 명시함으로써 자연에 대한 과학에 대립해 그 심리학에 특유한 권리를 증명하는 것이다. 사람들이 즐겨 철학의 근본적 분과로서 심리학에 양도하려는 인식론적 입장이 이미 이 경우에 '인식론적으로 가능한 한 구속력이 없을, 따라서 초월적 실재성을, 특히 많은 논쟁을 일으킨 '영혼'과 '물체'와 같은 것을 자명하게 주어진 것의 방식으로 다루지 않을 심리학의 연구 대상을 정의할 것'을 요청한다.

바로 이러한 전제 때문에 로크는 지각을 분류했고, 따라서 그의 분류는 심리학의 정의를 정초하여 위에서 언급한 관심을 만족시키는 데 직접 유용하지는 않았다. — 물론 그러한 의도로 분류하지는 않았다 — 게다가 물체〔물질〕적인 것과 정신적인 것 사이에 미리 취한 구별에 근거해 지각의 구별이 확정된다면, 이러한 구별이 그것의 측면에서 — 물체적 나타남에 관한 학문과 정신적 나타남에 관한 학문 사이에서 — 구별의 원리를 제공할 수 없을 것이다. 각 부류의 범위를 유지하는 가운데, 지각의 구별이나 이에 상응하는 물체적 현상과 영혼적 현상의 구별에 대해 순수한 기술적 징표, 따라서 어떠한 인식론적 전제도 요구하지 않는 징표를 획득하는 데 성공한다면 사태는 다를 것이다.

이러한 점에서 데카르트가 회의를 통해 고찰한 것은 그 회의 속에 뚜렷이 나타나는 내적 지각의 인식론적 성격에 의해 우리가 사용할 수 있는 하나의 길을 열어 주는 것으로 보인다. 우리는 그 길을 위에서 이미 언급했다. 이 길에서 착수되는 사유의 과정은 다음과 같다.

인식비판적 회의를 아무리 넓게 확장하더라도, '내가 존재하고 회의한다.'는 사실, 또한 '내가 표상하고 판단하며 느낀다.' — 그 밖에 내적으로 지각된 나타남을 어떻게 부르든 간에 — 라는 사실에 대해 내가 그것을 바로 체험하는 동안 나는 회의할 수 없다. 그와 같은 경우에 회의는 명백히 이성에 어긋날 것이다. 따라서 내적 지각 대상의 존립요소에서 우리는 가장 엄밀한 의미에서 앎(Wissen)의 특징을 드러내는 '명증성', 그 가장 명석한 인식, 그 논쟁의 여지가 없는 확실성을 갖는다.

그런데 외적 지각의 경우는 사정이 완전히 다르다. 외적 지각에는 명증성이 없으며, 여러 가지 충돌도 외적 지각을 신뢰하는 진술로 사실상 '외적 지각은 착각을 참인 것처럼 보이게 할 수 있다.'는 점을 시사한다. 따라서 우리는 '외적 지각의 대상은 그것이 우리에게 나타나는 그대로 참으로 또 실제로 실존한다.'고 믿을 어떠한 권리도 처음부터 갖고 있지 않다. 심지어 '외적 지각의 대상은 실제로 결코 실존하지 않으며, 따라서 단지 현상적이거나 '지향적인' 실존만 요구할 수 있을 뿐이다.'라고 인정할 많은 이유가 있다. 지각의 개념에 지각된 객체가 실제로 존재함(Wirklichsein)을 포함시키면, 엄밀한 의미에서 이러한 외적 지각은 결코 지각이 아니다. 어쨌든 우리는 명증성의 성격에 이미 이 두 종류의 지각을 구별하고, 형이상학적 실재성에 관한 모든 전제에 구속되지 않는 기술적 징표를 제공한다. 이것은 지각의 체험과 더불어 스스로 주어지거나 결여된 성격이며, 이러한 성격이 있고 없음만이 〔내적 지각과 외적 지각의〕 그 구별을 규정한다.

이제 두 가지 지각 속에서 드러나는 현상을 고찰하면, 그 현상은 명백하게 본질적으로 서로 다른 부류를 구성한다. 그렇지만 이것으로써 '정당하든 부당하든 우리가 그 현상들에 상정하는 대상 그 자체, 따라서 영혼과 물체는 본질적으로 서로 다르다.'는 점을 주장하려는 것이 아니라, 모든 초재(Transzendenz)를 도외시하는 가운데 순수하게 기술적으로 고찰해 보면 그 현상들 사이에는 넘어설 수 없는 차이가 확인된다.

한편으로, 감각이나 감각기관과 같은 것이 주어져 있든 주어져 있지 않든, 그 자체만으로 이미 기술적으로 완결된 통일을 형성하는 감각의 질이 있다. 이것은 엄밀한 아리스토텔레스의 의미에서 유(類)다. 이 유에는 감각의 질 일반이나 개별적 질의 범위에 필연적으로 결합된 계기가 등장하며, 반대로 그 계기는 자신의 측면에서 필연적으로 질을 전제하고 이것과 통합되어야만 구체적 존재가 될 수 있다. 여기에서 잘 알려진 명제, 예를 들어 '직관의 공간적인 것은 질 없이 결코 존재하지 않는다.'라는 명제를 고찰해 보자. 많은 사람은 거꾸로 '질은 공간적인 것 없이 결코 존재하지 않는다.'라는 명제도 성립해야 한다. 다른 사람들은 여기에서 '색깔, 촉각의 질은 공간적인 것 없이 결코 존재하지 않는다.'와 같이, 단지 어떤 특수한 사례만을 인정한다. 더 나아가 이러한 유에 속하는 명제는 '음의 질은 강도 없이 결코 존재하지 않으며, 음색(音色)은 음의 질 없이 결코 존재하지 않는다.' 등이 될 것이다.[1]

---

1 이러한 직관적 함께 속해 있음(Zusammengehörigkeit) 위에 '물리적 현상'에 대한 적극

외적 지각과 내적 지각. 물리적 현상과 심리적 현상

다른 한편으로, 표상하고 판단하며 추측하고 소원하고 희망하는 등의 현상에서 우리는 다른 세계로 들어선다. 현상은 감성적인 것과 관계할 수 있지만 현상 그 자체는 감성적인 것과 '비교할 수 없는 것'이다. 더 정확하게 말하면, 감성적인 것은 하나의 동일한(진정한) 유에 속하지 않는다. 우선 예를 들어, 이러한 부류의 기술적 통일성을 명석하게 밝혀 보면, 다소 주의 깊게 고찰할 경우에는 그러한 부류를 특징짓는 적극적 징표, 즉 '지향적 내재(Inexistenz)'[2]의 징표도 발견된다.

물론 앞에서 설명한 내적 지각과 외적 지각에 대한 기술적 구별도 이 두 부류의 현상을 그와 같이 구별하는 데 이바지할 수 있다. 이제 '심리적 현상은 내적 지각의 현상이고, 물리적 현상은 외적 지각의 현상이다.'라고 말하는 것은 충분한 정의가 된다.[3]

그와 같은 방식으로 두 종류의 지각에 대한 더 자세한 고찰은 인식론적으로 중요한 지각 그 자체의 기술적 특징뿐만 아니라, 현상을 물리적 현상과 심리적 현상의 두 부류로 구분하는 기술적인 근본적 구별로

적 규정을 근거 지으려 아무도 시도하지 않는 것은 기묘하다. 그 함께 속해 있음을 언급함으로써 나는 물론 〔이에 관한 학설을〕 보고하는 사람의 역할에서 다소 벗어났다. 물리적 현상을 정의하는 데 이 함께 속해 있음을 진지하게 사용하려는 목적을 위해, 우리가 때때로 설명한 물리적 현상에 대한 논의의 이중적 의미를 당연히 적절하게 고려해야 한다.

2 (옮긴이 주) 이것은 브렌타노가 심리적 현상과 물리적 현상을 구별하는 기준으로 제시한 여섯 가지 가운데 세 번째다.(『논리 연구』 2-1권, 제5연구 2절 10항 옮긴이 주 참조)

한편 전통적으로 이념적인 것과 실재적인 것은 '의식'을 기준으로 '내(內)·외(外)'로 구분해 왔지만, 후설은 '시간성'의 유(有)·무(無)을 기준으로 삼기 때문에 시간 속에서 일어나는 의식의 다양한 작용도 실재성을 갖는다. 즉 구체적인 체험흐름인 내실적 내재(內在)뿐 아니라 '외적'인 감각자료가 인식작용에 의해 구성된 인식대상도 지향적 내재다. 지향적 내재는 결국 내실적 초재(超在)다. 물론 사념되거나 정립되었더라도 의식에 직관되지 않은 것은 순수초재다.

3 그래서 브렌타노는 (『심리학』 1권, 118, 119쪽에서) '물리적 현상의 경우 외적 지각만 가능한 반면, 심리적 현상은 내적 의식 속에서만 지각된다.'는 것을 모든 심리적 현상의 '구별되는 징표'로서 특징지었다. 같은 책, 119쪽에서는 이러한 규정을 통해 심리적 현상은 '**충분히 성격 지어진다.**'는 점을 명백하게 밝혔다. 이 경우 내적 의식은 단지 내적 지각에 대한 다른 표현일 뿐이다.

이끄는 것으로 보인다. 동시에 심리학과 자연과학에 있어 형이상학적으로 구속되지 않는 ─ 초월적 세계가 추정적으로 주어져 있음이 아니라, 현상이 참으로 주어져 있음을 통해 방향이 정해진 ─ 정의(定義)의 목표를 달성하는 것으로 보인다.

그런데 물리적 현상은 더 이상 '물체가 감각기관에 의해 우리 영혼에 영향을 끼쳐서 생기는 나타남'으로, 심리적 현상은 '우리 영혼이 활동하는 지각에서 발견되는 나타남'으로 정의되지 않는다. 이 두 가지 측면에서 우리가 체험하듯이, 현상의 기술적 성격이 〔정의하는 데〕 오직 유일하게 기준이 된다. 그에 따라 심리학은 이제 심리적 나타남에 관한 학문으로, 자연과학은 물리적 나타남에 관한 학문으로 정의될 수 있다.

그렇지만 이러한 정의는 현존하는 학문이 존립하는 데 실제로 상응하기 위해 ─ 어쨌든 단지 설명하는 가설로서 ─ 설명하는 형이상학적 가설을 시사하는 어떤 제한이 필요하다. 이에 반해 기술적으로 구별되는 두 부류의 현상은 〔심리학과 자연과학의〕 참된 출발점으로, 설명될 수 있는 객체로서 항상 유지되는 것으로 보인다.

무엇보다 자연과학을 정의하는 데 제한적 규정이 필요하다. 왜냐하면 자연과학은 모든 물리적 현상을 다루지 않기 때문이다. 즉 상상의 물리적 현상을 다루지 않고 단지 감각 속에 등장하는 물리적 현상만 다루기 때문이다. 자연과학은 이러한 물리적 현상에 대해서도 그것이 감각기관의 물리적 자극에 의존하는 범위까지만 법칙을 수립한다. 자연과학의 학문적 과제를 ─ 가령 사람들이 말하듯이 ─ '자연과학은 공간 같은 삼차원으로 확장되고 시간 같은 일차원으로 경과하는 세계가 우리의 감각기관에 끼치는 영향을 가정하는 근거 위에 정상적인 순수한 감각 ─ 어떠한 특수한 물리적 상태와 과정에도 전혀 영향을 받지 않는 감각 ─ 의 물리적 현상이 잇달아 연속된 것을 설명하려 시도하는 학문'이라고 표현할 수 있다.

외적 지각과 내적 지각. 물리적 현상과 심리적 현상

이러한 세계의 절대적 성질에 관해 해명하지 않은 채, 자연과학은 감각을 만들어 내고, 그렇게 작동하는 가운데 서로 영향을 받는 그 힘을 지정하는 데 만족하려 하며, 이러한 힘에 대해 공존과 계기의 법칙을 밝혀 내려 한다. 이때 자연과학은 그 힘 속에서 감각의 물리적 현상이 잇달아 연속되는 법칙을 간접적으로 부여한다. 이 감각의 물리적 현상은 심리적 부대조건을 과학적으로 추상함으로써 — 감각의 능력이 변화되지 않을 경우 — 순수하게 일어나는 것으로 생각된다. 따라서 '물리적 현상에 관한 학문'이라는 표현은 — 이 표현을 자연과학과 동일한 것을 뜻하는 것으로 간주할 경우 — 이렇게 다소 복잡한 방식으로 해석되어야 한다.[4]

심리학의 개념 규정에 관해 상상의 물리적 현상을 — 적어도 앞에서 규정한 의미에서 심리적 현상과 마찬가지로 — 완전히 심리학이 고찰하기 때문에, 또한 감각 속에 등장하는 물리적 현상을 감각에 대한 이론 가운데 고려하지 않을 수 없기 때문에, 마치 심리적 현상이라는 개념이 축소되기보다 확대되는 것과 같은 겉모습을 띨 수도 있을 것이다. 하지만 오직 명백한 것은 '물리적 현상은 심리적 현상의 특성을 기술하는 경우, 심리적 현상의 내용으로서만 고찰된다.'는 점이다. 이와 동일한 것은 오직 현상적 실존만 갖는 모든 심리적 현상에도 타당하다. 우리는 실제적 심리상태라는 의미에서 심리적 현상만을 심리학의 본래 대상으로 간주해야 한다. 우리가 '심리학은 심리적 현상에 관한 학문이다.'라고 말한 것과 관련해, 그것은 오직 심리적 현상일 뿐이다.[5]

---

4 브렌타노, 『심리학』 1권, 127~128쪽.
5 브렌타노, 위의 책, 129쪽 이하.

3 계속

내가 방금 전에 알린 흥미 있는 일련의 생각은 긴 인용문에서 명백히 나와 있듯이 브렌타노의 입장[6]을 대표하는 동시에 학문적으로 그와 가까운 일련의 학자 전체의 입장을 대표한다. 그런데 내적 지각은, 잘 알려져 있듯이 브렌타노의 심리학에서도 계속 중요한 역할을 한다. 나는 여기에서 내적 의식에 관한 그의 학설만 지적하려 한다.

모든 심리적 현상은 단순한 의식이 아니라 그 자체로 의식의 내용, 지각의 좁은 의미에서 의식된 내용이다. 따라서 내적 체험의 흐름은 동시에 관련된 심리적 체험과 특별히 밀접한 방식으로 하나가 되는 내적 지각의 연속적 흐름이다. 즉 내적 지각은 관련된 심리적 현상에 부가되는 두 번째 작용이며 — 자립적 작용이 결코 아니라 — 심리적 현상은 일차적 객체, 가령 외적으로 지각된 내용에 관계하는 이외에 '자신의 총체성에 따라 표상되고 인식된 것으로서 그 자신'[7]을 포함한다. 그 작용은 직접 일차적 객체로 향하는 가운데 그 이외에 동시에 자기 자신에게로 향한다. 그래서 모든 심리적 현상을 수반하는 의식 — 의식의 다층적 성격은 그 세 가지 기본적 부류에 따라 내적 지각도 포함한다 — 이 강요하는 것으로 보이는 무한한 혼란을 피하게 된다. 내적 지각의 명증성과 확실성도 이렇게 해서 가능할 것이다.[8] 그렇지만 의식을 연속적인 내적 지각으로 해석하는 데 하나의 주요한 점인 여기에서 과거의 위대한 사상가들과 같은 입장을 취했다. 경험의 충실한 제자인 로크마저도 의식을

---

6 이 부록 2에서 지적한 물리적 현상의 적극적 징표까지. 그 밖에 나는 내가 매우 높게 평가하는 브렌타노의 학설에서 결정적일 수 있는 주도적 사상의 관점을 끌어내 강조하는 경우 적중하기를 희망해 본다.
7 앞의 책, 182쪽.
8 위의 책, 2권 3절 182쪽 이하.

외적 지각과 내적 지각. 물리적 현상과 심리적 현상

'어떤 인간 자신의 정신 속에 일어난 것에 대한 지각'으로 정의한다.[9]

브렌타노의 이론에 많은 반론이 제기되었다. 이 반론은 섬세하게 구성되었지만 — 어쨌든 현상학적으로 미리 정초될 필요가 있는 다층성(Mehrfältigkeit)을 지닌 내적 의식에 관한 — 위에서 마지막에 언급한 학설뿐만 아니라 그가 지각과 현상을 구별한 것, 게다가 이러한 구별에 기초해 심리학과 자연과학의 과제를 규정한 것을 겨냥한 것이다.[10] 지난 10년간 이러한 점에 관한 의문은 반복해서 진지한 토론의 대상이었고, 심리학과 인식론에 대해 근본적으로 중요함에도 의견의 일치를 이룰 수 없었다는 것은 한탄스러운 일이다.

전체적으로 판단되어야만 할 것은 — 브렌타노가 생각한 동기에서 결정적인 점을 정확하게 맞추고 의심할 여지없이 중요한 점을 그것을 전개하는 데 잘못된 점과 구별하기 위해 — 그 비판이 충분히 깊게 파고들지 않았다는 사실이다. 그것은 이러한 차원에서 논쟁이 되는 심리학과 인식론의 근본 문제가 충분히 해명되지 않았기 때문이고, 그 당연한 결과인 현상학적 분석이 없기 때문이다. 〔비판하든 지지하든〕 양측에서 다루는 개념들에는 다의적인 의미가 남아 있으며, 그로 인해 양측에서 착오를 일으키는 혼동 속에 빠졌다. 이러한 점은 브렌타노의 계몽적

---

9 로크, 『인간오성론』 2권, 1절 19항. 물론 로크가 지각(perception)을 '관념을 받아들이는〔파악하는〕 것(Auffassung)'으로 명백하게 나타내고, 이때 어쨌든 관념을 받아들이는 것을 심리적 활동, 즉 이 심리적 활동에 단지 그때그때 부가하는 '반성(reflexion)'의 **특별한** 작용에 종속시키는 한, 로크는 자신의 주장에서 완전히 일관되지 않는다. 이러한 점은 '관념(idea)'이라는 불운한 잡종개념(Zwitterbegriff) — 이 개념은 체험할 수 있는 내용에 대한 **표상**과 이때 다시 체험된 내용 그 자체를 '난삽하게(promiscue)' 포괄한다 — 과 분명하게 연관된다. 나의 책, 『논리 연구』 2-1권, 제2연구 2절 10항 참조.

10 기묘하게도 사람들은 그 비판에서 브렌타노 자신이 그의 독특한 명석함과 예리함으로 제기한 '암묵적인 제한'을 생각해 보지도 않고, 브렌타노의 단지 잠정적일 뿐인 첫 번째 규정인 '심리학은 심리적 현상에 대한 학문이고, 자연과학은 물리적 현상에 대한 학문이다.'에만 유독 의거해 유지하려는 경향이 있다. 그럴수록 나는 위에서 인용한 상세한 인용문을 통해 그 제한에 기꺼이 주목한다.

인 견해에 대한 이하의 비판에서 명백하게 드러날 것이다.

4 비판. 외적 지각과 내적 지각은 통상적으로 파악할 경우 동일한 인식
   론적 성격을 지닌 개념이다. 지각과 통각

브렌타노에 따르면, 내적 지각은 다음과 같은 점에서 외적 지각과 구별된다. 즉

1) 명증성과 확실성을 통해.

2) 본질적으로 서로 다른 현상을 통해.

내적 지각에서 우리는 오직 심리적 현상만 경험하고, 외적 지각에서는 물리적 현상만 경험한다. 이러한 정확한 평행관계에 의해 첫 번째 거명한 명증성의 차이는 실로 지각할 수 있는 현상을 구별할 수 있는 특징적 징표로서 이바지할 수 있다.

이러한 견해에 대립해, 나는 '내적 지각과 외적 지각은——이 용어를 자연스럽게 이해하는 한——인식론과 아주 똑같은 성격을 갖는다.'고 생각할 것이다. 더 상세하게 말하면, 명증적인 지각과 명증적이지 않은 지각, 확실한 지각과 확실하지 않은 지각 사이에 충분히 정당한 차이가 존재한다. 그러나 자연스럽게, 또 브렌타노도 그렇게 했듯이, 외적 지각으로 물리적 사물·속성·과정 등에 대한 지각을, 이에 따라 내적 지각으로 그 밖의 모든 지각을 이해하면, 이때 이러한 구분은 앞에서 한 구분과 결코 일치하지 않는다. 그래서 자아의 모든 지각이나 자아와 관련된 어떤 심리적 상태의 모든 지각은——'자아'로, 누구나 이 말로 이해하는 것, 누구나 자아의 지각 속에 지각할 수 있다고 믿는 것, 즉 그 자신의 경험적 인격을 이해한다면——확실히 명증적이지 않다. 심리적 상태의 지각 대부분이, 그것이 신체적으로 장소가 정해져 지각되기 때문에 명증적일 수 없다는 점도 분명하다.

외적 지각과 내적 지각. 물리적 현상과 심리적 현상

예를 들어, 나는 '불안해서 나오는 소리가 나오지 않았다.' '치통에 시달린다.', '걱정으로 마음이 괴롭다.'를 '바람이 나무를 뒤흔든다.', '이 상자는 정사각형이고 갈색을 띤다.' 등과 정확하게 같은 의미로 지각한다. 물론 여기에는 내적 지각과 더불어 외적 지각도 현존한다. 그러나 이것이 '지각된 심리적 현상은 — 그것이 지각된 것과 마찬가지로 — 실존하지 않는다.'는 사실을 전혀 변화시키지 않는다. 심리적 현상도 초월적으로 지각될 수 있는 것은 분명하지 않은가? 실로 정확하게 살펴보면, 자연적 태도와 경험과학의 태도에서 파악된 모든 심리적 현상은 초월적으로 통각된다. 그런데 순수하게 체험에 주어진 것은 모든 초월적 정립을 금지하는 순수현상학적 태도를 전제한다.

나는 여기에서 '우리가 심지어 지각(Wahrnehmung)과 통각(Apperzeption)의 차이를 놓쳐 버렸다.'는 반론이 제기된다는 것을 잘 안다. 내적 지각은 심리적 작용을 단적으로–의식하는 체험작용을 뜻하며, 그것은 여기에서 심리적 작용이 존재하는 그대로, 따라서 심리적 작용이 파악된 것, 통각된 것이 아닌 것으로 간주된다. 그럼에도 내적 지각에 대해 정당한 것은 외적 지각에 대해서도 정당해야만 한다는 사실을 생각해야 한다. 지각의 본질이 통각 속에 놓여 있지 않다면, 이때 산·숲·집 등 외적인 것과 관련된 지각에 대해 논의하는 것은 모두 잘못된 것이다. 또한 '지각'이라는 말의 표준적 의미, 즉 어쨌든 무엇보다 외적 지각의 경우에 분명하게 드러나는 의미는 완전히 포기되어야 할 것이다. 외적 지각은 통각이다. 따라서 ［'지각'이라는] 개념의 통일성이 내적 지각도 통각이어야 한다는 점을 요구한다. 어떤 것이 지각 속에 나타난다는 것은 지각에 속한다. 그렇지만 통각은 — 적절한 통각이든 아니든, 직접 주어진 것의 범위를 충실하게 또 충전적으로 고수하는 통각이든, 미래의 지각을 마치 선취하면서 그 범위를 넘어서는 통각이든 — 우리가 나타나는 작용(Erscheinen)이라 부르는 것을 형성한다. 내가 실제로 체험된 감각내용을 어떤 방식으로 통각하는 것과는 다른 방식으로 '그 집'은 나에게 나타난다. 내가 어떤 '아코디언(Leierkasten)'을 듣는다는 것은 감각된 음을 바로 '아코디언의 음'으로 해석하는 것이다. 이와 마찬가지로, 나는 통각을 하면서 나의 심리적 나타남, 즉 '나를 전율케 하는 큰 축복', '마음속 걱정거리' 등을 지각한다. 이것들은 '나타남(Erscheinung)', 더 적절하게는 바로 통각의 내용으로서 나타나는 내용이라 부른다.

5 '나타남'이라는 용어의 애매함

'나타남'이라는 용어는 물론 여기에서 곧바로 지극히 불리한 것으로 입증되는 애매함 때문에 부담스럽다. 우리가 이 책의 본문에서 지나가는 김에 이미 언급한, 이 애매함을 여기에서 명확하게 총괄하는 것은 무익하지 않을 것이다. 나타남에 대한 논의는 우선적으로 표상하는 작용에 관계한다. 따라서 한편으로는 지각의 작용에, 다른 한편으로는 현전화 ─ 예를 들어 기억, 상상의 표상 또는 통상의 의미에서 지각과 짜여 엮인 상의 표상 ─ 의 작용에 관계한다. 이때 나타남은 다음과 같은 것을 뜻한다.

1) 직관의 구체적 체험 ─ 즉 어떤 대상을 직관적으로 현재에 가짐(Haben)이나 현전화해 가짐 ─ 따라서 예를 들어 우리 앞에 있는 전등을 지각할 경우 구체적 체험. 이 경우 그 대상을 존재하는 것으로 간주하든 간주하지 않든, 작용의 질적 성격이 아무런 역할도 하지 않는 한 우리는 그 성격을 완전히 무시할 수 있으며, 이때 나타남은 앞에서 한 연구[11]에서 '재현(Repräsentation)'으로 정의했던 것과 일치한다.

2) 직관된(나타나는) 대상, 게다가 '여기 지금(hic et nunc)' 나타나는

---

11 이 책 26항 참조.

외적 지각과 내적 지각, 물리적 현상과 심리적 현상

것으로서 대상. 예를 들어 그것이 방금 수행된 이러한 지각으로 간주되는 이 전등.

3) 그러나 혼란스러운 방식이지만 구체적인 나타남의 작용이나 직관이 작용이라는 첫 번째 의미에서 나타남의 내실적 존립요소 부분도 그 자체로 다시 '나타남'으로 부른다. 이러한 의미에서 나타남으로 부르는 것은 무엇보다 직접 제시하는 감각, 따라서 색깔, 형태 등에 대해 체험된 계기다. 이것은 이에 상응하며, 이 계기를 '해석하는' 작용 속에 나타나는 ── 색깔이나 형태를 띤 ── 대상의 속성과 구별되지 않는다. 우리가 여러 번 강조한 것은 이 두 가지를 구별하는 것이 중요하다는 점, 색깔의 감각과 나타나는 물체의 색채, 형태의 감각과 물체의 형태 등을 혼동하는 것이 허용되지 않는다는 점이다.

물론 무비판적인 인식론은 이러한 구별을 무시한다. 쇼펜하우어가 '세계는 나의 표상(meine Vorstellung)이다.'라고 단언하는 것을 거부하려는 사람도 마치 '나타나는 사물은 감각내용의 복합이다.'라고 통상 주장하고는 한다. 기껏해야 '나타나는 사물 그 자체, 단순한 감각의 사물은 우리가 의식의 내용에 속하는 것으로 간주하는 감각으로서, 이와 유사한 소재에서 구성되었다.'라고 주장할 수 있을 뿐이다. 그러나 이것이 '나타나는 사물의 속성은 그 자체로 감각(Empfindung)이 아니라 단지 감각에 유사한 것으로 나타날 뿐이다.'라는 사실에 전혀 영향을 끼치지 않는다. 왜냐하면 나타나는 사물의 속성은 감각과 같이 의식 속에 현존하는 것이 아니라, 오히려 나타나는 속성으로서 의식 속에 단순히 제시되어 초월적으로 사념〔추측〕되기 때문이다. 그에 따라 지각된 외적 사물도 감각의 복합이 아니라 오히려 나타남의 대상, 즉 속성의 복합으로서 나타나는 대상이며, 그 속성의 유(類)는 감각의 경우에 존립하는 유와 독특한 의미에서 유사한 것이다.

지금 말한 것을 다소 다르게 다음과 같이 설명할 수 있을 것이다.

즉 우리는 '실질적으로 이러저러하게 규정된 의식의 통일에 속하는 어떤 유'를 감각이라는 명칭으로 포괄한다. 그런데 어떤 의식의 통일에서 유사한 유에 속하는 실재적 속성이 의식의 통일에 외적인 초월적 속성으로 나타난다면, 이때 그 속성을 그것과 관련된 유에 따라 〔색깔이나 형태로〕 명명할 수 있지만, 그 속성은 더 이상 감각이 아니다. 여기에서 강조하는 '외적인 것'을 물론 공간적으로 이해하면 안 된다. 현상으로 외적인 사물의 존재(Existenz)나 비존재(Nichtexistenz)에 관한 문제가 어떻게 결정되더라도, '그때그때 지각된 사물의 실재성이 지각하는 의식 속에 지각된 감각복합의 실재성으로 이해될 수 없다.'는 사실은 확실하다. 왜냐하면 '지각의 사물, 표면상 감각복합은 개개 속성의 계기에 따라, 전체로서 같이 관련된 지각 속에 사실적으로 체험된 감각복합 — 이 감각복합의 객관적 통각은 우선 첫째로 지각의 의미를, 따라서 나타나는 사물을 지향적으로 구성한다 — 과는 서로 다르고, 모든 상황에서 서로 다르다.'는 사실은 명백하며, 모든 예에서 현상학적 분석을 통해 확증될 수 있기 때문이다.

'나타남'의 근원적 개념은 위에서 두 번째 자리에서 밝힌 개념, 따라서 나타나는 것이나 가능한 방식으로 나타나는 것, 직관적인 것 그 자체의 개념이라 말할 수도 있다. 또한 외적 직관작용 — 이때 이 작용의 대상은 그것의 측면에서 외적 나타남이라 부른다 — 의 체험을 포함한 모든 종류의 체험은 반성적인 내적 직관의 대상이 될 수 있다는 점을 고려하면, 자아의 체험의 통일 속에 있는 모든 체험을 '현상(Phänomen)'이라 부른다. 따라서 현상학은 체험 일반에 관한 학설을 뜻하며, 여기에는 체험 속에 명증적으로 제시될 수 있는, 내실적(reell)으로 주어진 것뿐만 아니라 지향적(intentional)[12]으로 주어진 것 모두가 포함된다.

---

12 (옮긴이 주) '내실적'은 감각적 질료와 의식(자아)의 관계로 의식작용에 본질적으로 내

외적 지각과 내적 지각. 물리적 현상과 심리적 현상

이때 순수현상학은 '순수현상', 즉 '순수의식', '순수자아'의 '순수현상'에 대한 본질학(Wesenslehre)이다. 즉 순수현상학은 초월적 통각을 통해 주어진 물리적이거나 동물적[심리적]인 자연, 따라서 심리물리적 자연의 토대 위에 수립되는 것이 아니며, 의식에 초월적인 대상과 관련되는 어떠한 경험의 정립이나 판단의 정립도 수행하지 않는다. 그래서 순수현상학은 물리적이거나 심리적인 자연의 실제성(Naturwirklichkeit)에 관한 어떠한 진리도 ── 따라서 역사적 의미에서 어떠한 심리학적 진리도 ── 전혀 확인하지 않으며, 어떠한 진리도 전제나 보조적 정리로 받아들이지 않는다. 오히려 순수현상학은 순수하게 내재적인 충전적 직관에 주어진 것을 넘어서서 ── 따라서 순수한 체험의 흐름을 넘어서서 ──사념하는 모든 통각과 판단의 정립을 그 자신이 자체 속에 그 자체로 존재하는 체험으로 순수하게 받아들이며, 순수한 내재적, 순수한 '기술적' 본질을 탐구한다. 게다가 순수현상학의 이 본질탐구는 여전히 두 번째 의미에서, 즉 '이념화작용(Ideation)'의 의미에서 순수한 본질탐구이며, 진정한 의미에서 아프리오리한 탐구다.

순수현상학을 이렇게 이해하면, 이 저술의 모든 연구는 ── 이 연구가 존재론적 논제(These)를 갖지 않는 한, 따라서 제3연구와 제6연구에서 가능한 의식의 대상에 대해 아프리오리하게 확인하려 노력하지 않는 한 ── 순수현상학적 연구다. 우리는 [순수현상학이 연구하는 것은] '객관적' 자연의 심리학적 사실이나 법칙이 아니라, 순수한 '사유작용(cogito)'의 어떤 형태에 속하는 순수한 가능성과 필연성이라고 이야기했다. 즉 이 가능성과 필연성의 내실적 내용과 지향적 내용에 대해, 또는 이념적으로 가능한 하나의 의식 연관 일반 속에 그와 같은 다른 형태와 더불어 그것의 '아프리오리하게' 가능한 연관에 대해 이야기했다.

──────────

재하는 것으로, 의식과 실재적 대상 사이의 '지향적' 관계와 대립된 뜻으로 사용된다.

'나타남'이라는 용어가 다의적이듯, 그 결과 '지각'이라는 용어도 다의적이며, 나아가 지각과의 연관 속에서 사용되는 다른 모든 용어도 다의적이다. 이 다의성이 혼동의 오류로 지각의 이론을 관철시킨다. '지각된 것'은 예를 들어, 지각 속에 '나타나는' 것, 따라서 지각의 대상(집)을 뜻하며, 또한 지각 속에 체험된 감각내용, 즉 직접 제시되는 내용의 총체 — 이것은 그 복합 속에서 '집'으로, 개별적으로는 이 집의 속성으로 '파악된다' — 를 뜻한다.

6 그래서 인식론적으로 무의미한 내적 지각과 외적 지각의 대립과 인식론적으로 근본적인 충전적 지각과 비충전적 지각의 대립을 혼동함

이 다의성이 얼마나 착각을 일으키는지는 명증성의 성격에 따라, 또 현상의 그룹을 구분해 내적 지각과 외적 지각을 구별한 브렌타노의 이론이 곧바로 밝혀 준다. 그는 다음과 같이 말한다.

외적 지각은 명증적이지 않으며, 심지어 착각을 일으킨다. 이러한 사실은, 우리가 외적 지각이 지각하는 '물리적 현상'으로 물리적 사물 등의 속성과 변화 등을 이해하면 확실하다. 그런데 브렌타노가 '지각된 것'이라는 말의 본래적이며 유일하게 허용할 수 있는 이러한 의미를 외적 대상 대신 지각에 내실적으로 속한, 직접 제시하는 내용에 관련된 비본래적인 의미로 대체함으로써, 그리고 이러한 점에서 일관되게 본래적 의미의 외적 대상뿐만 아니라 비본래적 의미의 이러한 내용도 '물리적 현상'이라 부름으로써, 이 후자〔내실적 내용〕도 외적 지각이 착각을 일으키는 점과 관련된 것으로 나타난다.

나는 여기에서 어쨌든 〔외적 대상과 내실적 내용이〕 엄밀하게 구별될 필요가 있다고 믿고 싶다. 어떤 외적 대상(집)이 지각되면, 이러한 지각

외적 지각과 내적 지각. 물리적 현상과 심리적 현상

속에 직접 제시하는 감각은 체험되지만, 지각되지는 않는다. 우리가 집의 실존에 관해 착각하기 때문에 ― 우리가 집의 실존에 관해 전혀 판단하지 않거나 이러한 지각 속에 집의 실존에 관한 내용을 지각하지 않기 때문에 ― 바로 그래서 우리는 체험된 감성적 내용의 실존에 관해서는 착각하지 않는다. 우리가 이후 이 내용에 주의를 기울이고 ― 즉 일정한 한계 안에서 이것을 할 수 있는 우리의 능력을 아무도 부정할 수 없다 ― 그 내용을 통해 방금 전에 또 습관적으로 사념한 것〔외적 대상〕을 도외시하며 이 내용을 그것이 존재하는 그대로 단순히 받아들이면〔지각하면〕, 이때 우리는 물론 그 내용을 지각하지만 이 내용을 통해 외적 대상을 지각하지는 않는다. 명백히 이 새로운 지각은 어떤 '내적' 지각과 정확하게 동일한 확실성과 명증성을 주장한다. 내재적으로 존재하며 그것이 있는 그대로 사념된 것임을 의심하는 것은 명증적으로 이성적이 아닐 것이다. 나는 '어떤 외적 대상이 존재하는지', '따라서 그와 같은 대상에 관련된 어떤 지각이 올바른지' 의심할 수 있다. 그러나 그때그때 체험된 지각의 감성적 내용을 의심할 수는 없다. 당연히 내가 그 내용을 '반성하고', 그 내용을 그것이 존재하는 것으로〔그 본질로〕 단순히 직관할 경우에는 언제나 그러하다. 따라서 '심리적' 내용의 명증적 지각이 존재하는 것과 정확하게 똑같이 '물리적' 내용의 명증적 지각도 존재한다.

그런데 '감성적 내용은 항상 또 필연적으로 대상적으로 파악된다.', '감성적 내용은 항상 외적 직관을 지닌 것이고, 외적 직관의 내용으로서 감성적 내용에 주목함으로써만 감성적 내용에 주의를 기울일 수 있다.'라고 반론을 제기하려 한다면, 우리는 이에 관해 논쟁할 필요가 전혀 없다. 이것이 상태를 조금도 변화시키지 않을 것이기 때문이다. 이러한 내용이 현존한다는 명증성은 그것에 주의를 기울이기 이전과 마찬가지로 이후에도 반론의 여지가 없을 것이며, 그 작용의 의미에서 '심리적 현상'의 명증성도 반론의 여지가 없을 것이다. 심리적 현상 전체가 존재한다는 명증성은 그것의 모든 부분이 존재한다는 명증성을 함축하지만, 부분을 지각하는 것은 현상 전체의 명증성이 결코 아닌 새로운 명증성을 지닌 새로운 지각이다.

'물리적 현상'이라는 개념이 지닌 것과 유사한 이중의 의미는, 그 개념을 일관되게 포착할 경우 심리적 현상의 개념 속에서도 반드시 발견된다. 그러나 브렌타노의 경우에는 그렇지 않다. 그는 심리적 현상으로 오직 '실제로 현존하는 작용의 체험'을, 내적 지각으로 '이러한 체험을 그것이 현존하는 그대로 단순하게 받아들이는 지각'으로 이해한다. 하지만 브렌타노는 '그가 내적 지각이라는 명칭으로 단지 심리적 현상의 한 부류의 지각만 생각해 두었다.'는 사실, '그런데 모든 지각을 외적 지각과 내적 지각의 두 그룹으로 분류하는 것을 전혀 문제 삼을 수 없다.'는 사실을 간과했다. 그는 '그가 자신의 내적 지각에 부여한 명증성의 특권은 어떻게 자신이 본질적으로 왜곡시키는 지각의 개념을 내적 지각에 관해 적용되는 상태와 연관시키는지, 또 내적으로 지각된 '현상'의 특수성과 연관시키지 않는지'도 간과했다. 만약 그가 '물리적' 현상의 경우에도 그 대상을 충전적으로 간취하는, 그와 같은 대상적 파악(Auffassung)과 포착(Erfassung)만을 처음부터 본래적 지각으로 이해했다면, 그래서 그가 외적 지각에 부여한 감성적 체험의 지각을 마찬가지로 명증성을 통해 부각시켰다면, 그 자신의 의미에서 내적 지각에 대해 '그 지각은 그 말의 본래 의미에서 본래 유일한 지각이다.'[13]라고 말할 수 없었을 것이다.

'내적 지각'과 '외적 지각', '명증적 지각'과 '명증적이지 않은 지각'이라는 개념의 쌍은 일반적으로 확실히 일치될 수 없다. 첫 번째 개념의 쌍은 우리가 언제든 구분할 수 있는 물리적인 것과 심리적인 것이라

---

13 브렌타노, 『심리학』 1권, 119쪽.

외적 지각과 내적 지각. 물리적 현상과 심리적 현상

는 개념을 통해 규정되며, 두 번째 개념의 쌍은 제6연구에서 배웠던 인식론적으로 근본적인 대립을 뚜렷하게 나타낸다. 즉 〔한편으로는〕 그 지각하는 지향이 오직 그 지각에 실제로 직접 제시하는 내용으로 향해 있는 충전적 지각 — 또는 가장 좁은 의미에서 직관 — 과, 〔다른 한편으로는〕 그 지향이 직접 제시된 내용 속에 자신의 충족시킴을 발견하지 않고 오히려 그 내용을 관통해 〔의식에〕 초월적인 것이 생생하게 주어짐을 언제나 일면적이고 추정적인 주어짐으로 구성하는 비충전적 지각과의 대립이다. 충전적 지각의 경우, 감각된 내용은 동시에 지각의 대상이다. 그 내용은 〔그 내용 이외에〕 다른 아무것도 의미하지 않으며, 그 자체만으로 성립한다. 비충전적 지각의 경우 내용과 대상은 서로 분리된다. 내용을 재현하는 것은 그 내용 자체 속에 놓여 있는 것이 아니지만 그 내용 속에 '제시되고', 따라서 우리가 직접 직관할 수 있는 것에 의거할 경우 가령 물체의 색깔이 감각의 색깔과 유사한 것과 마찬가지로 어떤 의미에서 그 내용과 유사한 것이다.

이러한 구분에는 내적 지각과 외적 지각 사이에서 추구된 인식론적 차이의 본질이 놓여 있다. 이 차이는 이미 데카르트가 〔방법적으로〕 회의한 고찰 속에서 결정적인 것이다. 단지 음영 지어질 뿐인 비충전적 지각의 진리에 대해 나는 의심할 수 있다. 지향된 대상, 달리 말하면, 지향적 대상은 나타나는 작용에 내재적이지 않다. 즉 지향이 현존하지만 그 지향을 궁극적으로 충족시키게 규정된 대상 그 자체는 지향과 하나가 되어 현존하지 않는다. 그렇다면 대상이 존재한다는 것이 어떻게 나에게 명증적일 수 있는가?

다른 한편, 나는 순수하게 내재적인 충전적 지각을 의심할 수 없다. 바로 그 지각 속에는 마침내 충족시킴에 도달해야만 할 지향의 잔여가 전혀 남아 있지 않기 때문이다. 모든 지향, 그 모든 계기에 따라서 그 지향은 충족된다. 이것을 달리 표현하면, 객체는 지각 속에서 단순히 현존하는 것으로 사념되지 않고, 오히려 동시에 지각 속에서 그것이 사념된 것과 정확하게 똑같이 스스로 또 실제로 주어진다. '직관된 객체 그 자체가 참으로 또 실제로 그 지각에 내재한다.'는 것이 충전적 지각의 본질에 속한다는 점을 달리 표현하면, '자기 자신의 실제적 체험의 지각만 의심할 여지없는, 명증적인 것이다.'

그런데 그와 같은 모든 지각이 명증적인 것은 아니다. 그래서 치통에 대한 지각 속에 실제적 체험이 지각되지만, 그럼에도 그 지각은 종종 착각을 일으키는 지각이다. 통증이 건강한 치아에서도 후벼 파헤치는 것으로 나타나기 때문이다. 착각을 일으킬 가능성은 분명하다. 지각된 대상은 그것이 체험하는 것과 같은 통증이 아니라 초월적으로 해석된, 게다가 치아와 연계해 해석된 것과 같은 통증이다. 그러나 충전적 지각에는 '그것이 지각된 것과 같이 ─ 지각이 그것을 사념하고 파악하는 것과 같이 ─ 지각된 것이 그 충전적 지각 속에 체험된다.'는 사실이 포함된다. 물론 이러한 의미에서 우리는 단지 우리 자신의 체험뿐 아니라 ─ 우리가 통각하면서 그 체험을 넘어가는 대신 그 체험을 순수하게 받아들이는 한 ─ 그 체험에 대해서도 명증적인 지각을 갖는다.

7 그 논쟁은 결코 단어상의 논쟁이 아니다

그러나 '체험이 어쨌든 심리적 현상과 아주 동일한 것이며, 따라서 논쟁은 무엇을 위한 것인가?' 하는 반론이 제기될 수 있을 것이다. 이에 대해 나는 다음과 같이 답변한다. 즉 심리적 현상으로 우리 의식의 실재적 존립요소 부분, 그때그때 현존하는 체험 자체를 이해한다면, 더 나아가 심리적 현상의 지각이나 내적 지각으로 그 지향에 관련된 체험 속에 내재적으로 충족되는 충전적 지각을 이해한다면 이때 내적 지각의 범위

외적 지각과 내적 지각. 물리적 현상과 심리적 현상

는 물론 충전적 지각의 범위와 일치한다. 그렇지만 다음과 같은 점에 주의를 기울이는 것이 중요하다.

1) 이러한 의미에서, 심리적 현상은 브렌타노가 주장한 의미에서 심리적 현상과 동일하지 않으며, 데카르트의 '사유작용(cogitationes)'이나 로크의 '마음(mind)의 작용(acts) 또는 기능(operations)'과도 동일하지 않다. 왜냐하면 체험 일반의 영역에는 감각내용, 즉 감각도 포함되기 때문이다.

2) 이때 내적이 아닌 지각 —— 보충하는 부류 —— 은 통상 말의 의미에서 외적 지각과 일치하지 않고, 훨씬 더 광범위한 초월적인 비충전적 지각과 일치한다. 감성적 내용, 즉 감각복합이나 감각내용의 경과가 현존하는 사물, 집합, 사물의 여러 항(項)의 결합이나 사물의 변화, 외적 사건 등으로 파악되면, 보통의 의미에서 외적 지각 앞에 놓여 있다. 그러나 감성적이 아닌 내용(Inhalt)도 초월적 지각의 재현하는 내용(Gehalt)에 속할 수 있으며, 특히 감각내용과 결합해 속할 수 있다. 그렇다면 지각된 심리적 규정성을 지닌 외적 대상 —— 자기 자신의 신체성을 '인간'으로 파악하는 경우와 다른 사람의 신체성을 '인간'으로 파악하는 경우가 서로 다르듯이 —— 이나 심리물리적 통각에서 마찬가지이듯 내적 대상, 즉 그 대상에서 지각된 물리적 규정성을 지닌 주관적 체험도 아주 똑같이 지각된 대상으로 현존할 수 있다.

3) 동물적[심리적][14] 영혼 삶에 대한 객관적 학문인 심리학 안에서, 심리적 현상의 지각이나 내적 지각으로 지각하는 사람이 그 자신의 체험을 —— 이러한 인간 자신의 체험으로 파악하는 —— 그 자신의 체험에 대한 지각으로 이해한다면, 모든 내적 지각은 외적 지각 못지않게 초월

---

14 (옮긴이 주) 이 말 'animalisch'의 어원은 라틴어 'anima'(공기, 호흡, 마음, 심리적인 것 등)을 뜻한다. 그런데 후설은 이 말로 동물의 일반적 속성보다 인간을 포함한 고등동물의 심리나 영혼을 표현한다.

적으로 통각하는 지각이다. 이때 내적 지각 가운데는 ── 어떤 추상을 함으로써 ── 내적 지각에 관련된 자기 자신의 체험을 그 순수한 자기다움(Selbstheit)에서 받아들이는 한, 충전적 지각으로 간주될 수 있는 내적 지각도 존재한다. 그러나 그러한 종류의 '충전적인' 내적 지각도 그 지각 속에서 파악된 체험을 지각하는 심리물리적 인간-자아의 체험으로 ── 따라서 주어진 객관적 세계에 속하는 것으로도 ── 통각하는 한, 이러한 점에서 그 내적 지각에는 본질적으로 비충전성이 부착되어 있다. 다른 한편, 내적 지각의 경우 외적 지각의 경우와 아주 똑같이, '지각된 대상이 지각하는 가운데 그 대상에 부여하는 의미 속에 실존하지 않는 경우'가 존재한다. 심리학에서도 기본적 구별인 충전적 지각과 비충전적 지각의 구별은 ── 이 경우 심리학적 충전성은 앞에서 지적한 추상으로 이해될 수 있다 ── 내적 지각과 외적 지각의 구별과 서로 교차하며, 이 경우 내적 지각의 영역에도 침투된다.

8 근본적으로 서로 다른 두 가지 '현상'의 구분을 혼동함. '물리적' 내용은 '단순한 현상'이 아니라 '실제로' 존재하는 것이다

어느 때는 나타나는 대상과 속성을, 어느 때는 나타나는 작용을 구성하는 체험을 특히 감각의 의미에서 내용을, 그리고 결국에는 모든 체험 일반을 '현상'으로 부르게 허용하는 '현상'이라는 말의 애매함은 '현상'이라는 본질적으로 서로 다른 두 종류의 심리학적 구분을 혼동하는 적지 않은 유혹이 설명해 준다.

1) 체험의 구분. 예를 들어 체험을 작용과 비작용(Nichtakt)으로 구분하는 것. 이와 같은 구분은 물론 실로 모든 체험 ── 심리학에서는 물론 동물적[심리적] 자연의 존재자 체험으로서 초월적으로 통각된다 ── 을

다루는 심리학의 영역에 완전히 포함된다.

2) 현상적 대상의 구분. 예를 들어 어떤 사람의 의식에 속하는 것으로 나타나는 대상과 그렇지 않은 대상으로 구분하는 것. 달리 말하면, 심리적 대상과 물리적 대상 — 내용, 속성, 관계 등 — 으로 구분하는 것.

브렌타노의 경우에는 이 두 구분이 사실상 뒤섞여 진행된다. 그는 물리적 현상과 심리적 현상을 단순히 대립시키고, 이것을 작용과 비작용의 체험으로 구분하는 것으로 명백하게 정의한다. 그러나 그는 '물리적 현상'이라는 명칭으로 감각된 내용[15]과 나타나는 외적 대상 또는 그 대상의 현상적 성질을 곧바로 혼동한 결과, 그 구분은 동시에 현상적 객체를 — 통상의 말의 의미나 이와 유사한 말의 의미에 따라 — 물리적 객체와 심리적 객체로 구분하는 것이 되었다. 이 경우 후자의 구분은 심지어 명칭을 제공하기도 한다.

브렌타노는 심리적 현상은 '지향적으로 존재하는 이외에도 실제로 존재하는' 반면, 물리적 현상은 '단지 현상적이고 지향적으로만' 존재한다며 두 부류의 현상을 구분하는 데 잘못 사용한 〔브렌타노의〕 규정은 이러한 혼동과 밀접하게 연관된다.[16] 물리적 현상으로 현상적 사물을 이해하면 적어도 그 현상이 존재할 필요가 없다는 점은 확실하다.

---

15 브렌타노는 감각(Empfindung)을 감각하는(Empfinden) **작용**(Akt)으로 이해하고 감각된 내용을 이것에 대립시킨다. 앞에서 상론한 것에 따라, 우리의 논의 방식에도 그와 같은 차이가 있다. 우리가 '감각하는 작용'이라 부르는 것은 '어떤 감각내용과 계속해서 작용이 아닌 것(Nichtakt) 일반이 체험의 복합 속에 직접 제시된다.'는 단순한 사실이다. 나타나는 작용(Erscheinen)과 관계하거나 대항하는 가운데 그와 같은 감각내용의 통각적 기능, 즉 감각내용이 '관련된 나타나는 작용이 지각작용이나 상상작용으로 수행되는 파악을 지닌 것으로 기능하는 것을 나타내기 위해 감각하는 작용에 대한 논의가 기껏해야 우리에게 도움을 줄 수도 있을 것이다.

16 브렌타노, 같은 책, 7항, 120쪽. 그가 든 예에서 이것은 '인식·기쁨·욕구는 실제로 존재하며, 색깔·음·따뜻함은 단지 현상적이고 지향적으로만 존재한다.'를 뜻한다. 같은 책 104쪽에는 물리적 현상에 대한 예로 다음과 같이 든다. '내가 **보는** 도형, **풍경**이 있고 …… 내가 **감각하는** 따뜻함, 추위, 냄새가 있다.'

생산적 상상의 산물, 회화·조소·시 등 예술적 표현 대부분의 객체, 환각이나 환상의 객체는 단지 현상적이고 지향적으로만 실존한다. 즉 그 객체들은 본래 말하면 결코 존재하지 않으며, 단지 관련된 나타남의 작용만 그 내실적 내용이나 지향적 내용과 더불어 존재한다. 그런데 감각된 내용이라는 의미에서, 물리적 현상에서는 사정이 완전히 다르다. 뵈클린[17]의 회화 「축복의 낙원」을 보는 경우, 우리가 끊임없이 교체되는 가운데 갖고, 상으로 만드는 작용의 성격을 통해 생기를 불어넣으며, 상의 객체에 대한 의식으로 형성된 감각된(체험된) 색깔 내용, 형태 내용 등은 이러한 의식의 내실적 존립요소 부분이다. 이 경우 이것들은 결코 단순히 현상적으로, 또 지향적으로 — 단순히 추정적으로 나타나는 내용으로서 — 존재하는 것이 아니라 실제로 존재한다. 물론 '실제로(wirklich)'는 '의식하는 것 이외에(auβerbewuβtseiend)'와 같은 것이 아니라 '단순히 추측적이지 않은(nicht bloβ vermeintlich)'과 같은 것을 뜻한다는 점을 간과하면 안 될 것이다.

---

17 (옮긴이 주) 뵈클린(A. Böcklin, 1827~1901)은 스위스 바젤에서 태어나 독일 뒤셀도르프 아카데미에서 미술을 배웠고 유럽 여러 곳에서 활동했다. 초기에는 고대 영웅과 반인반수의 괴물, 님프 같은 신화의 상징물을 그렸으나, 1850년대 중반 이후 과거와 현재, 신화와 실제가 혼합된 암시적 상징을 인물로 표현했으며, 점차 죽음에 대한 다양한 모습을 천착해 갔다. 그의 작품은 에른스트(M. Ernst), 달리(S. Dali) 등 초현실주의 화가뿐만 아니라 말러(G. Mahler), 라흐마니노프(S. Rachmaninoff) 등의 음악가에게도 깊은 영향을 주었다.

　　　　　　　　　　　　外的 지각과 내적 지각. 물리적 현상과 심리적 현상

옮긴이의 말

한국현상학회는 1978년 창립되어 저명한 원로 교수님들과 의욕적인 젊은 학자들을 중심으로 알찬 논문과 학회지를 꾸준히 발표해 왔다. 그 결과 이제 현상학에 대한 관심은 다양한 학문으로 크게 확산되어 철학과 인문 사회과학뿐 아니라 예술, 체육, 간호, 상담심리, 심지어 질적(質的) 연구 방법 분야에서도 각광받고 있다. 그렇지만 정작 가장 기본적인 물음, 즉 '현상학은 무엇인가?'라는 물음 앞에 서면 어디서부터 어떻게 말해야 할지 누구도 당혹스럽지 않을 수 없다. 왜 그러한가?

우선 현상학의 창시자인 후설에 충실하게 선험적 주관성을 해명하는 선험적 현상학(철학)과, 선험적 자아를 추상적이라고 거부하고 본질 직관만 받아들이는 다른 현상학자들의 세속적 현상학(방법론)을 명확하게 구별하지 않기 때문이다. 이러한 연관 속에 한국현상학회에서 점차 한국하이데거학회, 한국해석학회, 한국프랑스철학회 등이 독립해 나갔다. 이들 학회에서 동시에 활동하는 학자들이 지금도 많지만, 이들과 다른 한국현상학회의 정체성은 과연 무엇인지 짙은 의구심이 든다.

더구나 한국현상학회에는 후설현상학을 단절된 도식의 틀 속에 기계적으로 이해하는 근거 없는 편견과 오해가 오랫동안 지배해 왔다. 예를 들어 의식의 본질을 지향적으로 기술하는 단계(기술적 현상학)에서 출발해 현상학적 방법을 통해 선험적 주관성을 추구하는 단계(선험적 현상학)를 거쳐 구체적 경험으로 주어지는 생활세계(Lebenswelt)를 해명한 단계(생활세계 현상학)로 발전해 갔다는 견해나, 의식과 대상의 상관관계에 대한 정적(靜的) 분석에서 벗어나 시간을 통한 발생적(發生的) 분석으로 넘어갔다는 주장이다.

후설이 마지막 저술 『위기』(1936)에서 생활세계의 본질과 존재론을 분석한 것은, 『위기』의 3부 A. 제목('미리 주어진 생활세계에서 되돌아가 물음으로써 현상학적 선험철학에 이르는 길')에서도 명백하게 드러나듯이, 선험철학에 이르는 하나의 길일 뿐이다. 그런데도 '생활세계가 후설현상학에서 통과점인가 도달점인가' 하는 외국학자의 뜬금없는 논의를 탁월한 견해인 것처럼 버젓이 소개하기도 한다. 생활세계는 객관적 자연과학이 망각한 그 의미의 기반으로 『엄밀한 학문』(1911)에서 공허한 단어분석을 버리고 '사태 그 자체로!'(zur Sachen selbst!) 되돌아가라고 역설한 바로 그 직관적 경험의 세계를 구체화한 것이다.

또한 후설은 1904~1905년 강의 『시간의식』에서 시간적으로 발생하는 모든 의식체험의 지향적 지평구조와 침전된 역사성을 해명할 기초를 확보했다. 만약 그의 현상학이 정적 분석에서 벗어나 발생적 분석으로 발전해 갔다면, 발생적 분석이 등장한 후에는 정적 분석은 당연히 사라져야 한다. 그런데 『데카르트적 성찰』(1931)이나 『위기』에서 정말 그러한가? '정적 현상학의 이념'과 '발생적 현상학의 이념'이 다르다면, 그 각각은 구체적으로 무엇이고 또 서로 어떤 관계인가?

더구나 『논리 연구』 제1권을 주관적 심리학주의를 비판한 객관주의로, 제2권을 의식체험의 본질구조를 밝힌 주관주의로 이해한 '주관 대

옮긴이의 말

(對) 객관'의 이원론은 의식이 항상 '……에 관한 의식'이라는 '지향성'만 제대로 파악해도 말끔하게 해소된다. 물론 『이념들』 제1권의 선험적 자아(이성) 대 제2권의 자연적 경험(감성)'이라는 대립 역시 이 둘이 의식의 끊임없는 흐름 속의 하나이며, 주관적 속견(Doxa)은 객관적 인식(Episteme)에 대립된 낮은 단계가 아니라 객관적 인식에 의미의 원천이자 타당성의 토대라는 점에서 분명하게 극복된다.

1898년 완성된 초고 『논리 연구』 제1권(1900)과 제2권(1901)이 동시에 출간되었다면, 1912년 작성한 자료 『이념들』 제1권(1913)과 제2권(1952)이 동시에 출간되었다면, 아니 제2권이 제1권이 발표된 후 40년이나 지나 출간되지 않았다면, 『시간의식』(1928)이 하이데거의 『존재와 시간』(1927)에 파묻히기 전에 적어도 자신의 제자이자 연구조교였던 슈타인과 최종적으로 검토했던 1917년에라도 발표되었다면 이와 같은 공허한 논의와 소모적 논쟁은 결코 일어나지 않았을 것이다.

나는 이러한 시각을 몇 차례 한국현상학회에서 제기했으나, 지지하거나 반박하는 반응이 전혀 없었다. 그래서 이 문제를 다양한 계층의 학자들과 학문의 후속세대와 논의하기 위해 2017년 『후설현상학으로 돌아가기』를 발표했다. 그럼에도 무엇인가 빠져 매우 공허한 기분이 들었다. 후설현상학이 발전해 나간 모습과 올바른 이해의 길을 제시하면서 그 근거로 후설의 저서 가운데 14권을 선별해 그 논지를 발췌했는데, 『논리 연구』 제1권과 제2권만 번역되지 않았기 때문이다.

그래서 이제까지 준비해 왔던 자료를 완전히 도외시하고 전면적으로 새롭게 번역하기로 했다. 여러 가지 상황 때문에 무척 망설였으나 다른 길이 전혀 없었다. 그러나 번역하는 중에도 지식이 편협하기 때문에 이해하기 어려운 다양한 분야의 논제나 개념이 자세한 설명 없이 자주 등장하기 때문에 매우 힘들었다. 이런 부분은 문자 그대로 직역해 두고 후일을 기약할 수밖에 없다. 아무튼 결정적 오역이나 실수가 없기 바라지만, 오류를 확인하는 대로 계속 고쳐 나갈 것이라는 다짐으로 위안을 삼는다.

끝으로 후설현상학뿐만 아니라 살아가는 데 많은 가르침을 주신 여러 은사님께 깊이 감사드린다. 이 책을 출판할 수 있게 적극 힘써 주신 민음사 박근섭, 박상준 두 대표님과 편집부 남선영 씨에게도 고마운 마음을 전한다. 물론 학문적 능력이 부족한데도 이제껏 공부할 수 있게끔 도와준 아내 조정희와, 그동안 무척 힘든 시절을 굳게 견디어 준 두 아들 윤상이와 윤건이도 잊을 수 없다.

2018년 10월

이종훈

옮긴이의 말

후설 연보

성장기와 재학 시절(1859~1887)

1859년   4월 8일, 오스트리아 프로스니츠(현재 체코 프로스초프)에서
             양품점을 경영하는 유대인 부모의 3남 1녀 중 둘째로 출생.

1876년   프로스니츠초등학교와 빈실업고등학교를 거쳐 올뮤츠고등학
             교 졸업.

1876~78년   라이프치히대학교에서 3학기(수학, 물리학, 천문학, 철학)를
             수강.

1878~81년   베를린대학교에서 카를 바이어슈트라스(K. Weierstraß) 교수
             와 레오폴트 크로네커(L. Kronecker) 교수에게 수학을, 프리드
             리히 파울센(F. Paulsen) 교수에게 철학을 6학기 수강.

1883년   변수계산에 관한 논문으로 박사학위를 받은 후 바이어슈트라
             스 교수의 조교로 근무.

1883~84년   1년간 군복무를 지원.

1884년   4월, 부친 사망.

1884~86년   빈대학교에서 브렌타노(F. Brentano) 교수의 강의에 깊은 영
             향을 받기 시작.

1886년	4월, 빈 교회에서 복음파 세례를 받음.
1886~87년	할레대학교에서 카를 슈툼프(C. Stumpf) 교수의 강의를 들음.
1887년	8월 6일, 말비네(Malvine Steinschneider)와 결혼.
	10월, 교수 자격논문 「수 개념에 관하여」가 통과됨. 할레대학교 강사로 취임.

할레대학교 시절(1887~1901)

1891년	4월, 『산술철학』 1권을 출간.
1892년	7월, 딸 엘리자베트(Elisabeth) 출생.
1893년	프레게가 『산술의 근본 법칙』에서 『산술철학』을 비판. 12월, 장남 게르하르트(Gerhart) 출생.(게르하르트는 법철학자로 1972년 사망.)
1895년	10월, 차남 볼프강(Wolfgang) 출생.(볼프강은 1916년 3월 프랑스 베르됭에서 전사.)
1896년	12월, 프러시아 국적 취득.
1897년	《체계적 철학을 위한 문헌》에 「1894년부터 1899년까지 독일에서 발표된 논리학에 관한 보고서」를 게재.(1904년까지 4회에 걸쳐 발표.)
1900년	『논리 연구』 1권(순수논리학의 서론) 출간.
1901년	4월, 『논리 연구』 2권(현상학과 인식론의 연구) 출간.

괴팅겐대학교 시절(1901~1916)

1901년	9월, 괴팅겐대학교의 원외 교수로 부임.
1904년	5월, 뮌헨대학교에 가서 테오도어 립스(Th. Lipps) 교수와 그의 제자들에게 강의.
1904~05년	「내적 시간의식의 현상학」을 강의.

후설 연보

1905년	5월, 정교수 취임이 거부됨. 8월, 스위스 제펠트에서 뮌헨 대학생 펜더(A. Pfänder), 다우베르트(J. Daubert), 라이나하(A. Reinach), 콘라트(Th. Conrad), 가이거(M. Geiger) 등과 토론회를 가짐.
1906년	6월, 정교수로 취임.
1907년	4월, 제펠트의 토론이 바탕인 일련의 5회 강의를 함.
1911년	3월,《로고스》창간호에 「엄밀한 학문으로서의 철학」을 발표.
1913년	4월,《철학과 현상학적 탐구 연보》(이하《연보》로 약칭)를 책임 편집인으로 창간하면서 『순수현상학과 현상학적 철학의 이념들』1권을 발표. 셸러(M. Scheler)도《연보》에 『윤리학의 형식주의와 실질적 가치 윤리학』1권을 발표.(2권은 1916년《연보》2집에 게재.) 10월, 『논리 연구』1권 및 2권의 개정판을 발간.
1914년	7월, 제1차 세계대전 발발.(12월, 두 아들 모두 참전.)

프라이부르크대학교 시절(1916~1928)

1916년	4월, 리케르트(H. Rickert)의 후임으로 프라이부르크대학교의 교수로 취임. 10월, 슈타인(E. Stein)이 개인 조교로 근무.(1918년 2월까지.)
1917년	7월, 모친 사망. 9월, 스위스 휴양지 베르나우에서 여름휴가 중 1904~1905년 강의 초안 등을 검토.(1918년 2~4월에 베르나우에서 보낸 휴가에서 이 작업을 계속함.)
1919년	1월, 하이데거 철학과 제1세미나 조교로 임명.
1921년	『논리 연구』2권 수정 2판을 발간.
1922년	6월, 런던대학교에서 「현상학적 방법과 현상학적 철학」을 강의.
1923년	일본 잡지《개조(改造)》에 「혁신, 그 문제와 방법」을 발표. 6월, 베를린대학교의 교수 초빙을 거절. 하이데거가 마르부르크대학교에, 가이거가 괴팅겐대학교에 부임. 란트그레베(L.

Landgrebe)가 개인 조교로 근무.(1930년 3월까지.)

1924년	일본 잡지 《개조》에 「본질 연구의 방법」과 「개인 윤리의 문제로서의 혁신」을 발표. 5월, 프라이부르크대학교의 칸트 탄생 200주년에 「칸트와 선험철학의 이념」을 강연.
1926년	4월, 생일날 하이데거가 『존재와 시간』의 교정본을 증정.
1927~28년	하이데거와 공동으로 『브리태니커 백과사전』 「현상학」 항목을 집필하기 시작.(두 번째 초고까지 계속.)
1927년	하이데거가 《연보》 8집에 『존재와 시간』을 발표.
1928년	1904~1905년 강의 수고를 《연보》 9집에 『시간의식』으로 발표. 3월, 후임에 하이데거를 추천하고 정년으로 은퇴.

은퇴 이후(1928~1938)

1928년	4월, 네덜란드 암스테르담에서 「현상학과 심리학」과 「선험적 현상학」을 강연. 8월, 핑크(E. Fink)가 개인 조교로 근무. 11월, 다음 해 1월까지 『형식논리학과 선험논리학』을 저술.
1929년	2월, 프랑스 파리의 소르본대학교에서 「선험적 현상학 입문」을 강연. 3월, 귀국길에 스트라스부르대학교에서 같은 주제로 강연. 4월, 탄생 70주년 기념 논문집 《연보》 10집에 『형식논리학과 선험논리학』을 발표.
1930년	『이념들』 1권이 영어로 번역되어 출간. 이 영역본에 대한 '후기'를 《연보》 최후판인 11집에 발표.
1931년	「파리 강연」의 프랑스어판 『데카르트적 성찰』이 출간. 6월, 칸트학회 초청으로 프랑크푸르트, 베를린, 할레대학교에서 「현상학과 인간학」을 강연.
1933년	1월, 히틀러가 집권하면서 유대인 박해 시작. 5월, 하이데거가 프라이부르크대학교의 총장에 취임.
1934년	4월, 미국 남캘리포니아대학교의 교수초빙 요청을 밀린 저술

들의 완성을 위해 거절. 8월, 프라하철학회가 「우리 시대에 철학의 사명」이라는 주제로 강연 요청.

1935년   5월, 빈 문화협회에서 「유럽 인간성의 위기에서 철학」을 강연. 11월, 프라하철학회에서 「유럽 학문의 위기와 심리학」을 강연.

1936년   1월, 독일 정부가 프라이부르크대학교의 강의 권한을 박탈하고 학계 활동을 탄압. 9월, 「프라하 강연」을 보완해 유고슬라비아 베오그라드에서 창간한 《필로소피아》에 『위기』의 1부 및 2부로 발표.

1937년   8월, 늑막염과 체력 약화 등으로 발병.

1938년   4월 27일, 50여 년에 걸친 학자로서의 외길 인생을 마침.

그 이후의 현상학 운동

1938년   8월, 벨기에 루뱅대학교에서 현상학적 환원에 관한 학위 논문을 준비하던 반 브레다(H. L. Van Breda) 신부가 자료를 구하러 프라이부르크로 후설 미망인을 방문. 10월, 루뱅대학교에서 후설아카이브 설립을 결정. 11월, 유대인 저술 말살 운동으로 폐기 처분될 위험에 처한 약 4만 5000여 장의 유고와 1만여 장의 수고 및 2700여 권의 장서가 구출되어 루뱅대학교로 이전. 후설의 옛 조교 란트그레베, 핑크 그리고 반 브레다가 유고 정리에 착수.

1939년   『위기』와 관련된 논문 「기하학의 기원」을 핑크가 벨기에 브뤼셀에서 발간한 《국제철학지》에 발표. 3월, 유고 『경험과 판단』을 란트그레베가 편집해 프라하에서 발간. 6월, 루뱅대학교에 후설아카이브가 정식으로 발족.(이 자료를 복사해 1947년 미국 버팔로대학교, 1950년 독일 프라이부르크대학교, 1951년 쾰른대학교, 1958년 프랑스 소르본대학교, 1965년 미국 뉴욕의 뉴스쿨에 후설아카이브 설립.)

1939년	파버(M. Farber)가 미국에서 '국제현상학회'를 창설. 1940년부터 《철학과 현상학적 연구》를 창간.
1943년	사르트르가 『존재와 무: 현상학적 존재론의 시도』를 발표.
1945년	메를로퐁티가 『지각의 현상학』을 발표.
1950년	후설아카이브에서 유고를 정리해 『후설전집(*Husserliana*)』을 발간.
1951년	브뤼셀에서 「국제현상학회」가 개최됨.
1958년	후설아카이브에서 『현상학 총서(*Phaenomenologica*)』를 발간.
1960년	가다머(H-G. Gadamer)가 『진리와 방법』을 발표.
1962년	미국에서 '현상학과 실존철학협회'가 창설됨.
1967년	캐나다에 '세계현상학 연구기구'가 창립. '영국현상학회'가 《영국 현상학회보》를 발간.
1969년	'독일 현상학회'가 창립되고 1975년부터 『현상학 탐구』를 발간하기 시작. 티미니에츠카(A-T. Tymieniecka)가 '후설과 현상학 국제연구협회'를 창설하고 1971년부터 《후설 연구 선집》을 발간.
1971년	미국 듀케인대학교에서 《현상학 연구》를 발간.
1978년	'한국현상학회'가 창립되고 1983년부터 《현상학 연구》를 발간.

후설의 저술

후설전집

1 『성찰(*Cartesianische Meditationen & Pariser Vorträge*)』, S. Strasser 편집, 1950;
『데카르트적 성찰』, 이종훈 옮김, 한길사, 2002, 2016(개정판).

2 『이념(*Die Idee der Phänomenologie*)』, W. Biemel 편집, 1950;『현상학의 이념』,
이영호 옮김, 서광사, 1988.

3 『이념들 1권(*Ideen zu einer reinen Phänomenologie und phänomenologischen Philosophie
I*)』, W. Biemel 편집, 1950. K. Schuhmann 새편집, 1976;『순수현상학과 현
상학적 철학의 이념들』1권, 이종훈 옮김, 한길사, 2009.

4 『이념들 2권(*Ideen zu einer reinen Phänomenologie und phänomenologischen Philosophie
II*)』, M. Biemel 편집, 1952;『순수현상학과 현상학적 철학의 이념들』2권,
이종훈 옮김, 한길사, 2009.

5 『이념들 3권(*Ideen zu einer reinen Phänomenologie und phänomenologischen Philosophie
III*)』, M. Biemel 편집, 1952;『순수현상학과 현상학적 철학의 이념들』3권,
이종훈 옮김, 한길사, 2009.

6 『위기(*Die Krisis der europäischen Wissenschaften und die transzendentale Phäno-
menologie*)』, W. Biemel 편집, 1954;『유럽 학문의 위기와 선험적 현상학』, 이

종훈 옮김, 한길사, 1997, 2016(개정판).

7 『제일철학 1권(*Erste Philosophie*(*1923~1924*) I)』, R. Boehm 편집, 1956.

8 『제일철학 2권(*Erste Philosophie*(*1923~1924*) II)』, R. Boehm 편집, 1959.

9 『심리학(*Phänomenologische Psychologie*(*1925*))』, W. Biemel 편집, 1962; 『현상학적 심리학』, 이종훈 옮김, 한길사, 2012.

10 『시간의식(*Zur Phänomenologie des inneren Zeitbewußtseins*(*1893~1917*))』, R. Boehm 편집, 1966; 『시간의식』, 이종훈 옮김, 한길사, 1996, 2018(개정판).

11 『수동적 종합(*Analysen zur passiven Synthesis*(*1918~1926*))』, M. Fleischer 편집, 1966; 『수동적 종합』, 이종훈 옮김, 한길사, 2018.

12 『산술철학(*Philosophie der Arithmethik*(*1890~1901*))』, L. Eley 편집, 1970.

13 『상호주관성 1권(*Zur Phänomenologie der Intersubjektivität* I(*1905~1920*))』, I. Kern 편집, 1973.

14 『상호주관성 2권(*Zur Phänomenologie der Intersubjektivität* II(*1921~1828*))』, I. Kern 편집, 1973.

15 『상호주관성 3권(*Zur Phänomenologie der Intersubjektivität* III(*1929~1935*))』, I. Kern 편집, 1973.

16 『사물(*Ding und Raum*(*1907*))』, U. Claesges 편집, 1973.

17 『형식논리학과 선험논리학(*Formale und transzendentale Logik*)』, P. Janssen 편집, 1974; 『형식논리학과 선험논리학』, 이종훈·하병학 옮김, 나남, 2010.

18 『논리 연구 1(*Logische Untersuchungen* I)』, E. Holenstein 편집, 1975; 『논리 연구 1』, 이종훈 옮김, 민음사, 2018.

19 『논리 연구 2(*Logische Untersuchungen* II)』, U. Panzer 편집, 1984; 『논리 연구 2-1』, 『논리 연구 2-2』, 이종훈 옮김, 민음사, 2018.

20-1 『논리 연구 보충판 1권(*Logische Untersuchungen, Ergänzungsband.* I)』, U. Melle 편집, 2002.

20-2 『논리 연구 보충판 2권(*Logische Untersuchungen Ergänzungsband.* II)』, U. Melle 편집, 2005.

21 『산술과 기하학(*Studien zur Arithmetik und Geometrie*(*1886~1901*))』, I.

Strohmeyer 편집, 1983.

22 『논설(*Aufsätze und Rezensionen*(*1890~1910*))』, B. Rang 편집, 1979.

23 『상상(*Phantasie, Bildbewußtsein, Erinnerung*(*1898~1925*))』, E. Marbach 편집, 1980.

24 『인식론(*Einleitung in die Logik und Erkenntnistheorie*(*1906~1907*))』, U. Melle 편집, 1984.

25 『강연 1(*Aufsätze und Vorträge*(*1911~1921*))』, Th. Nenon & H. R. Sepp 편집, 1986.

26 『의미론(*Vorlesungen über Bedeutungslehre*(*1908*))』, U. Panzer 편집, 1986.

27 『강연 2(*Aufsätze und Vorträge*(*1922~1937*))』, Th. Nenon & H. R. Sepp 편집, 1989.

28 『윤리학(*Vorlesung über Ethik und Wertlehre*(*1908~1914*))』, U. Melle 편집, 1988.

29 『위기 보충판(*Die Krisis der europäischen Wissenschaften und die transzendentale Phänomenologie*(*1934~1937*))』, R. N. Smid 편집, 1993.

30 『논리학과 학문 이론(*Logik und allgemeine Wissenschaftstheorie*(*1917~1918*))』, U. Panzer 편집, 1996.

31 『능동적 종합(*Aktive Synthesen*(*1920~1921*))』, E. Husserl & R. Breeur 편집, 2000.

32 『자연과 정신(*Natur und Geist*(*1927*))』, M. Weiler 편집, 2001.

33 『베르나우 수고(*Die Bernauer Manuskripte Über das Zeitbewußtsein*(*1917~1918*))』, R. Bernet & D. Lohmar 편집, 2001.

34 『현상학적 환원(*Zur phänomenologische Reduktion*(*1926~1935*))』, S. Luft 편집, 2002.

35 『철학 입문(*Einleitung in die Philosophie*(*1922~1923*))』, B. Goossens 편집, 2002.

36 『선험적 관념론(*Transzendentale Idealismus*(*1908~1921*))』, R. D Rollinger & R. Sowa 편집, 2003.

37 『윤리학 입문(*Einleitung in die Ethik(1920 & 1924)*)』, H. Peucker 편집, 2004.

38 『지각과 주목함(*Wahrnehmung und Aufmerksamkeit(1893~1912)*)』, T. Vongehr & R. Giuliani 편집, 2004.

39 『생활세계(*Die Lebenswelt(1916~1937)*)』, R. Sowa 편집, 2008.

40 『판단론(*Untersuchungen zur Urteilstheorie(1893~1918)*)』, R. D. Rollinger 편집, 2009.

41 『형상적 변경(*Zur Lehre vom Wesen und zur Methode der eidetischen Variation (1891~1935)*)』, D. Fonfaral 편집, 2012.

42 『현상학의 한계 문제(*Grenzprobleme der Phänomenologie(1908~1937)*)』, R. Sowa & T. Vongehr 편집, 2014.

후설전집에 수록되지 않은 저술들

1 『엄밀한 학문(*Philosophie als strenge Wissenschaft*)』, 『로고스(*Logos*)』 1집, W. Szilasi 편집, Frankfurt, 1965; 『엄밀한 학문으로서의 철학』, 이종훈 옮김, 지만지, 2008.

2 『경험과 판단(*Erfahrung und Urteil*)』, L. Landgrebe 편집, Prag, 1939; 『경험과 판단』, 이종훈 옮김, 민음사, 1997. 2016(개정판).

3 *Briefe an Roman Ingarden*, R. Ingarden 편집, The Hague, 1968.

후설 유고의 분류

A 세속적(mundan) 현상학
  I. 논리학과 형식적 존재론 — (41, 이하 괄호 안의 숫자는 일련의 묶은 편수를 뜻함)
  II. 형식적 윤리학, 법철학 — (1)
  III. 존재론(형상학(形相學)과 그 방법론) — (13)

후설의 저술

11~17 네 가지 구도 속에서의 구상

N 비망록

P 다른 저자들의 수고들

Q 스승들의 강의를 들을 때 후설이 작성한 메모

R 편지들

  I. 후설이 쓴 편지들

  II. 후설에게 보낸 편지들

  III. 후설에 관한 편지들

  IV. 후설 사후(1938년) 후설 부인의 편지들

X 기록 문서들

  I. 임명장들

  II. 광고 포스터들

  III. 강의 안내문들

  IV. 일지들

찾아보기

이종훈

성균관대학교 철학과와 같은 대학교 대학원 철학과에서 후설현상학을 전공해 박사학위를 받았다. 현재 춘천교육대학교 윤리교육과 교수로 재직 중이다. 저서로『현대의 위기와 생활세계』(1994),『아빠가 들려주는 철학이야기』제1~3권(1994, 2006),『현대사회와 윤리』(1999),『후설현상학으로 돌아가기』(2017)가 있으며, 역서로『언어와 현상학』(커닝햄, 1995),『소크라테스 이전과 이후』(컨퍼드, 1995),『시간의식』(후설, 1996),『경험과 판단』(후설, 1997),『유럽 학문의 위기와 선험적 현상학』(후설, 1997),『데카르트적 성찰』(후설, 2002),『엄밀한 학문으로서의 철학』(후설, 2008),『순수현상학과 현상학적 철학의 이념들』제1~3권(후설, 2009),『형식논리학과 선험논리학』(후설, 2010),『현상학적 심리학』(후설, 2013),『수동적 종합』(후설, 2018) 등이 있다.

현대사상의 모험 35

논리 연구 2-2 인식에 대한 현상학적 해명의 기초

1판 1쇄 찍음 2018년 10월 31일
1판 1쇄 펴냄 2018년 11월 15일

지은이 에드문트 후설
옮긴이 이종훈
발행인 박근섭·박상준
펴낸곳 ㈜민음사

출판등록 1966. 5. 19. 제16-490호
주소 서울특별시 강남구 도산대로 1길 62 (신사동)
      강남출판문화센터 5층 (06027)
대표전화 515-2000/팩시밀리 515-2007
홈페이지 www.minumsa.com

한국어판 © ㈜민음사, 2018. Printed in Seoul, Korea

ISBN 978-89-374-1636-1 (94160)
      978-89-374-1600-2 (세트)